Außendienst

Christian-Ludwig Weber-Lortsch

Außendienst

Eine undiplomatische Zeitreise

Christian-Ludwig Weber-Lortsch
Hanoi, Vietnam

ISBN 978-3-658-32188-8   ISBN 978-3-658-32189-5 (eBook)
https://doi.org/10.1007/978-3-658-32189-5

Die Deutsche Nationalbibliothek verzeichnet diese Publikation in der Deutschen Nationalbibliografie; detaillierte bibliografische Daten sind im Internet über http://dnb.d-nb.de abrufbar.

© Der/die Herausgeber bzw. der/die Autor(en), exklusiv lizenziert durch Springer-Verlag GmbH, DE, ein Teil von Springer Nature 2021
Das Werk einschließlich aller seiner Teile ist urheberrechtlich geschützt. Jede Verwertung, die nicht ausdrücklich vom Urheberrechtsgesetz zugelassen ist, bedarf der vorherigen Zustimmung der Verlage. Das gilt insbesondere für Vervielfältigungen, Bearbeitungen, Übersetzungen, Mikroverfilmungen und die Einspeicherung und Verarbeitung in elektronischen Systemen.
Die Wiedergabe von allgemein beschreibenden Bezeichnungen, Marken, Unternehmensnamen etc. in diesem Werk bedeutet nicht, dass diese frei durch jedermann benutzt werden dürfen. Die Berechtigung zur Benutzung unterliegt, auch ohne gesonderten Hinweis hierzu, den Regeln des Markenrechts. Die Rechte des jeweiligen Zeicheninhabers sind zu beachten.
Der Verlag, die Autoren und die Herausgeber gehen davon aus, dass die Angaben und Informationen in diesem Werk zum Zeitpunkt der Veröffentlichung vollständig und korrekt sind. Weder der Verlag, noch die Autoren oder die Herausgeber übernehmen, ausdrücklich oder implizit, Gewähr für den Inhalt des Werkes, etwaige Fehler oder Äußerungen. Der Verlag bleibt im Hinblick auf geografische Zuordnungen und Gebietsbezeichnungen in veröffentlichten Karten und Institutionsadressen neutral.

Titelbild: abstract business background, Nr. 236809386 © Shutterstock

Planung/Lektorat: Frank Schindler
Springer ist ein Imprint der eingetragenen Gesellschaft Springer Fachmedien Wiesbaden GmbH und ist ein Teil von Springer Nature.
Die Anschrift der Gesellschaft ist: Abraham-Lincoln-Str. 46, 65189 Wiesbaden, Germany

Erinnerungen für morgen:

Meinen Kindern Katharina, Philipp und Kim Long

INHALT

VORWORT   1

1. TOR ZUR WELT: BONN (1980)   7
   Blind Date ◆ Schulbank mit Weltpolitik ◆ Die
   Zigarre, die brüllte ◆ Kleider machen Leute ◆
   Vorsicht

2. ERSTER FREIGANG MIT BLAUEM PASS:
   LONDON (1981)   15
   Aus für Aix ◆ Zollfreie Autos

3. GEGESSEN WIRD, WAS AUF DEN TISCH
   KOMMT: BONNER ZENTRALE (1981/82)   19
   Die diplomatische Ohrfeige ◆ Feinde in der
   Adenauerallee ◆ Sonderbotschafter mit Opium

4. ASSISTENZ IN DER CHEFETAGE (1982 – 83)   25
   Seufzerbrücke ◆ Falklandkrieg ◆ Rohrpost ◆
   Verspätete Agrardepesche ◆ Genscher geht ◆ Kohl
   kommt

5. MEIN ERSTER POSTEN: ATHEN (1983–85)   31
Griechen stehlen nicht ◆ Tausend Jahre Byzanz ◆
Mauer im Spiegel ◆ Korrupte Bestatter ◆
Papandreou tanzt ◆ Geburt mit Bakschisch und
Bangemann

6. DER DRACHE ERWACHT: PEKING (1985–87)   43
Feuerwerk im Tigerjahr ◆ Picknick im Frost ◆
Kleiner Fisch im großen Teich ◆ Mandarin über
Kaufmann und Soldat ◆ Hintertüren ◆ Kleptomanin
im Maxim's ◆ Federball mit Prinz Sihanouk ◆ Kohl
in Tibet ◆ Deng spuckt, Hu geht ◆ Auf Wilhelms
Spuren? ◆ Kissingers Vermächtnis

7. BONN, PRAG, BUKAREST, TIRANA:
PERSONALABTEILUNG
MIT REVOLUTION (1987–90)   57
Bundeslade statt Computer ◆ Versetzungsketten mit
kompetenter Strenge ◆ Korpsgeist und Schwarze
Schafe ◆ Würstel und Kondome für Prag ◆ Die
diplomatische Decke ◆ Schaffner ◆ Mit Waffen nach
Bukarest ◆ Flüchtige Botschafter ◆ Besuch in Ost-
berlin ◆ Enttarnte Agenten ◆ Mauerbruch und
Latrinen in Tirana

Inhalt IX

8. WOLKENKRATZER UND MINARETTE:
   KUALA LUMPUR (1990–95) 69
   Wiedervereinigung unter Palmen ◆ Haus mit
   Kobras ◆ Wenn der Hund mit der Wurst ins Auto
   springt ◆ Wahlkönig und Ferrari-Prinzen ◆
   Sprechen Sie Golf? ◆ Pierer kauft, Wirtschaft
   brummt ◆ Footprints in the Jungle: Wipfelpfad
   und Shakespeare mit Kettensäge ◆ Armes Schwein ◆
   Kopftuchmädchen und konvertierte Kaukasier ◆
   Abrahams Kinder: Bassam Tibi bei Goethe ◆
   Bosnien und Golfkrieg: Dschihad mit Jaguar und
   Dom Perignon ◆ Ausblick: Laptop mit Sarong
   oder Zauberlehrling?

9. GENERATION GOLF:
   AUSBILDUNGSLEITER IN BONN (1995–98) 83
   Schöngeister und Schleifer ◆ Die Rückkehr der
   harten Themen: Krieg in Europa ◆ Qual der Wahl:
   Bunte Vögel oder graue Mäuse ◆ Elite ohne Allüren ◆
   Kurfürsten gegen Quoten und politische Einfluss-
   nahme ◆ Rote Ampeln ◆ New York ◆ Berlin

10. BÜRGERKRIEG IM PARADIES:
    ALGIER (1998–2000) 89
    Von Ippendorf in die Wüste ◆ Wechselvolle
    Geschichte ◆ Fliegenwedel und Napoleons
    Schulden ◆ Alger la Blanche ◆ Festung mit Meeres-
    blick: beschützt oder bewacht? ◆ Totaler Terror ◆
    Lichtblicke und Nischen der Lebensfreude ◆ Kopf-
    nüsse in der Kasbah ◆ Der Wind dreht sich ◆ Le
    Pouvoir: Das kleinere Übel ◆ Segen und Fluch des
    Öls ◆ Die Sahara ist kein Abenteuerspielplatz ◆
    Terrorpaten mit Krawatte und Mobiltelefon ◆ Erste
    Wirtschaftsdelegation ◆ Mitläufer unerwünscht

11. BERLINER KANZLERAMT: BASTA MIT AUGENMASS (2000–2003) 99

Kaltstart im Staatsratsgebäude ◆ Nahost: Israel und die »arabische Straße« ◆ Gaddafi und die Protokollaffäre ◆ Umzug in die größte Regierungszentrale der Welt ◆ Zeitwende: 11.09.2001 ◆ Brandgeruch im Pentagon ◆ Asienreise mit Kaviar-Finale ◆ Schutztruppe am Hindukusch, Paschtunen auf dem Petersberg, mit Beckenbauer in Kabul ◆ Lateinamerika: Tor in Mexiko, Geschäfte in Sao Paulo, stolze Pleite in Buenos Aires ◆ Mit 430 km/h durch Schanghai ◆ Irak: Ehrlich währt am längsten ◆ Die renitente Cola-Dose ◆ Abschiedsreise nach Südostasien ◆ Die Reform frisst ihre Väter

12. HANOI: DER TIGER WÄCHST (2003–2007) 131

Fliegender Wechsel ◆ Hemdsärmelige Distanz ◆ Der Adler fängt Fliegen ◆ Ostdeutsches Erbe ◆ Optimistischer Kopfstand ◆ Freiheit mit Grenzen ◆ Baselitz und der Besuch der alten Dame ◆ Chinas langer Schatten ◆ Europa: Schuhe und Menschenrechte ◆ Ehrliche Kaufleute ◆ Entwicklungshilfe: More Bang for Buck! ◆ Am Schalter ◆ Gipfel und Volksvertreter ◆ Hanoi privat

13. AUF DEM BALKON MEKKAS: TSUNAMI-EINSATZ IN BANDA ACEH/ INDONESIEN (JAHRESWECHSEL 2004/05) 149

Inhalt XI

14. IT'S MORE FUN IN THE PHILIPPINES: MANILA (2007–2011) — 155

Der kleine Unterschied ◆ Lapu Lapu erschlägt Magellan ◆ 300 Jahre Konvent, 50 Jahre Hollywood ◆ Noli me tangere: Glaube, Freiheit und Patriotismus ◆ Hütten und Paläste ◆ Schreibtisch mit Ausblick: Makati-Manhattan ◆ Bis der Tod euch scheidet: aus dem Tagebuch des Konsuls ◆ Geklauter Flughafen ◆ Hanseatische Kammerherren ◆ Nachtschicht ◆ Neue Heimat im alten Klub ◆ Imeldas Erben ◆ Pistolen zum Valentinstag ◆ Der wilde Süden ◆ Balikbayan: Dr. Merkel und die Krankenschwestern ◆ Im Alpha Jet über der Engelstadt ◆ It's politics, stupid!

15. FERNE FREUNDE: PALAU, MIKRONESIEN UND DIE MARSHALLINSELN (2007–2011) — 177

Vergessene »Schutzgebiete« ◆ Anreise mit Zwangspause ◆ Palau: Taucherparadies mit Kongress und Häuptlingsrat ◆ Konsul Schubert und die Krämer-Bände ◆ Dampflok und Phosphat ◆ Mikronesien: Traurige Tropen ◆ Pohnpei: Auf den Spuren der Vergangenheit ◆ Baströcke, Steingeld und Wracktauchen ◆ Marshallinseln: Bomben auf dem Bikini-Atoll ◆ Der lange Schatten des Pazifischen Kriegs ◆ Kaufleute statt Soldaten ◆ Biermann, Heine und der Rauschpfeffer ◆ Fischraub und Umweltprobleme ◆ Jedes Land, eine Stimme

16. RANGUN: MÖNCHE, SOLDATEN UND DIE LADY (2011–2017) 183

Kopfkino ♦ Ouvertüre: Adagio con Dolore ♦ Vielvölkerstaat zwischen Indien und China ♦ Mongolensturm ♦ Soldat grüßt Mönch ♦ Lee Kwan Yew's Wette ♦ Sanktionen spalten ♦ Zivile Generäle ♦ Reisefieber und Goldgräberstimmung ♦ Hauptstadt in XXL ♦ Die Lady: Tochter und Testamentsvollstreckerin ♦ König Ludwig ♦ Jubiläum mit Präsident und Campino ♦ Wahlkampf mit Buddha Bar und Ehebruch ♦ Gewalt in Rakhine ♦ Korrupt, aber nicht käuflich ♦ Gebremster Machtwechsel ♦ Wirtschaft wartet ♦ Hoffnungsschimmer

17. NACHLESE UND AUSBLICK 211

ÜBER DEN AUTOR 217

VORWORT

»Jede Nation spottet über die andere und alle haben recht.«
Arthur Schopenhauer

»Er wird / Nicht fett durch euer Fasten; wird nicht reich /
Durch eure Spenden; wird nicht herrlicher / Durch eu'r Entzücken;
nicht mächtiger / Durch eu'r Vertrauen.«
Nathan der Weise, Gotthold Ephraim Lessing

Nationalismus, Religion und Jägermeister: In meiner Jugend gehörte das zum Nachlass der Großeltern.

Die sechziger Jahre waren fortschrittsgläubig, man lebte vorwärts. Otto Normalverbraucher liebte Autos, Kaufhäuser, Bausparverträge und Rimini; Sozis wollten Wohlstand für alle. Rebellische Studenten träumten von der Weltrevolution, Hippies von einem Drogentrip nach Afghanistan. Dem Rest winkten sichere Arbeitsplätze mit Pensionsberechtigung.

Und heute? Jägermeister hat New York erobert. Religion und Nationalismus bestimmen weite Teile der internationalen Agenda. Als Reimport beeinflussen sie auch die deutsche Politik, Tendenz steigend.

Willkommen im 21. Jahrhundert!

Als ich im Jahr 2000 im Bundeskanzleramt die Bereiche Nah-Mittelost, Asien, Afrika und Lateinamerika übernahm, begrüßte mich ein erfahrener Kollege mit den Worten: Merken Sie sich zwei Dinge. Innen- vor Außenpolitik, und was in der Zeitung steht, ist wichtig. Nach dieser doppelten Binse zu leben, ließ mich ruhiger schlafen.

Demokraten wollen wiedergewählt werden; Despoten und Könige Macht und Nachfolge sichern. Daran wird sich so schnell nichts ändern.

Ist Außenpolitik wirklich nur der Export von Waren und Werten? Oder sind wir gar schon auf dem Weg zu einer Weltinnenpolitik? Weit gefehlt. Unser moralischer Führungsanspruch stößt bei unseren Nachbarn ebenso auf Skepsis wie unsere Handelsüberschüsse. Und die Welt ist heute weniger europäisch als 1980, dem Jahr meines Dienstantritts im Auswärtigen Amt. Die Mehrzahl der Staaten gewichtet Grund- und Menschenrechte anders als wir. Hinzu kommen waffentragende nichtstaatliche Akteure, die die gesamte internationale Ordnung in Frage stellen. Auch wenn es zynisch klingt, bleiben Diplomat und Soldat zukunftsträchtige Berufe.

Von jungen Leuten wurde mir häufig die Frage gestellt, warum ich mich für eine AA-Karriere entschieden hätte. Für eine ehrliche Antwort muss ich die Uhr noch einmal zurückdrehen.

Ich gehöre zur letzten Generation, deren Eltern den Krieg als Täter und Opfer überlebt haben. Mutter und Vater wurden noch im Kaiserreich geboren.

Berlin und München, die Städte meiner Jugend, waren sehr viel provinzieller und deutscher als heutzutage. Die erste Fremdsprache auf dem Gymnasium war Latein. Englisch- und Französischunterricht bestand aus Klassikern und Grammatik. Die internationale Küche aus Pizza, Gyros und Cevapcici. Nur betuchte Feinschmecker und Globetrotter hatten Zugang zu höherem Genuss.

Mitte der Sechziger Jahre heiratete eine Cousine einen englischen Piloten. Später folgten zwei italienische Hochzeiten mit den Töchtern meiner Lieblingstante. Für eine deutsche Nachkriegsfamilie war das bereits exotisch.

Mit sechzehn wurde mir ein einjähriger Schüleraustausch

in New York angeboten. Die Versuchung war groß; aber die Furcht vor dem Unbekannten überwog. Das Amerikabild war vom Vietnamkrieg geprägt. Daheim hatte ich mich gerade mit Freundin, Moped und Bier emanzipiert. Dieses freizügige Leben wollte ich nicht gegen eine puritanische Gastfamilie eintauschen.

Nach dem Abitur studierte ich Rechtswissenschaften in München und Paris. Die Neugier auf das Fremde wuchs. Aber Diplomat? Durch Temperament und Aussehen fühlte ich mich nicht prädestiniert. Zum Dreiteiler mit Krawattennadel war es noch ein weiter Weg.

Mit 18 hatte ich einen Verkehrsunfall in Nizza. Die Versicherung wollte einen Stempel vom Honorarkonsul. Mit meinem letzten sauberen Hemd machte ich mich auf den Weg; Exzellenz schlief, ich musste unverrichteter Dinge wieder abziehen. Näher bin ich als Student einer deutschen Auslandsvertretung nie gekommen. Erst in den 90er Jahren hat sich das AA schrittweise für Praktikanten geöffnet.

Auch familiär war ich kaum vorbelastet: Der letzte Diplomat in unserer Sippe beendete seinen Dienst in Wien vor hundert Jahren. Ein Studienfreund meines Vaters berichtete von seinen Erlebnissen als Botschafter in Stockholm während des Terroranschlags 1973. Motivation klingt anders.

Warum dann die Flucht aus dem schönen München in eine weitgehend unbekannte Welt? Meine Mutter hätte mich lieber als heimischen Anwalt oder Notar gesehen. Da weiß man, was man hat. Genau das wollte ich aber nicht. Die Neugier auf das Unbekannte, gepaart mit einer Prise Idealismus waren letztlich ausschlaggebend. Und ein Tropfen »Zigeunerblut«: Meine Urgroßmutter stammte aus Ungarn. Seitdem wurden alle familiären Tollheiten auf dieses Erbe zurückgeführt.

Ehe ich mich versah, gelangte ich über Bonn nach Athen, Peking, Kuala Lumpur, Algier, Berlin, Hanoi, Manila und Rangun. Auf diese Zeitreise, auf der ich auch unsere Heimat von außen neu entdeckt habe, möchte ich Sie mitnehmen.

Trotz Echtzeitkommunikation und Starbucks leben wir immer noch in verschiedenen Welten. Während die westliche Elite in Davos über einen naturnahen »Neustart« nach Corona sinniert, will die Mehrheit der Weltbevölkerung unseren Wohlstand schnellstmöglich erreichen. Notfalls durch Migration. Machen wir uns nichts vor, die Pandemie macht die Armen ärmer, nicht grüner. Kürzlich konfrontierte mich ein wohlsituierter Freund mit dem vermeintlichen Totschlagargument: Jeder Chinese ein Auto und ein Haus, das geht doch gar nicht. Mag sein, aber die wirtschaftliche Entwicklung wird nun einmal durch Träume von einem besseren Leben angetrieben, nicht durch bußfertiges Fasten.

Wenn man sich die Aufsteigernationen der letzten Jahre anschaut, sieht man, dass Politik und das langfristige Erfolgsstreben der Menschen ausschlaggebend für Wohlstand und Lebensqualität sind. Nicht Rohstoffe oder Entwicklungshilfe. Das gilt für das große China ebenso wie für das kleine Singapur.

Zugegeben, diese Staaten folgten weitgehend der Devise aus der Dreigroschenoper: Erst das Fressen, dann die Moral. Ein schwieriges Thema, mit dem ich auf fast allen Auslandsstationen konfrontiert wurde. Wir kommen darauf zurück.

Persönlich halte ich es mit den alten Griechen: Das Geheimnis des Glücks ist die Freiheit. Das Geheimnis der Freiheit ist der Mut. Aber das reicht nicht, um erfolgreich zu regieren.

Mir gefällt das Chesterton-Zitat, wonach Katholische Lehre und Disziplin Mauern um einen Spielplatz seien. In gewisser Weise könnte man das auch über eine vernünftige staatliche Ordnung sagen.

Dabei hege ich keine Illusionen. Als Vater eines fünfjährigen Sohnes weiß ich, dass man auf Spielplätzen die menschliche Natur studieren kann. Mindestens 6 der 7 Hauptsünden sind bereits im Vorschulalter ausgeprägt: Übermut, Geiz, Jähzorn, Selbstsucht, Neid und Faulheilt. Nur die Wollust zeigt sich wohl erst später.

Sie merken, ich mag's gerne dick und deutlich.

In einem muss ich Sie aber enttäuschen. Ich schreibe kein

Enthüllungsbuch mit aufgeblasenen Skandälchen. Erstens ist die Politik besser als ihr Ruf. Zweitens glaube ich ganz altmodisch an Anstand und Treue; auch dann, wenn sich die Wege getrennt haben.

Ich erinnere mich an ein Streitgespräch mit einem italienischen Kollegen. Der verteidigte Brutus als ehrenwerten Tyrannenmörder. Für mich bleibt der Meuchler Cäsars ein Verräter. Da bin und bleibe ich deutsch, trotz aller Versuchungen, den Zweck die Mittel heiligen zu lassen.

Diplomatie – das sind auch gelebte auswärtige Beziehungen. An dieser Stelle nur so viel: Meine ist Vietnamesin und heißt Trang.

Hanoi, im Dezember 2020

1 BONN: TOR ZUR WELT (1980)

»The worst kind of diplomatics are missionaries,
fanatics and lawyers; the best kind are reasonable
and humane sceptics«
   Sir Harold Nicolson

Geschafft: nach bestandener Aufnahmeprüfung, Psychotest, Tropentauglichkeitsuntersuchung, Sicherheitsüberprüfung und zahlreichen bürokratischen Hürden nahte der Dienstantritt. Auf in ein neues Leben. Passend dazu ABBAs Jahreshit »The winner takes it all«.

Wirklich? Nach jedem Erfolg in Beruf oder Liebe beschlichen mich Zweifel; und hier ahnte ich noch nicht einmal, was auf mich zukam. Die einzigen Diplomaten, die ich bisher kennengelernt hatte, waren die Mitglieder des Auswahlausschusses: Ein adliger Charakterkopf mit Zigarre, der gelegentlich brüllte. Gebildete, gesetzte Herren mit einer Prise Humor und Ironie. Nicht unsympathisch, aber situationsbedingt distanziert. Abgesehen von ein paar Farbtupfern überwogen die Grautöne. Zudem: Zwischen München und der weiten Welt stand erst einmal das mir fremde Bonn. Dabei wollte ich doch nach Rio, Bombay oder Casablanca und nicht als Beamter in die beschauliche Residenzstadt am Rhein.

© Der/die Autor(en), exklusiv lizenziert durch
Springer Fachmedien Wiesbaden GmbH, ein Teil von Springer Nature 2021
C.-L. Weber-Lortsch, *Außendienst*, https://doi.org/10.1007/978-3-658-32189-5_1

All diese Gedanken schossen mir durch den Kopf als ich im April 1980 mit meinem alten Citroën DS den neuen Arbeitsplatz ansteuerte.

Da ich mich nicht auskannte und pünktlich zum Dienstantritt erscheinen wollte, wählte ich am nächsten Morgen den Stadtbus. Leicht zu finden, dachte ich, die Haltestelle hieß »Diplomatenschule«.

Eine Institution dieses Namens gab es aber nicht. An dem schlichten Betonbau aus den siebziger Jahren stand in gutem Bürokratendeutsch: Aus- und Fortbildungsstätte des Auswärtigen Amts. Die Bescheidenheit war Programm, eine bewusste Abkehr von dem elitären Geist der Wilhelmstraße. Erstmals wohnten und lernten alle Nachwuchskräfte unter einem Dach, nicht nur die Akademiker. Das ursprünglich geplante Hallenbad wurde zubetoniert, der Reitunterricht gestrichen. Mit einiger Verspätung hatte der Zeitgeist das altehrwürdige Amt erreicht.

Das zeigte sich auch an der Zusammensetzung meines Lehrgangs, fachlich wie sozial: das Juristenmonopol war gebrochen; über die Hälfte der Attachés kamen aus anderen Fakultäten. Wirtschaftswissenschaftler, Historiker, Politologen, Geografen, Soziologen, Altphilologen und Lehrer.

Nur mit dem Geschlechterproporz haperte es noch: Lediglich 3 von 50 Kursteilnehmern waren Frauen. Bei der Neugründung des AA nach dem Krieg hatte Adenauer nach einigem Zögern zugestimmt, den Dienst erstmals für weibliche Bewerber zu öffnen. Erst nach der Wiedervereinigung wurde bei den Neueinstellungen im akademischen Bereich die 10 % Marke geknackt; heute hat sich der Frauenanteil bei etwa 50 % eingependelt. In der gehobenen Laufbahn liegt der Anteil noch weit darüber, was offenbar an den besseren Abiturnoten junger Frauen liegt.

Zurück in das Jahr 1980. Dass noch nicht alle alten Zöpfe abgeschnitten waren, zeigte sich unter anderem an der Hausordnung: Selbst verheirateten Kollegen war es nicht gestattet, ein gemeinsames Doppelzimmer in der Ausbildungsstätte zu beziehen. Als ich fünfzehn Jahre später als Ausbildungsleiter an die Schule zurückkehrte, hing im Keller ein Automat mit Kondomen. Andere Zeiten, andere Sitten. Damit wir uns nicht missverstehen: In meinem Jahrgang gab es vielleicht sogar mehr kollegiale und externe Liebe als heute. Regierung und Kirche hatten längst die Kontrolle über die Schlafzimmer der Jugend verloren.

Dienst blieb aber Dienst. Statt Verhütungsmittel gab es damals einen Sockenerlass. Aus gegebenem Anlass. Die Kleiderordnung unter Genscher war liberal, aber nicht beliebig. Immerhin waren wir jetzt Staatsdiener. Einige Kollegen hatten sich noch nicht von ihrer Studentenkluft und den dazugehörigen Umgangsformen trennen können. Den Nachgeborenen empfehle ich einen Blick ins Fotoalbum ihrer Eltern: Die Jugendmode meiner Generation war – anders als die geniale Musik – wirklich unterirdisch; von der Haarpracht bis zu den Sandalen. Ich schäme mich noch heute jedes Mal, wenn ich der charmanten Bedienung am Mietwagenschalter meinen alten Führerschein mit Retro-Foto vorlegen muss.

Unser damaliger Ausbildungsleiter »Rudi« Rapke verkörperte den gesellschaftlichen Wandel des Dienstes geradezu idealtypisch: Ein hochgebildeter Intellektueller von einfacher Herkunft, der über die richtige Balance zwischen Tradition und Erneuerung, Toleranz, kompetenter Strenge und rheinischem Humor verfügte.

Dabei waren wir nicht leicht zu führen. Nach langem Studium und Berufserfahrung wollten die wenigsten zurück auf die Schulbank, um weiter mit prekären Bezügen zu büffeln. Trotz der hohen Qualität der damals zweijährigen Ausbildung verfielen wir schnell wieder in pubertäre Pennäler-Reflexe. Plötzlich waren alle Grundtypen jeder Schulklasse wieder da: Streber, Rechthaber, Kasperl, Querulanten, Störer, Petzer und der ewige Klassensprecher und Vereinsmeier.

Neben Geschichte, Politik, Volks- und Betriebswirtschaft und Völkerrecht gab es auch praktische Ratschläge: So erklärte uns der Passauer Schulleiter, dass wir vor dem Chef nicht über die Sekretärin lästern sollten. Schließlich könnte dieser ja mit jener verbandelt sein.

Solche Zoten waren damals noch an der Tagesordnung. Man durfte ungestraft unter Niveau lachen. Das lockerte das ansonsten ernste Geschäft und die immer noch hierarchischen Strukturen. Später nahm mich in einem Anflug ungewöhnlicher Leutseligkeit einmal ein strenger Vorgesetzter beiseite und gestand mir seine drei Leidenschaften in folgender Reihenfolge: Hunde, Pferde und »Weiber«. Dann wandte sich dieser Kollege, für den ein offenes Sakko bereits eine bohème Nachlässigkeit darstellte, wieder der Weltpolitik zu.

Die aus Amerika importierte politische Korrektheit lag noch in weiter Ferne.

Dafür zogen dunkle Wolken am politischen Himmel auf: Wenige Wochen nach Ausbildungsbeginn platzte die Meldung von der gescheiterten US-Geiselbefreiung in Teheran in unseren gemütlichen Unterricht. Es herrschte Betroffenheit. Gleichwohl: Einige äußerten Kritik und übten völkerrechtliche Verrenkungen, um die amerikanische Aktion zu verurteilen. Zur Erinnerung: Am 4. November 1979 wurde die US Botschaft mit Duldung des neuen Mullah-Regimes von radikalen Studenten besetzt und 52 Diplomaten als Geiseln genommen. Insgesamt 444 Tage lang.

In meiner Generation hatten viele als Schüler oder Studenten gegen den Schah demonstriert. Nach Khomeinis Machtübernahme mussten sie ihren politischen Kompass neu justieren. Auch ich hatte einmal geglaubt, dass auf einen schlechten Herrscher ein besserer folgen müsste. Weit gefehlt, was für ein fundamentaler Irrtum. Mittlerweile habe ich gelernt, dass es in der internationalen Politik so etwas wie ein Gesetz der Schwerkraft gibt: es geht schneller runter als rauf.

Wie in Dantes Hölle gibt es eine Rangordnung des Bösen. Zwischen Autokraten wie dem damaligen Schah von Persien und von Ideologie gestützten Systemen besteht ein wesentlicher Unterschied: Während »einfache« Diktatoren wie seinerzeit in Chile, Paraguay oder Argentinien ihre Macht skrupellos erlangt und mit allen Mitteln verteidigt haben, sind systemische Diktaturen auf Dauer angelegt; trotz gelegentlichen Personenkults wie in Nordkorea bleibt das Führungspersonal austauschbar. Nazis und Kommunisten wollten einen neuen Menschen schaffen und sind damit kläglich gescheitert. Was der Philosoph Hermann Lübbe treffend über die Theokratie sagte, gilt wohl für alle ideologisch getriebenen Regime: Die Identität von Macht- und Rechthabern macht den totalitären Unterschied.

Unabhängig von der jeweiligen politischen Orientierung hielten wir damals die Iranische Revolution für einen Betriebsunfall der Geschichte. Ich wettete spontan auf die Rückkehr des Minirocks auf die Prachtstraßen Teherans. Wie könnte sich eine so bedeutende Kulturnation dauerhaft von einer Handvoll fanatischer Prediger unterdrücken lassen? Die Geschichte ist noch nicht zu Ende, wir dürfen hoffen, dass Lincoln Recht behält: »You can fool some of the people all of the time, and all of the people some of the time, but you cannot fool all of the people all of the time.«

Keiner von uns sah bereits den Beginn einer radikal-islamischen Weltbewegung voraus, deren terroristische Auswüchse heute die internationale Ordnung, europäische Werte sowie die Sicherheit unserer Bürger bedrohen.

Im biedermeierlichen Bonn war noch kein Schlachtenlärm zu hören. Die Reste der Studentenbewegung hatten sich sotto voce auf den Marsch durch die Institutionen begeben oder sich der neuen grünen Bewegung von Pazifisten und Umweltschützern angeschlossen.

Boulevard und Unterhaltungsprogramme wurden von der Münchner Schickeria und der neuen Fresswelle dominiert. Später folgte dann Kir Royal mit dem unsterblichen Baby Schimmerlos: A bisserl was geht immer ...

Die Ära Schmidt neigte sich langsam ihrem Ende zu. Aber der Versuch von Franz Josef Strauß, die Bundestagswahlen zu gewinnen, scheiterte knapp: CDU/CSU 46 %, SPD 44,5 %(!),

FDP, das noch sozial-liberale Zünglein an der Waage, erreichte 7,2 %.

Zu groß waren die Ressentiments gegen den kraftvollen Bayern im Rest der Republik. Obwohl der historische Verdienst dieses Vollblutpolitikers und altphilologischen Metzgerbubens aus der Schellingstraße gerade darin besteht, den klerikal-agrarischen Freistaat modernisiert und in einen der begehrtesten Hochtechnologie-Standorte Europas verwandelt zu haben.

Kurz darauf die nächste Schicksalswahl in Amerika. Unser Botschafter in Washington, »Charly« Paschke, kam eigens in die Diplomatenschule. Früher selber Ausbildungsleiter und Trompeter in der AA Jazzband, fühlte er sich dem Nachwuchs verbunden. Im Kamingespräch erläuterte er uns, warum er trotz gegenteiliger Umfragen auf eine Wiederwahl Carters setze.

Ergebnis: Reagan 50,7 %, Carter 41 %. Gefühlt war das eine ähnliche Zäsur wie heute Donald Trump. Vor allem die Deutschen waren überzeugt, dass der kalifornische Cowboy-Mime eine Gefahr für den Weltfrieden darstellt. Dabei hat dieser »kalte Krieger« trotz mancher Schwächen wesentlich zum Fall der Berliner Mauer beigetragen.

Der Irrtum meines renommierten Kollegen ist verzeihlich. Besser eine ehrliche Prognose als Wischiwaschi. Zugleich zeigt sich eine Berufskrankheit meiner Zunft: Der Diplomat hat einen Hang, die bestehende Ordnung zu erklären und zu verteidigen. Zu Kompromiss und kleinen Schritten erzogen, bleiben ihm oft gesellschaftliche und politische Wandlungen verborgen. Auch deshalb, weil er oftmals nur in seinem Milieu verkehrt. Im chinesischen Tierkreis wird der Diplomat ebenso wie der Kaufmann dem Hasen zugeordnet. Einem vorsichtigen Fluchttier, das Veränderungen scheut.

Vorsicht kann Leben retten, nicht nur das eigene. Sie schützt vor übereilten Fehlschüssen und militärischen Abenteuern. Respice finem – bedenke stets die Folgen deines Tuns. Vor allem, wenn es um Frieden und Wohlstand geht.

Mit zu viel Vorsicht kann man sich aber auch blamieren: Am 9. November 1989 besuchte ich den Abschiedsempfang eines Kollegen. Bonner Routine. Plötzlich stürmte ein junger Legationsrat auf mich zu. Sichtlich erregt verkündete er, dass die Berliner Mauer gefallen sei. Ich kehrte den erfahrenen Diplomaten heraus und belehrte den Novizen: In unserem Metier sei es wichtig, Gerüchte und Fakten sauber zu trennen. Woher diese Meldung denn stamme, ob und wie er sie denn überprüft habe?

Trotz meiner pedantischen Bedenkenträgerei und der verschwurbelten Diktion des SED Sprechers Schabowski: Das Schicksal der DDR war an diesem Abend besiegelt. Fazit: Betreibe alles mit Vorsicht – einschließlich der Vorsicht!

2 LONDON: ERSTER FREIGANG MIT BLAUEM PASS (1981)

»Language is the Dress of Thought«
Samuel Johnson

Bismarck bevorzugte »offene Köpfe«; Fremdsprachen überließ er den »Oberkellnern«.

Mit dieser Einstellung käme heute keiner mehr ins Außenamt. Zu meiner Zeit waren Englisch und Französisch Pflichtsprachen; mit Rücksicht auf die ostdeutschen Bewerber konnte Französisch nach der Wiedervereinigung durch eine andere UNO-Sprache wie Russisch, Chinesisch oder Spanisch ersetzt werden.

Anfang 1981 teilte sich unsere Crew. Je nach Vorkenntnissen wurden wir zum dreimonatigen Intensivsprachkurs nach London, Aix-en-Provence oder Madrid geschickt. Endlich raus, dazu noch mit Diplomatenpass. Der Stolz auf den neuen Status verleitete einige Kollegen zum Übermut: Einer forderte zu später Stunde Diplomatenrabatt im Nachtklub; ein anderer versuchte sich im zollfreien Autohandel.

Gewiss, das sind alles längst vergessene Jugendsünden. Hier deutet sich aber ein Problem an, das gelegentlich auch ältere Semester befällt: Im Ausland leben wir an manchen Orten über unsere Verhältnisse. Mit diplomatischer Immunität und Wohlstandsattributen, die wir uns daheim in Meckenheim,

Tempelhof oder Pasing kaum leisten könnten. Machen wir uns ehrlich: Wir sind nicht König, wir spielen König. Mit geborgten Kostümen und Requisiten. Der Diplomat steht häufig auf der Bühne, ob er will oder nicht. Wie jeder gute Schauspieler muss er aufpassen, nicht die Rolle mit der eigenen Person zu verwechseln. Spätestens bei der nächsten Heimatversetzung geht's zum Abschminken in die Maske. Das gilt ebenso für die begleitenden Ehepartner. Willkommen bei Aldi!

Zurück zum Sprachunterricht. Ich kam nach London. Zuvor mussten wir in Colchester Kommuniqués und den richtigen Akzent pauken. Mit einheimischer Familienunterkunft bei den Beatles. Die hießen wirklich so. Der Hausherr war Facharbeiter bei Rolls-Royce und amüsierte sich über meinen französischen Oldtimer, der ebenso wie sein Besitzer unter dem ostenglischen Winter litt.

In London erwartete uns ein Programm der Extraklasse: Von Eaton über Cambridge, Westminster, Windsor Castle, City, Fleet Street und all den königlichen und internationalen Institutionen bis hin zur Mini-Fertigung in Birmingham. Überall wurden wir auf Chefebene empfangen, mit Sherry vor dem Essen. Ganz im Stil eines untergegangenen Weltreichs. Die Gesprächspartner waren ebenso gebildet wie gelassen und humorvoll, ohne Pomp und Protz. Die Funktionselite war überwiegend nicht hochwohlgeboren. Sie war das Produkt eines elitären, aber effizienten Bildungssystems, dessen Kern die Sprache war. Wer's nicht glaubt, lasse sich von der Verwandlung des Blumenmädchens Eliza Doolittle in »My Fair Lady« verzaubern. Am besten in der Originalaufnahme mit Julie Andrews und Rex Harrison.

Bei aller Bewunderung: Nostalgisch-kritiklose Schwärmerei ist mir fremd. Die Schattenseiten von Thatchers harten Reformen waren nicht zu übersehen. England war immer noch eine Klassengesellschaft mit einer sichtbar verarmten Unterschicht.

Vor meiner Abreise aus London gab es noch zwei Eilmeldungen: Prinz Charles verlobte sich mit Diana Frances Spencer, der späteren Königin der Herzen. Und der meistgesuchte Frauenmörder Londons wurde endlich gefasst. Ein gewisser Peter William Sutcliffe, besser bekannt als der »Yorkshire Ripper«. Man kann den britischen Tageszeitungen vieles vorwerfen, langweilig sind sie nie. Das bekam auch unser Botschafter zu spüren. Ein Interview mit Exzellenz wurde kurzerhand in dem führenden Boulevardblatt mit »Sun meets Hun« betitelt.

In London habe ich mehr als die Sprache unseres fremden Nachbarn gelernt. England fasziniert mich bis heute, weil es irgendwie anders ist. Oder in Churchills Worten: We are always with Europe, but not of it. Der Brexit lässt grüßen. De Gaulle hatte wohl nicht ganz unrecht, als er mit Blick auf unseren Kontinent feststellte, dass man aus harten Eiern kein Omelett machen könne.

Womit wir in Frankreich angekommen wären:
Der größte Teil meiner Jahrgangskollegen überwinterte im sonnigen Aix-en-Provence, um ihr zumeist rostiges Französisch aufzubessern. Einige nahmen die Aufgabe so ernst, dass sie intensive, außerdienstliche Kontakte zu den Landeskindern pflegten.

Alles verlief nach Plan. Wäre da nicht plötzlich der neue Ausbildungsleiter auf die Idee gekommen, seinen Zöglingen einen Überraschungsbesuch abzustatten. Und siehe da: die Vöglein waren ausgeflogen. Rheinländer zurück in den heimischen Karneval, andere in die Tunesische Wüste; einer lag im örtlichen Spital mit einer venerischen Krankheit. Nur eine Handvoll Streber war im Klassenzimmer verblieben.

Zum Leidwesen unserer Nachfolger wurde der Französischunterricht ab sofort in das belgische Spa verlegt. Obwohl dieser abgelegene Kurort in den Ardennen der modernen Wellness-Industrie seinen Namen vererbt hat, handelt es sich zumindest in der Winterszeit um einen recht freudlosen Platz mit Erinnerungen an das Hauptquartier Wilhelms des Letzten im ersten Weltkrieg.

Heute werden mehr »exotische« Sprachen gefördert als seinerzeit. Die Gewichte in der Welt haben sich verschoben.

Fremdsprachen gehören zur Grundausstattung des Diplomaten. Sie sind ein Werkzeug, aber kein Selbstzweck oder gar eine intellektuelle Zierde. Wie ein früherer Personalchef einmal treffend bemerkte: Es gibt Kollegen, die 12 Sprachen beherrschen, aber nichts zu sagen haben. Wohl wahr: Unfug bleibt Unfug, auch auf Japanisch, Swahili oder Arabisch.

In der Vorkriegszeit gab es in der alten Wilhelmstraße einen Mitarbeiter, der fast aller Sprachen mächtig war. Emil Krebs galt zu Recht als Jahrhundertgenie. Aber Kommunikation ist mehr als Sprache: Eine Tischdame bemerkte einmal über diesen Kollegen, dass er in 45 Sprachen geschwiegen hätte.

3 GEGESSEN WIRD, WAS AUF DEN TISCH KOMMT: BONNER ZENTRALE (1981/82)

Auf die Weltstadt London folgte das harte Brot der Zentrale. Wie schrieb einst der britische Gesandte am Hofe Friedrichs des Großen: »Ich wäre lieber Affe in Borneo als Minister in Preußen.«

Um dem Nachwuchs die Flausen auszutreiben, folgte auf die liberale Sprachstage ein mehrmonatiger Arbeitseinsatz im Amt, wie wir das AA bis heute zu nennen pflegen. Man konnte sich für die verschiedenen Abteilungen und Referate bewerben. Die meisten Attachés strebten in die Beletage: Ost-West, Europa, UNO, NATO, Abrüstung oder ins Deutschlandreferat, eine der damals feinsten Adressen.

Ich schrieb, dass ich für alles offen sei, von Kultur über Wirtschaft, Politik, Presse und Protokoll. Nur in die Rechtsabteilung wollte ich nicht. Schließlich sei ich als Jurist ins AA gekommen, um einen neuen Beruf zu erlernen. Und was bekam ich? Genau, ein Referat in der von mir geschmähten Rechtsabteilung. Dass ich für meine Flexibilität abgestraft wurde, fand ich unfair. Andere erzielten trotz enger Vorgaben eine Punktlandung.

So war das damals noch: man durfte sich alles wünschen, ausschließen durfte man aber nichts; das verstieß gegen das Gebot uneingeschränkter Versetzungsbereitschaft. Gegessen wird, was auf den Tisch kommt. Wer an diesem Grundsatz rüttelt, gefährdet die Funktionsfähigkeit des Dienstes.

Später habe ich selber daran mitgewirkt, einen jungen Kollegen zu entlassen, der sich einer Versetzung nach Lagos mit der Begründung widersetzte, dass er keine Afrikaner möge. Inzwischen wird praktisch niemand mehr gegen seinen Willen bewegt. Mit der Folge, dass einige Posten über einen längeren Zeitraum nicht besetzt werden können. Darunter leiden Kunden und Kollegen, die die Mehrarbeit schultern müssen.

Machen wir uns nichts vor: Trotz unterschiedlicher Neigungen decken sich Angebot und Nachfrage nicht. Sicherheit, medizinische Versorgung und Lebensqualität haben sich vielerorts so sehr verschlechtert, dass sie selbst durch materielle Zulagen nicht mehr ausreichend kompensiert werden können. Während meines Kriseneinsatzes in Algerien bekam ich eine »Zitterprämie« von monatlich 750 DM. Das war eine willkommene Gehaltsaufbesserung, aber für diesen Betrag setzt keiner sein Leben aufs Spiel. Allein in der Hauptstadt fielen wöchentlich 40 Menschen dem islamistischen Terror zum Opfer. Dennoch sollten wir nicht jammern: Polizisten und Krankenschwestern riskieren täglich bei schlechterer Bezahlung Leben und Gesundheit. Das geht nur mit einem hohen Maß an Pflichtgefühl. Das gilt auch für Diplomaten: Wer die Berufsrisiken nicht schultern will, sollte seine Koffer packen und umschulen. Das gilt besonders für Führungskräfte.

Mein neues Aufgabengebiet war interessanter als erwartet: Ich wurde dem Referat für diplomatische und konsularische Privilegien zugeteilt, einem Kernbereich unseres Metiers.

Bereits in grauer Vorzeit gab es Regeln und Riten über freies Geleit und die Unverletzlichkeit von Unterhändlern. Manche Stämme forderten Tieropfer, andere dachten praktisch und sicherten sich mit Geiseln ab. Gleichwohl haben unzählige Boten trotz weißer Fahne oder anderer Garantien bis in die Neuzeit ihr Leben lassen müssen, was wiederum häufig zu Krieg und Vergeltung führte. Feste Botschaften mit Schutzvereinbarungen wurden erstmals im 15. Jahrhundert zwischen italienischen Stadtstaaten errichtet. Damals wurde bereits der Grundgedanke des Gesandtschaftsrechts sichtbar, die Gegenseitigkeit. Man gestand dem anderen den Schutz und die Privilegien zu, die man selber beanspruchte.

Heute gelten die Wiener Übereinkommen über diplomatische und konsularische Beziehungen aus den sechziger Jahren weltweit. Über deren Einhaltung und Auslegung wachte unser Referat. Eine ebenso praktische wie politische Aufgabe:

Darf man einer armen Drittweltvertretung, die ihre Rechnungen nicht mehr bezahlt, Strom und Telefon abschalten? Darf man volltrunkene Botschaftsräte aus dem Verkehr ziehen? Dürfen die Amerikaner einen deutschen Konsul einsperren, der seine Frau geschlagen hat?

Faustregel: Offiziell angemeldetes diplomatisches Personal genießt volle Immunität. Selbst schwerste Straftaten können nicht verfolgt werden. Es bleibt nur die Ausweisung. Botschafts- und Privaträume sind ebenfalls geschützt. Aber nicht »exterritorial«. Es gilt deutsches Recht. Nur bleibt der Polizei der Zutritt ohne Zustimmung des Hausherrn verwehrt.

Und unser Prügel-Konsul in den USA? Das Völkerrecht schützt ihn nicht. Konsulatsmitarbeiter genießen nur Amtsimmunität. Häusliche Gewalt gehört nicht zu den Obliegenheiten eines deutschen Konsularbeamten.

Wo es Privilegien gibt, ist der Missbrauch nicht weit: Vom Parken in der Fußgängerzone über Zollvergehen, Waffenschmuggel, Ausbeutung und Misshandlung von Hausangestellten bis zu unbezahlten Arztrechnungen in Millionenhöhe.

Im Januar 1983 wurde ein gewisser Sadegh Tabatabei am Flughafen Düsseldorf mit 1,65 kg Rohopium festgenommen. Nach einer anfänglichen Schutzbehauptung, dass es sich lediglich um Heilkräuter für die Großmutter handelte, gab sich der Iraner als Vertrauter des Revolutionsführers Khomeini zu erkennen. Er sei von der Bundesregierung zu vertraulichen Gesprächen eingeladen worden. Als »Sonderbotschafter« genieße er das uralte Privileg des freien Geleits. Der Staatsanwalt tobte, musste den Delinquenten nach Rückfrage im AA aber laufenlassen. Das Völkerrecht stand einer Strafverfolgung entgegen. Trotz bitteren Nachgeschmacks.

Mich hat wirklich überrascht und befremdet, wie weit unsere Rechtsordnung zweifelhafte Aktivitäten anderer Staaten schützt. Uns erreichten Meldungen, dass die damalige Sowjetunion und andere Ostblockstaaten versuchten, Grundstücke im Regierungsviertel zu erwerben. Vermutlich, um Kanzleramt und Schlüsselministerien »aufzuklären«. Die Abteilung Horch war damals noch auf Sichtkontakte zu den Objekten ihrer Begierde angewiesen.

In unserem Referat waren wir der Meinung, dass dieses Treiben verhindert werden müsse. Umgehend luden wir die Referenten des Innen- und Justizministeriums zu einer Lagebesprechung. Zu unser Überraschung belehrten uns die Kronjuristen über die Eigentumsgarantie des Grundgesetzes. Diese gelte auch für unsere Gegner im Kalten Krieg.

Kommunisten an der Adenauerallee? Könnte man nicht die Stadt Bonn bitten, mit Hilfe von Planungs- und Bauvorschriften diese trüben Geschäfte zu unterbinden? Es gäbe doch Sperrbezirke für die käufliche Liebe. Ist die Sicherheit nicht mindestens ebenso wichtig wie die Sittlichkeit unserer Nation? Fehlanzeige, unsere Rechtsgelehrten fanden das weder überzeugend noch lustig.

Während Trump und China die Welt umkrempeln und die Verteidigungsministerin um eine Erhöhung des Wehretats rang, wurde im Juli 2017 in Deutschland das neue Prostituiertenschutzgesetz eingeführt. Jedem seine Prioritäten. Immerhin ist das Regierungsviertel in Berlin durch eine Bannmeile vor Gewalt geschützt. Ob es eine entsprechende Regelung für »feindliche« Grundstückskäufe gibt, ist mir nicht bekannt.

Aus meiner Zeit im Kanzleramt weiß ich nur, wie schwierig es ist, strategisch wichtige Unternehmen vor problematischen Übernahmen zu schützen. Vor allem, wenn es sich um zivile Zulieferer mit Schlüsseltechnologien handelt, deren Bedeutung sich nur wenigen Experten erschließt.

Anfang der achtziger Jahre war das alles noch Zukunftsmusik. Sicherheitspolitik war eine Frage von Krieg und Frieden. Die Angst vor einem Nuklearkrieg war allgegenwärtig.

Beamte mussten gelegentlich zu Übungen in den atomsicheren Eifelbunker der Regierung einrücken. Und Hollywood bannte das Undenkbare auf die Leinwand: »The Day After« traf den Nerv der Zeit. Diese Bilder ließen selbst abgebrühte Zyniker nicht kalt.

4 ASSISTENZ IN DER CHEFETAGE (1982 – 83)

»Lasst, die ihr hereinkommt, alle Hoffnung fahren!«
Dante Alighieri Die Göttliche Komödie

»Et hätt noch emmer joot jejange.«
Art. 3 Rheinisches Grundgesetz

Nach bestandener Abschlussprüfung fieberten die frisch gebackenen Nachwuchsdiplomaten dem ersten echten Auslandseinsatz entgegen. Ich hatte mich für das französischsprachige Afrika beworben.

Doch wieder kam es anders als erhofft: noch vor der offiziellen Urteilsverkündung wurde ich gebeten, mich mit einem anderen Kollegen bei der Amtsleitung vorzustellen. Jedes Jahr wird ein junger Legationssekretär in das Büro der Staatssekretäre abkommandiert. Das gilt als besondere Ehre. Ich war mir sicher, dass mein Freund das Rennen macht; voll der Diplomat, vom Scheitel bis zur Sohle.

Fehlanzeige: Ich blieb, der »Verlierer« bekam Washington. Wie gerne hätte ich getauscht. Statt Exotik im Kongo 14 Stundentag am Rhein. Heute weiß ich, wie wertvoll die Lehrzeit im Leitungsbereich war. Nie wieder hatte ich die Gelegenheit, die gesamte Korrespondenz des Auswärtigen Amts und seiner Auslandsvertretungen mitzulesen.

Das neunstöckige Hauptgebäude an der Adenauerallee war ein bescheidener Zweckbau aus den 50er Jahren mit Linoleum und Paternoster. Hier rackerten über 1 000 Mitarbeiter. Daneben stand der zweigeschossige Ministerbau, der über die sogenannte Seufzerbrücke mit dem Haupthaus verbunden war.

Sogar gestandenen Beamten schlotterten zuweilen die Knie, wenn sie über den roten Teppich zum Rapport bei der Obrigkeit schritten. Im Zentrum der Macht herrschte gediegene Ruhe; aber man war gut beraten, beim ersten Grollen am Himmel einen sicheren Unterstand zu suchen. Viele ehrgeizige Kollegen, die stets nach oben drängen, vergessen die Risiken ihrer Gipfelstürmerei: Wer einmal bei Hofe in Ungnade gefallen ist, tut sich schwer, wieder hochzukommen. Chefs haben ein Elefantengedächtnis, nicht nur im AA.

Mir wurde ein gediegener Raum mit Panzerschrank und drei Telefonen zugewiesen. Meine Hauptaufgabe bestand darin, sämtliche Fernschreiben unserer Auslandsvertretungen zu sichten, die wichtigsten Berichte herauszufischen und mit gegilbten Kernaussagen an die Amtsleitung sowie Kanzler- und Präsidialamt weiterzuleiten. Die Rohrpost lief rund um die Uhr, irgendwo passierte immer etwas.

Wissen ist Macht, weshalb das Außenamt in Moskau die Verteilung der Berichte einem Vizeminister vorbehielt. Bei uns gab es dagegen bereits lange vor der Email eine horizontale Vernetzung: Der Absender konnte seine Depeschen direkt an andere Auslandsvertretungen durchschreiben, was den Informationsfluss wesentlich beschleunigte. Die Ostblockstaaten hielten dagegen an einer strikten Kommandostruktur fest, vor allem bei den Streitkräften. Wie mir ein Generalinspekteur der Bundeswehr nach der Wiedervereinigung erklärte, könnte man mit einer solch starren Befehlskette heutzutage keinen Krieg mehr gewinnen. Als tragisches Beispiel nannte er den Abschuss des vollbesetzten koreanischen Jumbo Jets auf dem Weg von New York nach Seoul am 1. September 1983 durch ein sowjetisches Kampfflugzeug: Dessen Pilot habe beim Anflug auf sein Ziel sicher erkannt, dass es sich um ein ziviles Verkehrsflugzeug handelte. Aber Befehl war Befehl, und der hätte nur von höchster Stelle aufgehoben werden können.

Der Tag meines Dienstantritts begann mit einem neuen Krieg: Am 2. April landeten argentinische Marineeinheiten auf den zu Großbritannien gehörenden Falklandinseln. Die Invasion stellte uns vor ein Dilemma. Einerseits bemühte sich Minister Genscher seit geraumer Zeit um gute Beziehungen zur Dritten Welt; insbesondere Zentral- und Lateinamerika lagen ihm am Herzen. Zudem waren die Falklandinseln irgendwie ein koloniales Relikt. Andererseits wollten die Insulaner trotz der Entfernung vom Mutterland unter britischer Flagge verbleiben. Und in Buenos Aires herrschte eine grausame Militärjunta, deren Angriff völkerrechtlich nicht zu rechtfertigen war. Thatchers Armada siegte mit Kollateralschäden, die Militärdiktatur wurde gestürzt.

Die innenpolitischen Spannungen der sozialliberalen Koalition waren bereits im Tagesgeschäft zu spüren. Wichtige Entscheidungsvorlagen blieben irgendwo zwischen Minister- und Kanzlerbüro liegen. Aber die beiden beamteten Staatssekretäre führten das Amt souverän. Der in Estland aufgewachsene Deutschbalte Berndt von Staden war ein strenger Herr. Geradlinig stand er zu seinen Überzeugungen. Gerade weil er die Schrecken des Krieges noch in Uniform erlebt hatte, fühlte er sich der Entspannungspolitik, dem transatlantischen Bündnis sowie Europa verpflichtet.

Der 1927 in Tientsin/China geborene Hans-Werner Lautenschlager war anders sozialisiert: Abitur in Schanghai, dann Studium im Nachkriegsdeutschland und seit 1955 im AA. Durch und durch ein Gentleman, entging ihm doch kein noch so kleiner oder versteckter Fehler in der täglichen Papierflut. Er litt unter der Schludrigkeit, die dem wachsenden Termindruck geschuldet war. Außenpolitik ist im Kern ein langsames Geschäft.

Manchmal waren Kollegen aber auch einfach betriebsblind: Im Vorlauf der Feiern zum 300sten Jubiläum deutscher Einwanderung in Amerika bekamen wir einen ersten Entwurf, verfasst und mitgezeichnet von allen betroffenen Arbeitseinheiten innerhalb und außerhalb des Hauses. Unterlegt mit einem farbigen Tortendiagramm, was damals noch sehr selten war. Und welche Farbe hatten die Experten den deutschstämmigen Amerikanern zugedacht? Kein Witz, tiefes Braun.

Lautenschlager sah immer das große Ganze, vor allem in Europa, das bereits damals in kleinteilige Fachpolitik zu zerfallen drohte.

Mein unmittelbarer Chef war Alexander Graf York von Wartenburg. Ein idealer Kabinettssekretär mit altpreußischem Pflichtgefühl, politischem Gespür und trockenem Humor. Als wir wieder einmal mit einer Kampagne gegen das Robbenschlachten in Kanada konfrontiert wurden, bemerkte er, dass das ganze doch kein Problem wäre, wenn man die Viecher verspeisen würde. Yorks einziges Problem war sein Sitzfleisch. Der Jüngste ging damals als letzter, so dass ich häufig erst nach 22.00 Uhr oder später nach Hause kam.

Ich musste an die erste Zeile von T. S. Eliots »Waste Land« denken: »April is he cruellest month ...« Offenbar nicht nur meteorologisch.

Der Falkland-Krieg hatte gerade erst begonnen, da geriet ich in Seenot. Margaret Thatcher stritt mit Helmut Schmidt über den europäischen Agrarrabatt für das Vereinigte Königreich. Schmidts Antwortbrief erreichte mich weit nach Dienstschluss am letzten Arbeitstag vor dem Osterwochenende. Es gab noch keine Mail. Ich war der letzte Mohikaner im Büro und entschloss mich, das Schreiben über unsere Kurierverbindung nach London weiterzuleiten. Nach den Feiertagen folgte ein schwieriges Telefonat der Kontrahenten. Der Brief war offenbar nicht rechtzeitig in der Downing Street eingetroffen.

Sichtlich betroffen bot ich Graf York postwendend meinen Rücktritt an. Er lachte nur und belehrte mich, dass Beamte überhaupt nicht zurücktreten könnten. Überhaupt sei die Sache nicht so schlimm, er habe mit dem Bundeskanzler gesprochen. So waren sie, die alten Chefs: streng und manchmal laut. Aber sie hielten zu ihren Leuten, auch wenn diese patzten.

Ich erwähne diese peinliche Geschichte nur deshalb, weil

ich später, auch in Unternehmen, eine ganz andere Betriebskultur kennengelernt habe. Alle duzen sich, aber läuft etwas schief, will's keiner gewesen sein. Da lässt man lieber einen anderen über die Klinge springen.

Die Altvorderen kannten keine falsche Kumpelei. Als ich mich einmal in der Mittagspause an den Tisch meiner Vorgesetzten im Casino setzen wollte, herrschte plötzlich eisiges Schweigen. Die Kantine bot allen das gleiche Essen; reservierte Bereiche gab es nicht. Arbeiter im Blaumann saßen neben Nadelstreifen. Aber es gab unsichtbare Grenzen. Man blieb unter sich, vor allem in den höheren Gehaltsgruppen. Das musste man respektieren.

Am 17. September 1982 traten Hans-Dietrich Genscher und seine FDP Kollegen im Kabinett zurück. Die Koalition zerbrach am Streit über die Wirtschafts- und Sozialpolitik. Otto Graf Lambsdorff hatte unter anderem eine radikale Reform des Arbeitsmarkts gefordert.

Die Mitarbeiter des Ministerbüros räumten auf und schickten uns die verbliebenen Akten. Schmidt war jetzt übergangsweise auch Außenminister und wir mussten ihn bedienen.

Das fing gleich gut an. Graf York machte nie Urlaub. Als hätte er den Sturz der Regierung vorhergesehen, war er im Spätsommer zu einer fünfwöchigen Italienreise aufgebrochen. Kaum war er weg, wollte das Kanzleramt die neuen, noch geheimen Richtlinien für Rüstungsexporte sehen. Die lagen im Panzerschrank meines Chefs. Er hatte mir die Zahlenkombination hinterlassen; leider fehlerhaft. Wir lebten noch im Zeitalter der Telefonzelle, Handys gab es nicht. Autotelefone nur in wenigen Chefwagen. Die alarmierte Haustechnik reagierte rheinländisch gelassen: Den Safe könne man allenfalls sprengen, mit entsprechenden Folgen für den Inhalt. Wat wells de mache, et kuett wie et kuett.

Schmidt musste bis zur Rückkehr des Grafen warten; am 1.10. wurde er im ersten konstruktiven Misstrauensvotum der Republik gestürzt. Helmut Kohl blieb für die nächsten 16 Jahre Bundeskanzler. Genscher kehrte zurück in sein altes Büro.

5 MEIN ERSTER POSTEN: ATHEN (1983 – 85)

»Die Athener regieren die Griechen, ich regiere die Athener und meine Frau regiert mich.«
Xenophon

»Das eroberte Griechenland eroberte die unkultivierten Sieger.«
Horaz

»Sagt ein Kreter, alle Kreter lügen«
Epimenides

Kurz vor Ostern 1983 war es endlich soweit: Auf nach Athen, in ein unbekanntes Land. Zwar war ich seit dem Gymnasium mit der hellenischen Klassik vertraut. Griechische Götterwelt, Geschichte, Dichtung, Kunst und Philosophie gehörten zum Bildungskanon eines Abiturienten. Aber die gelebte Gegenwart blieb mir weitgehend fremd. Immerhin wusste ich, wie Sokrates, dass ich nichts wusste. Anders als viele politische Besucher aus der Heimat.

Da die Lufthansa sich weigerte, meine hochschwangere damalige Frau zu befördern, mussten wir mit dem Auto anreisen. In Vorfreude auf die attische Sonne hatte ich mir ein Cabriolet bestellt. Jetzt musste plötzlich alles ganz schnell gehen.

Als der Wagen endlich eintraf, hieß es aufsitzen und ab nach Süden. Im Stau am Brenner habe ich erstmals die Betriebsanleitung überflogen, um das Verdeck zu öffnen. In Ancona haben wir gerade noch die Nachtfähre nach Patras erreicht. Von dort haben wir uns am nächsten Tag mit einigen Irrungen und Wirrungen nach Athen durchgeschlagen. Wie so häufig war die letzte Meile die schwerste. Ohne moderne Navigationstechnik oder brauchbare Sprachkenntnisse landeten wir erschöpft vor Sonnenuntergang in unserer Unterkunft. Eine kleine Odyssee, die wir irgendwelchen unsinnigen bürokratischen Regeln zu verdanken hatten. Der Flug hätte 2 ½ Stunden gedauert, nicht zwei Tage.

Der Vermieter empfing uns mit offenen Armen und der Bemerkung, dass wir uns um die Sicherheit keine Sorgen zu machen bräuchten: Griechen stehlen nicht, dafür seien sie zu intelligent, weshalb sie lieber betrügen würden. Nein, das ist nicht erfunden. Wobei ich zugeben muss, dass mir die Bedeutung dieser offenherzigen Selbsteinschätzung erst viel später bewusst wurde. Ich musste an dieses Bonmot denken, als 2009 die Bilanzfälschung beim Euro-Beitritt bekannt wurde. Graeca fides! Übrigens irrte der Vermieter hinsichtlich der Sicherheit: Hauseinbrüche waren schon damals keine Seltenheit; die Diebe waren aber angeblich immer Albaner oder andere Zugereiste.

Vom Balkon des Appartements blickte ich auf ein orthodoxes Kloster. Wegen der Zeitdifferenz zwischen Gregorianischem und dem alten Julianischen Kalender durften wir zweimal Ostern feiern. Seit meinem Kurzbesuch bei Väterchen Timofei im Münchener Olympiapark war dies die erste persönliche Begegnung mit dem orthodoxen Christentum. Der stimmungsvolle Gesang klang fremd. Die dunkle Tracht und der melancholische Bass passten irgendwie nicht zur grellen Attischen Sonne. Das Ganze erinnerte mich mehr an Dostojewskis Russland.

Diese laienhafte Empfindung war falsch, hatte aber einen wahren Kern. Der Glaube und die kyrillische Schrift waren von den Griechen nach Russland gebracht worden, nicht umgekehrt. Aber das damalige Griechenland hieß Byzanz; Kaiser und Patriarch residierten in Konstantinopel, nicht in Athen.

Bei uns hat sich ein verzerrtes Idealbild festgesetzt, das den Umgang mit Athen bis heute erschwert. Mit den Resten klassischer Bildung und Dank Winckelmann messen wir das Land an seinen antiken Denkern und Bauwerken. Umso enttäuschter sind wir dann, wenn der »edle Grieche« in der Eurokrise nicht wie Sokrates zum Schierlingsbecher greift, sondern trickreich für seine Interessen kämpft.

Das moderne Griechenland hat seine Wurzeln in Byzanz. Bereits zu Caesars Lebzeiten hatte Athen seine einstige Bedeutung eingebüßt. Aus dem zerfallenden Rom entstand 324 mit der Gründung Konstantinopels ein neues christliches Kaiserreich. Dieser Vielvölkerstaat, der in seiner Hochzeit vom Balkan über die heutige Türkei bis in den Nahen Osten reichte, überlebte in der spannungsgeladenen Region über 1 000 Jahre. Erst 1453 gelang es Mehmet II die begehrte Metropole verlustreich zu erobern. Athen fiel drei Jahre später, die Osmanen eroberten weite Gebiete auf dem europäischen Festland. Hätten die Griechen nicht so lange durchgehalten, wären weite Teile Europas vermutlich dem Osmanischen Reich einverleibt worden. Die italienischen Stadtstaaten und der Rest Europas waren zersplittert und zerstritten.

Die Griechen überlebten unter dem Sultan als tolerierte Untertanen zweiter Klasse mit Kopfsteuer. Andererseits konnten sie ihre Identität, Kultur, Sprache und Religion bewahren. Gebildete und wohlhabende Griechen bekleideten wichtige Positionen im Staatsapparat.

Aber der Widerstand wuchs, vor allem in der Diaspora. Westliche Philhellenen und die von Moskau geführten slawischen Glaubensbrüder unterstützten den Unabhängigkeitskrieg der Griechen. 1832 wurde der 16-jährige Wittelsbacher Prinz Otto als neuer griechischer König gekrönt.

Dem Vater Ottos, Ludwig dem Ersten, verdanken wir übrigens nicht nur das Oktoberfest, sondern auch das griechische

»Ypsilon«. Bis zu seiner Kabinettsorder von 1825 wurde Bayern mit »i« geschrieben.

Das neue Königreich erstreckte sich nur auf die europäischen Kerngebiete. Ein Großteil der Inseln und die Griechen in Kleinasien verblieben unter Fremdherrschaft. Während des ersten Weltkriegs und in den Folgejahren wurden die Griechischen Christen von den alten und neuen türkischen Herrschern massiv verfolgt und vertrieben. 1923 flüchteten die meisten Griechen nach Athen. Ganze Stadtteile sind bis heute von den verarmten Rückkehrern geprägt, während die kosmopolitische polyglotte Elite aus Alexandria und Konstantinopel häufig mit mehrfacher Staatsangehörigkeit auf allen Kontinenten zu Hause ist.

Die Jahrhunderte der Fremdherrschaft haben Freiheitswillen, Nationalismus sowie wie die orthodoxe Kirche gestärkt. Den Widerstand gegen jedwede Bevormundung durch das Ausland bekommen wir noch heute zu spüren. Die Außen- und Sicherheitspolitik bleibt durch Unabhängigkeit, das angespannte Verhältnis zur Türkei, eine gewisse Nähe zu den orthodoxen Glaubensgenossen und eine Art Mittlerrolle im Nahen Osten geprägt. Heute wirbt Athen um chinesische Investitionen und ist bereit, dafür einen politischen Preis zu zahlen.

Andererseits ist das osmanisch byzantinische Erbe unübersehbar: Von der Speisekarte bis zur Bürokratie und der morgenländischen Klientel- und Gefälligkeitspolitik. Rousfeti, wie die Griechen das in Anlehnung eines türkisch-arabischen Worts nennen, plagt das Land bis zum heutigen Tag.

Damit kein Missverständnis aufkommt: Selbstverständlich gehört Griechenland zum Markenkern Europas. Aber man versteht die Menschen besser, wenn man ihre Geschichte kennt. Gutgemeinte Klischees verstellen den Blick auf die Gegenwart.

Falls Sie es noch nicht gemerkt haben: Ich mag die Griechen. Gerade wegen ihrer Individualität und ihres Freiheitsdranges.

Die Kehrseite dieser Mentalität ist ein fehlender Gemeinschaftssinn. Neben Millionärsvillen vergammelt der öffentliche Raum. Schlaglöcher und streunende Hunde machten selbst im gediegenen Villenviertel Kefalari Spaziergänge zum Abenteuer.

Schon in klassischer Zeit bekriegten sich die Stadtstaaten unablässig. Mit wechselnden Fronten. Nur bei der Bedrohung durch die Perser an den Thermopylen rückten Sparta und Athen zusammen. So wie heute gegen die europäische Finanzaufsicht.

Die Botschaft war in einem soliden Zweckbau mit schlichtem Interieur untergebracht. Mein erster Chef war ein graumelierter Grandseigneur, den so schnell nichts aus der Ruhe bringen konnte. Bewacht wurde er von einer strengen Vorzimmerdame im klassischen Kostüm. Man war gut beraten, ihren »Bitten« zu folgen. Ich musste an alte Filme denken, in denen sich die Sekretärinnen noch wie Prinzessinnen kleideten.

Ich war zum Leiter der Rechts- und Konsularabteilung bestellt worden; im Nebenamt musste sich der Jüngste als Protokollreferent um die zahlreichen Besucher aus der Heimat kümmern. Beide Bereiche waren störanfällig und beschwerdeträchtig, weshalb viele Kollegen dieser operativen Verantwortung lieber aus dem Weg gingen.

Das Konsulat ist so etwas wie der Maschinenraum einer Botschaft. Vor allem der Tourismus bescherte uns zahlreiche Kunden: Arme, Kranke, geistig Verwirrte, Tote, Gefangene, Nackte, Querulanten und Drogenhändler. Kurzum, Dienst am Menschen rund um die Uhr.

Gelegentlich hatte ich aber auch Freigang: das örtliche Konsularcorps hatte mich in den Vorstand gewählt. Der Vereinigung gehörten überwiegend griechische Geschäftsleute und Reeder an, die sich von der Titular-Vertretung fremder Mächte zusätzlichen gesellschaftlichen Glanz erhofften und ihre Bedeutung mit üppiger Gastfreundschaft unterlegten. Dionysos lässt grüßen.

Zurück in den Alltag. Gleich an einem der ersten Tage wurde ich durch ungewöhnlichen Lärm aufgeschreckt: Ein offenbar verwirrter Grieche marschierte im Stechschritt unter »Sieg

Heil«-Rufen vor der Botschaft auf und ab und beschimpfte uns als Nazis. Als jungem Kollegen hatte man mir das Amt des Sicherheitsbeauftragten angehängt. Dazu gehörte auch der Außenbereich des Gebäudes. Ärgerlich, aber solche vorgestrigen Krakeeler konnte man aussitzen.

Delikater war ein anderer Fall. Anruf des Kostüms aus der Chefetage: Der Einbeinige sei wieder da. Ich hatte keine Ahnung, was gemeint war. Dann fand ich es heraus: Einmal in der Woche setzte sich ein versehrter Grieche vor unsere Pforte, um gegen seine angeblich ungerechte Behandlung in Deutschland zu protestieren. Es handelte sich um einen zurückgekehrten Gastarbeiter, der bei einem Arbeitsunfall ein Bein verloren hatte und jetzt eine höhere Entschädigung verlangte. Ein tragischer Fall, aber der Rechtsweg war ausgeschöpft. Da war nichts zu machen. Die Weisung, den Mann geräuschlos zu entfernen, habe ich nur halbherzig umgesetzt. Er kam wieder.

Dann wurde es brenzlig: Eines Tages versammelte sich eine aggressive anti-deutsche Demonstration vor unserem Büro. Die Stimmung drohte zu kippen, als die Leute Einlass begehrten. Da rief mich unser Militärberater aus dem ersten Stock an. Er sei gefechtsbereit. Und tatsächlich, er stand mit gezückter Waffe am Fenster. Also erst den Oberst, dann die Menge beruhigen. Die Leute wollten nicht diskutieren, zogen aber unter Absingen von Kampfparolen wieder ab, nachdem ich ein Protestschreiben entgegengenommen hatte. Ein Ritual, mit dem wir leben mussten und konnten. In Athen wurde ständig gegen irgendetwas protestiert.

Aber es gab auch eine reale Bedrohung. Die linksterroristische Gruppierung des 17. November hatte bereits mehrere in- und ausländische Würdenträger ermordet. Der Kulturattaché der benachbarten britischen Botschaft fiel einem Mordanschlag zum Opfer. Und vor unserer Botschaft fanden wir an einem Wochenende einen in einem Whiskykarton versteckten 6 kg Sprengsatz.

Auch im normalen Konsulargeschäft ging es hoch her: Nach der Morgenlage mit dem Botschafter bat mich ein Kollege um ein vertrauliches Gespräch. Der gute Mann war verheiratet und hatte mit einer Freundin ein Kind gezeugt, das er anerkennen wollte. Aber gerne: Routine und gratis; aus Rücksicht auf das Kindeswohl ist die Vaterschaftsanerkennung eine der wenigen kostenlosen Amtshandlungen. Aber es gab auch kompliziertere Fälle. Die Ehefrau eines Fernfahrers wollte die Wut über ihren »treulosen« Gatten an mir auslassen und versuchte mir unter wüsten Beschimpfungen die Vaterschaftsakte zu entreißen. Wenig Erfolg hatte auch Michaela, die ihrem Yanni vom Strand in Kreta die Frucht ihrer Liebe zeigen wollte. Irgendwo endet die Verantwortung des Staats für seine Bürger. Da müssen Mann oder Frau den guten Glauben dort suchen, wo sie ihn gelassen haben.

Andererseits war ich über die sozialstaatliche Betreuung unserer Landsleute im Ausland überrascht. Ursprünglich eingeführt, um Deutschen, die vor den Nazis ins Ausland geflohen waren, in der neuen Heimat eine angemessene Versorgung zu ermöglichen, profitierten jetzt sogar Strafgefangene von unserer globalen Sozialhilfe. Im Gefängnis von Korydallos waren deutsche Mörder, Räuber, Drogenhändler und eine adlige Trickbetrügerin im Blümchenkleid untergebracht. Die wenigsten hätte man beim Beruferaten erkannt. Einige wirkten wie die Unschuld vom Lande; Chorknaben entpuppten sich als gewalttätige Schwerverbrecher. Meine griechische Assistentin konnte ich nur mit Mühe bewegen, mich zu begleiten.

Besonders im Bereich der Rauschgiftkriminalität war der Job gelegentlich frustrierend: Einerseits waren wir froh, wenn wir zur Fahndung ausgeschriebene Straftäter festsetzen konnten. Kaum saßen sie ein, schrieben uns Abgeordnete aller Fraktionen aus dem Wahlkreis, dass man sich doch bitte für diesen armen Jungen einsetzen möge. Klar, wir wollten keine harmlosen Hascher in den Untergrund treiben. Aber die schweren Jungs, die würden wir doch gerne der deutschen Justiz überstellen. Die griechischen Kollegen schüttelten den Kopf über unsere Großherzigkeit.

Neben Mitleid gab es Mengenrabatt: Ein deutscher Kapitän,

der beim Versuch, mit einer Yacht 12 Tonnen Rohopium sowie anderen Drogen ins Land zu bringen, festgenommen wurde, war angeblich bereit, gegen »Sonderbehandlung« seine Hintermänner zu verraten. Während das BKA noch meinen Bericht prüfte, hatten sich die Amerikaner den Mann längst geschnappt. Er kam tatsächlich mit einer vergleichsweise milden Strafe davon und verschwand.

Nie wieder in meinem Leben habe ich so tiefe Einblicke in die Halb- und Unterwelt bekommen. Ganoven stammen übrigens keineswegs nur aus sozialen Randgruppen und Brennpunkten.

Mancher »Profi« war stolz auf seine handwerklichen Fähigkeiten. Einer erklärte mir, wie man am besten einen Pass fälscht: Einfach den ersten Buchstaben im Namen entfernen. So wird aus Weber der Herr Eber. Den findet keiner im Fahndungsbuch. Die Digitalisierung dürfte zumindest diesen Kniff ausgehebelt haben. Dafür bietet das Netz neue Möglichkeiten für den Identitätsdiebstahl.

Selbst in der sogenannten guten Gesellschaft mussten die Konsularmitarbeiter gelegentlich Feuerwehr spielen. Die meisten deutsch-griechischen Paare lebten in trauter Harmonie. Während der Militärdiktatur von 1967 – 74 waren viele Studenten nach Deutschland geflüchtet, hatten sich dort verbandelt und waren später wieder in ihre Heimat zurückgekehrt. Die üblichen Beziehungskrisen wurden gelegentlich durch interkulturelle Differenzen verstärkt. Ich erinnere mich noch an einen besonders krassen Fall: Die Frau des Korrespondenten eines angesehenen Nachrichtenmagazins hatte über Nacht in der ehelichen Wohnung eine Mauer bauen lassen.

Ein anderer Rosenkrieg kratzte am Ruf der Botschaft. Sie waren ein ungewöhnliches Paar: Er, ehemaliger Mitarbeiter einer deutschen politischen Stiftung; sie, eine erfolgreiche junge griechische Bestatterin im Minirock. Offenbar hatten sich die beiden plötzlich verkracht. Der Mann kam in mein Büro und gestand, dass man über Jahre hinweg einen lokalen Mitarbeiter des Konsulats bestochen hatte, dem Unternehmen noch vor der Polizei unsere Todesfälle zu melden. Das war ein lukratives Geschäft. Überführungen waren zahlreich und teuer. Ich knöpfte mir den älteren Kollegen vor. Er gestand sofort und versuchte sich mit irgendwelchen drückenden familiären Verpflichtungen rauszureden. Mein Mitleid hielt sich in Grenzen. Ich fertigte eine Notiz und schlug dem Chef vor, den Mann sofort fristlos zu entlassen.

Zu meiner Überraschung drehte der Botschafter den Spieß um und fragte mich, was ich getan hätte, solche Missstände in »meinem« Konsulat zu verhindern. Ich war einigermaßen verblüfft. Das Ende von dem Lied: Ich lernte, was Führungsverantwortung bedeutet; aber auch, dass irgendwie immer die anderen Schuld sind. Die griechischen Mitarbeiter solidarisierten sich mit dem sonst unbeliebten Kollegen und baten um Milde. Exzellenz begnadete den Strolch.

Bei diesem kleinteiligen und zuweilen aufreibenden Tagesgeschäft war die Betreuung prominenter Besucher eine willkommene Abwechslung. Genscher kam häufig, er liebte und kannte das Land besser als sein Bodenpersonal. Die erste Fahrt vom Flughafen ins Hotel kam mir wie eine Ewigkeit vor. Der Minister konnte einem Löcher in den Bauch fragen und merkte die kleinste Unsicherheit, wenn man sich bei einem Politiker oder Tempel vertat. Zudem musste man stets auf Sonderwünsche gefasst sein: Dann hieß es, im Handumdrehen eine spontane Geburtstagsfeier in einer Taverne oder einen Sprung ins Meer zu arrangieren.

Kanzler Kohl kam zum ersten Europäischen Gipfeltreffen unter griechischem Vorsitz. Keine leichte Angelegenheit. Das Land war erst 1981 der EG beigetreten und hatte noch längst nicht alle Verpflichtungen umgesetzt. In seiner Frühzeit fremdelte Kohl noch mit den AA Diplomaten und verließ sich weitgehend auf seinen eigenen Beraterstab. Die Botschaft wurde nur für die Logistik genutzt. Ich musste persönlich prüfen, ob das Hotelbett für die Größe und das Gewicht des hohen Gastes geeignet war. War es, ich hatte zuvor die genauen Körpermaße an das griechische Protokoll weitergegeben.

Einen kleinen Eklat gab es dagegen bei einem KSZE-Treffen. Vor dem Konferenzzentrum wehte nur die DDR-Fahne. Unsere fehlte. Ich steckte das unserem langjährigen Botschaftsfahrer. Der schimpfte auf die Kommunisten und verschwand. Als ich wiederkam, zeigte er mir stolz unsere Flagge. Ein befreundeter Mitarbeiter der Stadtverwaltung habe den »feindlichen« Wimpel runtergeholt und entsorgt. Später beschwerte sich die DDR, der Vorfall wurde aber nie aufgeklärt. Auf unseren patriotischen Fahrer konnte ich mich verlassen. Und ich hatte inzwischen von Exzellenz eines gelernt: Mein Name ist Hase...

Kurz darauf wurde gewählt. Die konservative Führungselite des Landes wollte endlich den linkspopulistischen Papandreou loswerden. Auch meine Botschaftskollegen wetteten auf den Wechsel. Der Vertreter der Adenauer Stiftung hatte sich so sehr ins Zeug gelegt, dass er vorzeitig das Land verlassen musste.

O Andreas, wie ihn seine Anhänger liebevoll nannten, war in der Tat ein bunter Vogel. Der Sohn eines Premierministers emigrierte noch vor Kriegsende in die USA, wo er sich als Wirtschaftsprofessor einen Namen machte. Nach seiner Rückkehr vertrat er zunehmend anti-amerikanische Positionen. Seine amerikanische Frau Margaret hatte sich einen eigenen, noch radikaleren Machtzirkel aufgebaut. Das Paar hatte sich auch privat auseinandergelebt. Papandreou verliebte sich in eine 36 Jahre jüngere Stewardess von Olympic Airways, was seine politischen Gegner genüsslich ausschlachteten.

Für die große Politik waren der Botschafter und sein Vertreter zuständig. Ich kannte keine Spitzenpolitiker, hatte aber viele einheimische Freunde aus allen Schichten und Berufen. Auch hier überwog die Wechselstimmung, aber es gab auch andere Stimmen. Aus Neugier besuchte ich als anonymer Zaungast die Abschlusskundgebungen der beiden Spitzenkandidaten auf dem Syntagma Platz. Das öffentliche Kräftemessen gehört seit der Antike zur griechischen Demokratie. Ohne eine Prise Demagogie schafft es keiner in das höchste Amt. Frau Merkel täte sich auf diesem Platz schwer.

Und siehe da: Irgendwie wirkte der gesundheitlich angeschlagene Papandreou mit all seinen Widersprüchen lebendiger, griechischer als sein Herausforderer. Eine echte Rampensau, ein tragischer Held wie Alexis Sorbas. Er gewann, tanzte und heiratete vier Jahre später seine Mimi. Für das Land bedeutete die Wahl Reformstau und ein qualvolles »Weiter so!«.

Ich möchte mein Konsularkapitel nicht ohne einen persönlichen Nachsatz und ein Geständnis beenden: Meine beiden ersten Kinder wurden in Athen geboren. Beide Male war ich wegen prominenter Besucherbetreuung nicht zugegen. Wochenbett oder Wirtschaftsminister? Ich entschied mich für Bangemann, frei nach Hans Sachs: Erst mach dein Sach, dann trink und lach. Meine Frau fand das weniger komisch. Erst am Folgetag haben wir gemerkt, dass man im Krankenhaus ohne laufendes Bakschisch nicht versorgt und verpflegt wird. In meiner zweiten Ehe und bei der Geburt meines dreißig Jahre später geborenen Sohnes habe ich es besser gemacht.

Dann gab es noch ein bürokratisches Nachspiel: Athen bestand aus selbständigen Stadtteilen. Katharina und Philipp waren also laut griechischer Geburtsurkunde in »Cholargos« geboren. Ein Zungenbrecher, der bei jedem Grenzübertritt zu peinlichen Rückfragen geführt hätte. Nein, diesen Makel konnte ich meinem Nachwuchs nicht antun. Schließlich saß ich ja an der Quelle. Die amtliche Übersetzung der Urkunde lautet daher schlicht und einfach: geboren in Athen. Stempel und fertig. Die griechischen Kollegen haben das sofort verstanden.

6 DER DRACHE ERWACHT: PEKING (1985 – 87)

»Achte die Geister und halte dich fern von ihnen.«
 Konfuzius

»Hinter dem Lächeln den Dolch verbergen.«
 36 Strategeme, List 10

Vor meiner Abreise verabschiedete ich mich noch beim Xinhua-Korrespondenten in Athen. Stolz zeigte er mir seinen neuen Mercedes und grinste: »Der gehört dem chinesischen Volk, aber ich fahre ihn.« Das traf den Nagel auf den Kopf. Einfacher kann man Deng Xiaopings Reformkommunismus kaum erklären.

Meine Bitte, noch bis zum Besuch des Bundespräsidenten in Griechenland bleiben zu dürfen, wurde abgelehnt. Umgekehrt wurde ein Schuh daraus: Damit meinem Nachfolger ausreichend Zeit zur Einarbeitung bliebe, musste ich bereits im Januar meine Koffer packen.

Wieder einmal brach ich zu einem unbekannten Ziel auf. Ehe ich mich versah, saß ich mit Kaviar satt im Flieger; meine einzige erstklassige Versetzungsreise. Solche Privilegien wurden kurz darauf abgeschafft. Da es keinen Direktflug gab, legte ich einen Zwischenstopp in Hongkong ein. Der damals noch britisch verwaltete »duftende Hafen« machte seinem Namen alle

Ehre. Ein Platz voller Exotik, an dem man das bunte und pralle Leben bestaunen konnte. Mit fast kindlicher Freude genoss ich meinen ersten Asien-Bummel. Später, aus Pekinger Sicht, war Hongkong für mich ein von westlichem Konsum geprägter Handelsplatz, an dem die geschäftstüchtigen Bewohner Dollarzeichen in den Augen trugen. Reiseeindrücke werden maßgeblich durch die Differenz zum Ausgangsort bestimmt.

Der Kontrast hätte kaum größer ein können: In Peking herrschte klirrende, trockene Kälte; es roch nach Kohl und Kohle. Die Menschen trotzten den Temperaturen in unförmig wattierten Winterjacken. Selbst bei klarem Himmel wirkte die Stadt durch und durch grau.

Die Botschaft hatte auf sofortigem Dienstantritt bestanden. Erst bei Ankunft merkte ich, dass ich am Vorabend des chinesischen Neujahrsfestes angekommen war. Unsere Vertretung war mehrere Tage geschlossen, das öffentliche Leben ruhte.

Aber dann. Kaum hatte ich meine Wohnung im 12. Stock des Diplomatenghettos Jianguomenwai bezogen, explodierte die ansonsten stille Metropole: Mit ohrenbetäubendem Lärm entbrannte zum Tigerjahr ein Höllenfeuerwerk, wie ich es nie zuvor oder jemals danach erlebt habe. Die Erfinder des Pulvers machten ihrem Ruf alle Ehre. Es war das letzte Mal, dass die Bürger selber knallen und feuern durften. Der prüden Obrigkeit war dieser unkontrollierte Veitstanz nicht geheuer. Seitdem gibt es nur noch staatliche Feuerwerke. Auch wenn ich mich am Silvesterabend in dem spießig möblierten amtlichen Appartement und der fremden Stadt sehr klein und einsam fühlte, das Spektakel war die Reise wert. Selber im Zeichen des Drachens geboren, würde ich mit dem Tiger schon klarkommen.

Am nächsten Tag rief mich ein jüngerer Kollege an, den ich noch von der Ausbildung her kannte. Ob ich zu einem Picknick mitkäme? Brotzeit bei minus zehn Grad, war das ein Scherz? Nein, kurz darauf brachen wir auf. Da es keine Ausflugslokale gab, musste man im Freien kampieren und sich selbst versorgen. Die Kollegen hatten alles dabei, sogar Schampus und englisches Tafelsilber. Auf dem Rückweg machten wir noch Station bei den Ming Gräbern. Damals standen diese historischen Denkmäler noch ungeschützt in der Landschaft. Man konnte auf die Dächer klettern oder auf einer Grabplatte das Pausenbrot verzehren. Heute herrscht auf dem Gelände des Weltkulturerbes gebührenpflichtige Ordnung.

Dann begann der Ernst des Lebens: Ich war der Großbotschaft als Leiter des Pressereferats und Mitarbeiter der politischen Abteilung zugeteilt worden. Schnell merkte ich, dass hier ein anderer Wind wehte als in Athen. Dort menschelte es; hier prägten Ehrgeiz und Fleiß den Alltag. Der hochgewachsene, asketische Behördenleiter gab uns allen das Gefühl, an einer bedeutenden Aufgabe mitzuwirken.

Als Diplomatensohn hatte Peer Fischer in seiner Jugend noch Glanz und Not im alten Schanghai gesehen. Sein Glaube an den Erfolg und Wiederaufstieg des Reichs der Mitte war fast missionarisch. Andererseits war der in Oslo geborene ehemalige Mitarbeiter Willy Brandts distanziert und formbewusst. Seine »Diener« mussten weiße Handschuhe tragen; uns war es verboten, den beliebten deutsch-chinesischen Freundschaftspin ans Revers zu heften. O-Ton: Ein deutscher Diplomat schmückt sich nicht mit einer roten Fahne. Als Pressesprecher war ich dem Botschafter unmittelbar unterstellt. Dazu gehörte das Vorrecht, vom Chef persönlich geschurigelt zu werden.

Ich versuchte, mich in meine neue Rolle als kleiner Fisch im großen Teich zu finden. Zunächst musste ich meine fehlenden Landes- und Sprachkenntnisse verbessern. Mandarin kann man ohne Vorkenntnisse nicht nebenbei erlernen. Damit musste ich mich abfinden. Aber ohne ein Minimum an »Fachchinesisch« ging es nicht. Man musste wenigstens die Aussprache von Namen und Orten beherrschen, um mitreden zu können. Für die Auftritte bei Behörden und Medien hatten wir qualifizierte Sprachmittler. Übersetzungspausen schaffen Zeit zum Nachdenken, was in komplizierten Verhandlungen durchaus von Vorteil sein kann.

Es gab neben den professionellen Dolmetschern auch deutsche Kollegen, die die Landessprache beherrschten. Sie hatten überwiegend klassische Sinologie studiert. Bei allem Respekt: Tang Gedichte aus dem 8. Jahrhundert sind eine Delikatesse für intellektuelle Feinschmecker. Diplomatie ist keine Wissenschaft. Wir müssen rund um die Uhr praxistaugliche Ergebnisse liefern. Expertenrat ist wichtig, aber für das Tagesgeschäft in aller Regel zu langsam. Und mit Vorsicht zu genießen. Wie mein amerikanischer Freund Stanley Weiss das einmal so schön formuliert hat: treat experts like perfume: sniff, don't swallow!

Da die Politik im innersten Machtzirkel hinter verschlossenen Türen ausgehandelt und befohlen wurde, blühte im internationalen Kollegenkreis die Kaffeesatzleserei. Immerfort hockten wir in unterschiedlichen Kreisen beisammen und debattierten bis in die späten Stunden. Die wildesten Gerüchte kursierten; Tiefschwätzer setzten sich in Szene. Wir alle spürten, dass wir Zeitzeugen von etwas Bedeutendem waren, aber oft fehlten uns Kompass, Demut und der Generalsblick für das große Ganze.

Immerhin, die Richtung der Entwicklung haben wir erkannt und zutreffend berichtet. Aber Rückschläge wie das Tiananmen Massaker haben wir ebenso wenig vorausgesehen wie Tempo und Ausmaß des Aufstiegs zur Weltmacht.

In den achtziger Jahren lebte das Land noch im Schatten Maos und der Kulturrevolution. Peking war eine melancholische Hauptstadt. Millionen von Radfahrern durchquerten bei jeder Witterung die breiten Alleen; feldgrau, wie militärische Kolonnen. Ansonsten bestand der Verkehr aus Dienstwagen. Wie früher bei den Mandarinen an der Zahl der Träger, konnte man den Rang der Funktionäre sofort an der Wagenklasse erkennen. Auf veralteten Gleisen fuhren noch Dampflokomotiven. Mitarbeiter bügelten im Büro, da die Stromspannung in den Mietskasernen zu gering war.

Noch trister sah es in Schanghai aus: An der historischen Uferpromenade lagen Kohlehaufen vor vergammelten Stadtpalais und Kontoren. Im Friedenshotel spielte die letzte Swing Band aus der Vorkriegszeit.

1986 weihte der damalige Postminister Schwarz-Schilling mit einiger Mühe die erste direkte Telefonverbindung zwischen Deutschland und China ein. Chinesen war der Zutritt zu den wenigen 5 Sterne Hotels verwehrt. Ebenso zum Freundschaftsladen, in dem sich Diplomaten notdürftig mit höherwertigen Lebensmitteln eindecken konnten. Von chinesischen Kollegen wurde man ständig gebeten, Öl oder Schnaps zu besorgen. Das häufigste Wort im Alltag lautete »meo«: Gibt's nicht.

Auch unsere Wirtschaftsbeziehungen steckten noch in den Kinderschuhen: Das frühe Engagement von Volkswagen wurde von einigen Konkurrenten noch als visionär belächelt. Die Lufthansa-Werft in Peking war bereits ebenso erfolgreich wie der Direktflug des Kranichs von Frankfurt über die Pol-Route. Ansonsten gab es noch einen norddeutschen Schlachthof, eine Abfüllanlage für Pomade von Henkel in Tianjin und die in Deutschland demontierte Zündapp-Fabrik. Siemens war bereits mit über hundert Mitarbeitern vertreten, die Deutsche und andere Banken bauten Repräsentanzen auf. Franz Josef Strauß warb für Airbus. Mit politischer Flankierung aus der Heimat versuchten Dax-Unternehmen und globale Mittelständler in China Fuß zu fassen.

Aber selbst glühende Optimisten und China-Schwärmer konnten die heutige Weltwirtschaftsmacht nicht voraussehen.

Deng hatte zwar den Systemwechsel hin zu einer Art staatlich gelenkten Marktwirtschaft eingeleitet. Die mehrfach »gesäuberte« Führungsschicht bestand aber immer noch aus kommunistischen Kadern ohne nennenswerte Wirtschaftserfahrung. Das Erbe des großen Steuermanns war noch präsent. Seinen Revolutionen und radikalen ökonomischen Experimenten sollen etwa 40 Millionen Menschen zum Opfer gefallen sein.

Das kaiserliche China wurde von einer Beamtenelite regiert. Der Mandarin stand über dem Kaufmann und dem Soldaten. In gewisser Weise gilt das immer noch. Dass die Machthaber heute wie vor tausend Jahren versuchen, aus ihrer Stellung Kapital zu schlagen, liegt auf der Hand.

Der Aufstieg des britischen Weltreichs wurde von freihändlerischen Ideen und Kaufleuten angetrieben. Die Fahne folgte der Fracht. Das galt auch für die Opiumkriege Mitte des 19. Jahrhunderts und die folgenden ungleichen Verträge mit Gebietsabtretungen und Vorrechten. Der heutige Aufstieg Chinas folgt dagegen einer staatlich verordneten Strategie. Erfolgreiche Unternehmer dürfen sich bereichern und werden gehört. Sie unterliegen aber der politischen Kontrolle durch die kommunistische Führung. Milliardäre, die in Ungnade fallen, laufen Gefahr, Vermögen, Freiheit oder sogar das Leben zu verlieren. Hier liegt ein wesentlicher Unterschied zum »westlichen« Modell.

Die meisten Auslandschinesen, die wir kennenlernen, sind Geschäftsleute. Überwiegend handelt es sich dabei um Nachfahren von armen Migranten aus den südlichen Provinzen. Die roten Mandarine in Peking sind anders strukturiert: sie denken und handeln langfristig. Sie sind pragmatisch und machen taktische Zugeständnisse; aber die fundamentalen Interessen der Nation sind für sie nicht verhandelbar.

Im Diplomatenghetto wurde noch auf Sicht obverviert und abgehört. Wie in dem Film »Das Leben der Anderen«. Die Sicherheit saß in der 14. Etage. Beim Schichtwechsel habe ich die Herrschaften stets freundlich gegrüßt. Die lokalen Angestellten mussten den Diensten jeden Samstag über ihre ausländischen Arbeitgeber und deren dekadentes Leben berichten. Geschäftsleute klagten, dass man im Hotel ihre Koffer geöffnet und vertrauliche Unterlagen kopiert habe.

Zu später Stunde geriet ich einmal auf der Ringstraße in eine Kontrolle. Die Beamten hatten es offenbar auf meine Freundin aus Hongkong abgesehen, die sie wohl für eine Einheimische hielten. Als ich mich weigerte, ihnen die Dame zu überlassen, schlugen die Polizisten mit dem Knüppel auf mein sportliches Cabriolet. Ich vertraute auf meinen Diplomatenstatus und gab Gas. Die Aktion blieb allseits folgenlos.

Gleichzeitig begann die Gesellschaft sich weiter zu öffnen. Für Privilegierte gab es die ersten Kleinwagen der Marke Fiat Polska. Wer es sich leisten konnte, verkehrte in den neuen privaten Restaurants und Bars. Der letzte Schrei war das Pariser Maxim's. Gourmetküche mit plüschigem Interieur und Jazz.

Kurz nach der Eröffnung besuchte ich das Etablissement mit einer aus Deutschland angereisten prominenten Klatsch-Kolumnistin. Als Pressesprecher wollte ich mich auch um das Boulevard kümmern. Der Abend verlief entspannt. Bis ich merkte, dass mein Gast das signierte Besteck in ihrer Handtasche verschwinden ließ. Ich bat meinen begleitenden Kollegen, das Problem möglichst geräuschlos zu lösen. Die Löffel wurden zu einem vernünftigen Preis auf die Rechnung gesetzt. Damit konnten alle leben: Wir bekamen gute Presse und mein Ehrengast ein bezahlbares Souvenir.

Man sollte aber auch vor der eigenen Türe kehren: Unter Diplomaten war es beliebt, am Wochenende auf »grauen« Märkten nach antiken Schnäppchen zu stöbern. Noch gab es Restbestände von in der Kulturrevolution beschlagnahmten Schätzen. Später wurde alles an Profis aus Hongkong verscherbelt. Die Sammelleidenschaft war stets ein Laster gebildeter Kaufleute und Diplomaten, von Schliemann bis zu Lord Elgin.

Die staatliche Presse war zensiert und folgte der offiziellen Parteilinie. Bei persönlichen Kontakten mit lokalen Journalisten zeigte sich gleichwohl eine erstaunliche Meinungsvielfalt. In China wurde immer zwischen Innen und Außen unterschieden, wie in einer guten Familie. Im Innern gab es jede Menge kontroverser und fundierter Debatten. Die Ergebnisse wurden dann aber mit plumper Propaganda unters Volk gebracht. Man spürte, dass die jüngere Generation mehr Spielräume wollte. Bei einem Vortrag vor Nachwuchsjournalisten an der Peking-Universität verabschiedete ich mich mit der Bemerkung, dass unsere Tür immer offen stünde. Darauf fragte eine junge Studentin auf Deutsch: Auch die Hintertür? Die Dame hätte ich sofort eingestellt.

Kurz darauf gelangte ich zufällig in eine heikle Mission. Seit der Vertreibung der Roten Khmer durch die Vietnamesen lebte Prinz Sihanouk mit seinem verbliebenen Hofstaat in Peking. Die Chinesen hatten ihm die frühere französische Residenz im alten Diplomatenviertel überlassen. Der ehemalige kambodschanische König hatte unter der Schreckensherrschaft Pol Pots 5 Kinder und 14 Enkel verloren. Dennoch unterstützte er weiterhin die Exilregierung des »Demokratischen Kampuchea« und den Guerillakampf der Roten Khmer in seiner Heimat. Nach der Logik, der Feind meines Feindes ist mein Freund, wurde dieses zweifelhafte Regime von China, den USA und sogar von der UNO weiterhin als rechtmäßige Vertretung Kambodschas angesehen.

Unser Kulturattaché hatte sich mit einer Assistentin des Prinzen angefreundet. Kurz darauf folgte eine Einladung in die Residenz zu einem Badminton-Freundschaftsturnier. Da wir keine offiziellen Beziehungen zu der Exilregierung unterhielten, mussten wir dem Botschafter unser kleines Abenteuer beichten und um Genehmigung bitten. Er ließ uns gewähren.

Der ehemalige Ballsaal der Residenz war zu einer Sporthalle umgebaut worden. Erst beim Eintreffen merkten wir, dass wir als Spieler, nicht als Zuschauer geladen waren. Wir waren beide Anfang dreißig, sportlich und konnten Federball spielen. Hier ging es aber um halbprofessionelles Badminton, dessen genaue Regeln wir nicht einmal beherrschten. Unsere Gegner und Mitspieler waren kampferprobte Rote Khmer. Seine Königliche Hoheit pfiff das Spiel und griff gelegentlich selber ein. Wir haben uns tapfer geschlagen, hatten gegen die Dschungelkrieger aber keine Chance. Am Ende gab es Pralinen, die seine Frau Monique und die schottische Hofdame verteilten.

Wir bedankten uns artig und überbrachten dem hocherfreuten Prinzen die Nachricht, dass unser Botschafter ihn zu einem informellen Gedankenaustausch empfangen würde. Sihanouk fürchtete, dass sein Land unter vietnamesischer Vorherrschaft seine Identität und Unabhängigkeit verlieren würde. Deshalb hatte er sich nach eigener Darstellung vorübergehend mit den Pol-Pot-Schergen verbündet.

Der sprunghafte Monarch kam bereits im zarten Alter von achtzehn Jahren auf den Thron. Er lebte unter französischer und japanischer Fremdherrschaft; später konnte er nicht verhindern, dass sein Volk in den Vietnamkrieg hineingezogen und in der folgenden Schreckensherrschaft fast ausgelöscht wurde.

Bei allen Wendungen und Schicksalsschlägen blieb Sihanouk immer ein tiefgläubiger Buddhist und Patriot. Vielleicht hatte er wirklich keine andere Wahl, als vorübergehend mit dem Teufel zu paktieren. Das entschuldigt jedoch nicht das feige Wegsehen der internationalen Staatengemeinschaft beim Völkermord durch die Roten Khmer. Weder die Vereinten Nationen noch die asiatischen Nachbarn griffen ein. Nur Vietnam erkannte die Gefahr und vertrieb 1979 die Massenmörder aus Phnom Penh. Das mit den Roten Khmer verbündete China rächte sich postwendend mit einer verlustreichen militärischen »Strafaktion« in Nordvietnam. 1993 kehrte der exilierte Prinz als König in seine Heimat zurück.

Auch außerhalb der Politik hatte sich Sihanouk einen Namen gemacht: er komponierte, dichtete und drehte Filme. Auf seinen rauschenden Festen im sittsamen Peking unterhielt er seine Gäste mit französischen Chansons und eigenen Liedern. Da tanzten sogar die verbündeten Steinzeitkommunisten bis zum Morgengrauen im Dreivierteltakt.

Zurück am Schreibtisch wartete eine Eilmeldung: Kohl kommt! Die eigentliche Sensation: Als erster westlicher Staatsmann wollte er Tibet besuchen. Das war heikel. China hatte das Land bereits in den fünfziger Jahren annektiert und den Dalai Lama vertrieben. Der neue Botschafter trug pflichtgemäß seine Bedenken vor; vergeblich, der Kanzler, angeblich von seiner Frau getrieben, beharrte auf seiner Reiseplanung.

Es folgten hektische Wochen der Vorbereitung. Logistik und Infrastruktur in der entlegenen und abgeschirmten Provinz stellten uns vor große Probleme: Der Regierungsflieger konnte in Lhasa nicht landen, es gab keine Standleitungen für Kanzler und Presse; zudem mussten laut Statistik 17 % aller Besucher mit Sauerstoff versorgt werden. Exzellenz hatte bereits ein Attest, dass er die Höhenluft nicht verträgt. Um den Besuch nicht als touristischen Ausflug erscheinen zu lassen, musste unser Entwicklungsreferent im Handumdrehen zwei deutsche Projekte aus dem Boden stampfen, die man den Medien zeigen konnte.

Ich hatte die undankbare Aufgabe, unserem Regierungssprecher zu erklären, dass beim Spitzengespräch mit Deng Xiaoping in Peking nur 8 Journalisten zugelassen waren. Als es soweit war, gab es am Eingang ein Handgemenge. Dem flinken BILD Kolumnisten Graf Nayhauß gelang es, sich für einen Schnappschuss in die heiligen Hallen zu schmuggeln. Als hätte er es geahnt: Deng spuckte im richtigen Moment.

Der erste Abend verlief angespannt. Noch beim Staatsbankett wurde ich von Kohls Sprecher herbeizitiert und wegen der schlechten Presse in der Heimat gerügt. Für die konnte ich nun wirklich nichts. Im Gegenteil, wir hatten davor gewarnt, dass die Tibet-Reise in der Öffentlichkeit als Kotau vor den Chinesen missverstanden werden könnte.

Der eigentliche Aufreger kam aber erst: Beim Flugzeugwechsel in Chengdu fragte ich unsere Dolmetscherin, wo denn unser Geschäftsträger sei. Nach dem Ausfall des Botschafters war er der Ehrenbegleiter der Delegation. Er hatte Medikamente eingenommen und in Nanking das Regierungsflugzeug verpasst. Jetzt musste ich übernehmen. Keine dankbare Aufgabe, zumal die Pressedelegation von Kohl kurzgehalten wurde. Im Potala-Palast, dem ehemaligen Regierungssitz des Dalai Lama, hatte ich Order, die Kameraleute abzudrängen. Einige kollabierten in der Höhenluft. Nur der Kanzler stand wie eine Eiche, verschlang einen Yak-Burger und ließ sich auf holprigen Wegen zu unseren potemkinschen Entwicklungsprojekten chauffieren.

Letzte Station in China war Kunming. Wir verabschiedeten die Delegation bei bestem Frühlingswetter. Erleichtert kehrten wir zur Nachlese im komfortablen Gästehaus der Regierung ein, wo ein üppiges Buffet auf uns wartete. Als ich mein Gepäck aus dem Wagen holen wollte, stellte ich fest, dass der Kofferraum leer war. Der Fahrer hatte meinen Handkoffer mit Brille, Papieren und Kreditkarten in die Regierungsmaschine verladen lassen. Es dauerte Wochen, bis ich meine Sachen wiederbekam. Das verdächtige Gepäckstück war von den BKA-Beamten sichergestellt worden.

Anders als in der Heimat war der Kanzlerbesuch aus chinesischer Sicht ein voller Erfolg. Wir waren und bleiben bis heute ein bevorzugter Partner.

Trotz wechselvoller Geschichte: Beim Boxeraufstand wurde der deutsche Gesandte Clemens von Ketteler am 20. Juni 1900 auf dem Weg ins Pekinger Außenministerium ermordet. Im Auftrag oder mit Duldung der von Kaiserinwitwe Cixi geführten Regierung. Es folgte die berühmte »Hunnenrede« von Kaiser Wilhelm: »Pardon wird nicht gegeben, Gefangene nicht gemacht ...«. Unter Leitung von Graf Waldersee wurde ein alliiertes Expeditionskorps nach Peking entsandt und übte massiv Vergeltung. Der Vater des letzten chinesischen Kaisers musste sich in Potsdam als »Sühneprinz« für den Gesandtenmord entschuldigen.

Deng hatte Kohl versichert, seinen langfristig angelegten Reformplan fortzusetzen. Um die Wirtschaft zu entwickeln bräuchte das Land Ruhe und Stabilität an seinen Außengrenzen. Das war glaubwürdig. Viele Besucher und Beobachter übersahen aber, was die Führung gegenüber Ausländern nicht sagt: Wichtiger als die Wirtschaftsentwicklung war und bleibt der Machterhalt der Kommunistischen Partei. Einer Partei, die auch nach der Kulturrevolution von heftigen Machtkämpfen im Innern erschüttert wurde:

1987 wurde plötzlich der als vergleichsweise »liberal« eingestufte Generalsekretär der KP Hu Yaobang abgesetzt. Ohne öffentliche Begründung. Ihm folgte der bisherige Premierminister Zhao Ziyang, der ebenfalls als pragmatischer Reformer galt und wegen seiner offenen Art in der Bevölkerung beliebt war. Nachdem der neue Parteichef 1989 versucht hatte, die protestierenden Studenten auf dem Tiananmen Platz zu einer friedlichen Aufgabe zu bewegen, wurde er gestürzt und bis an sein Lebensende 2005 unter Hausarrest gestellt. Obwohl er in der Außenpolitik für Westöffnung stand, habe ich nie gehört, dass europäische Politiker, die ihn zuvor umworben hatten, sich jemals nach seinem Schicksal erkundigt hätten.

Erlauben Sie mir einen kurzen Rück- und Ausblick aus heutiger Sicht: Dengs Politik war erfolgreich. China ist zur zweitgrößten Wirtschaftsmacht der Welt aufgestiegen und bemüht sich auch militärisch um Weltmachtstatus. Die asiatischen Nachbarn bekommen das bereits zu spüren. Die neue Seidenstraße reicht bis Duisburg und schafft wirtschaftliche und politische Abhängigkeiten. Das Reich der Mitte expandiert selbst im fernen Afrika und Lateinamerika.

Das Streben nach Vormacht und Weltgeltung ist im Innern populär. Selbst dissidente Chinesen sind stolz auf ihr Land. Zum kaiserlichen Erbe gehört der Glaube an die Überlegenheit der eigenen Kultur und Zivilisation gegenüber den »Barbaren«. Das erinnert an den Aufstieg des deutschen Reichs und den Hurra-Patriotismus unter Wilhelm dem Letzten.

Daher stellt Kissinger in seinem Spätwerk »On China« die Frage, ob die Rivalität des aufsteigenden Reichs der Mitte mit der bisherigen Weltmacht USA in einer militärischen Katastrophe wie dem ersten Weltkrieg enden könnte.

Könnte, aber muss nicht, wäre meine Antwort. Vor 1914 glaubten viele, dass der Welthandel einen Krieg verhindern würde. Wie konnten aus Konkurrenten plötzlich Feinde werden? Weil die Regierungen und die Menschen überall an eine hierarchisch-darwinistische Weltordnung glaubten: Um aufzusteigen oder seinen Platz an der Sonne zu verteidigen, müsse man zunächst seine Rivalen besiegen. Die oder wir. Zudem wurde der Krieg immer noch als ein probates Mittel der Politik angesehen. Heute wissen wir Europäer, dass man mit reichen und zufriedenen Nachbarn besser lebt als mit armen und gedemütigten. Und die Amerikaner haben die Erfahrung gemacht, dass Kriege verlustreich und teuer sind. Anders als nach dem ersten Krieg zahlt heute nicht der Verlierer, sondern der Gewinner für den Wiederaufbau. Selbst die neue Rechte in den USA wirkt mehr isolationistisch als kriegslüstern. Trump ist ein New Yorker Geschäftsmann, kein Feldherr.

In Asien sieht es teilweise aber noch anders aus. Gewalt wird trotz gegenteiliger Beteuerungen immer noch in vielen Ländern als legitimes Mittel der Innen- und Außenpolitik angesehen.

Traditionell bevorzugt China eine »freiwillige« Rücksichtnahme auf seine Interessen. Bei kleineren Nachbarn führt das wie früher zu einer eingeschränkten Souveränität. Wegen der wirtschaftlichen und finanziellen Verflechtungen und Abhängigkeiten weiß Peking, dass ein Krieg das Land vermutlich um Jahrzehnte zurückwerfen würde. Deswegen will China auf absehbare Zeit die militärisch weit überlegene USA nicht herausfordern. Peking tritt gelegentlich aggressiv auf, wie eine klassische Großmacht; handelt aber rational.

Zu dieser Ratio gehören aber auch rote Linien: Die oberste ist, wie bereits erwähnt, der Machterhalt. Danach folgt Taiwan, dessen notfalls gewaltsame Rückgewinnung Staatsdoktrin ist. Hongkong ist komplizierter, da es ja schon zu China gehört. Aber was passiert, wenn die Bevölkerung nach Erlass des neuen Sicherheitsgesetzes die Machtfrage stellt, weil Peking sich nicht mehr an die Zusage »Ein Land, zwei Systeme« hält? Ich bin überzeugt, dass Peking notfalls Schießbefehl erteilen würde. Der politische Preis wäre kalkulierbar: Europa würde sich auf verbale Proteste und Sanktiönchen beschränken; und was die amerikanischen Sicherheitsgarantien für die asiatischen Bündnispartner heute noch wert sind, ist schwer abzuschätzen.

Ich glaube, dass der Westen China immer wieder klar machen muss, sich an internationale Regeln, wie das Seerecht, zu halten. Dazu gehören rote Linien mit glaubwürdiger Verteidigungsbereitschaft. Schwäche ermutigt militärische Abenteuer. Das gilt auch für den wirtschaftlichen Feldzug der Chinesen.

Wir sind Partner und Konkurrenten, aber keine Feinde. Wenn erforderlich, müssen wir aber angemessen und hart reagieren. Vor allem, wenn es sich um staatsgetriebene strategische Projekte handelt. China sollte sich mehr um seine inneren Probleme kümmern als um die Flotte.

Nein, China ist nicht anders. Es folgt den gleichen politischen und ökonomischen Gesetzen wie andere Staaten. Und nein, die Geschichte muss sich nicht wiederholen. Aber wenn wir das Undenkbare verhindern wollen, müssen wir es bedenken.

7 BONN, PRAG, BUKAREST, TIRANA: PERSONALABTEILUNG MIT REVOLUTION (1987 – 90)

»Every man is wanted, and no man is wanted much.«
Ralph Waldo Emerson

»The higher a monkey gets up a tree, the more you see of his behind«
Old Saying

»Klug sein hat noch nie einen Menschen an Dummheiten gehindert.«
Stefan Zweig

Gerne wäre ich noch in Peking geblieben, da kam der Marschbefehl des Personalreferats: Ich sollte dort die Bereiche Asien und Osteuropa übernehmen. Für einen jungen Kollegen war das ein verlockendes Angebot. Wichtige Entscheidungen trifft die Amtsleitung, aber in der geheimnisvollen Küche des Amts mit dem internen Kürzel 101 werden die Versetzungen und Beförderungen geplant und umgesetzt.

Wissen ist Macht: Wer mitreden wollte, musste seine Kunden kennen. Noch gab es keine zentrale Datei oder Personal Computer. Alle Stammdaten waren auf altertümlichen Karteikarten erfasst. Meistens mit Jugendfoto aus den Bewerbungsunterlagen. Für die wöchentlichen Planungssitzungen wurde die sogenannte »Bundeslade« in das Besprechungszimmer gerollt. Immer wenn ein Name aufgerufen wurde, musste der Jüngste die Karte ziehen. So lernte man das Handwerk.

Das Geschäft war Mangelverwaltung: Es fehlte an Personal und Geld. Die Bundesregierung hatte vorübergehend Haushalts- und Beförderungssperren verfügt. Zudem deckten sich Angebot und Nachfrage bei den Auslandsposten nicht. Anders als in Unternehmen konnten wir nicht mit Karrieresprüngen, fetten Boni oder goldenem Handschlag locken. Das war nach dem Beamtenrecht nicht zulässig. Ständig mussten wir den Kollegen erklären, warum ihre Wünsche nicht erfüllt werden konnten. Wenn einer befördert wurde, gingen 10 vergleichbare Leistungsträger leer aus.

Anders als in Asien handelten wir nach der Devise Wahrheit vor Höflichkeit. Das härtet ab. Ohne kompetente Strenge konnten wir die Vorgaben des Amts nicht erfüllen. In therapeutischen Gesprächen versuchten wir, die Kandidaten von der Notwendigkeit einer Versetzung zu überzeugen und familiäre Belange, soweit möglich, zu berücksichtigen.

Dabei muss die Zentrale immer das große Ganze im Blick behalten: Von jeder Personalbewegung sind mehrere Personen betroffen. Auch das Nichtstun hat seinen Preis. Die Wirtschaft nennt das Opportunitätskosten. Wird ein schwieriger Posten nicht rechtzeitig nachbesetzt, müssen die Kollegen und Kunden vor Ort die Vakanz schultern. Besonders dramatisch sind die Folgen, wenn eine Versetzungskette für einen akuten Krisenposten reißt. Entscheidungen müssen daher rasch getroffen und umgesetzt werden.

Die meisten Mitarbeiter »laufen« und folgen dem Gelübde uneingeschränkter Versetzungsbereitschaft. Die Anzahl notorischer Drückeberger war gering. Was viele nicht wissen: Auch Beamte können kündigen und entlassen werden. Wenn es nicht anders ging, haben wir davon Gebrauch gemacht.

Ansonsten gab es auch in der gefürchteten Personalabteilung noch einen Rest von Korpsgeist: Kleine Vergehen innerhalb oder außerhalb des Dienstes wurden vergeben oder milde geahndet. Verkehrsdelikte, Ehebruch und Trunkenheit waren noch keine Todsünden. Ein Kollege, der bei einem königlichen Besuch taumelte, wurde ebenso aufgefangen wie ein liebestoller Botschafter. Aber es gab eine Grenze. Vor allem wenn ein Mitarbeiter seine amtliche Stellung nutzte, um sich persönlich zu bereichern. Dann wurde er der irdischen Gerichtsbarkeit übergeben. Beamte unterliegen zudem einem besonderen Disziplinarrecht.

Die teils gnadenlos sanktionierte Politische Korrektheit kam erst später auf. Ich erinnere mich an den Fall eines verdienten älteren Botschafters in Zentralamerika, der in den neunziger Jahren seines Postens enthoben und in den Ruhestand versetzt wurde. Sein »Vergehen«: Er hatte einen internen Bericht abgezeichnet, in dem eine in der Sache zutreffende, aber unglücklich formulierte Passage von einem Abgeordneten als »sexistisch« gebrandmarkt wurde. Der Denunziant bekleidet heute ein hohes Regierungsamt.

Angesichts weltweit wachsender Aufgaben und knapper Kassen arbeitete die Personalabteilung an Reformen zur Erhöhung der Produktivität. So wurde zur Krisenbewältigung ein professionell besetztes Lagezentrum errichtet. Zudem sollte der Personalaustausch mit der Wirtschaft erhöht werden. Ich war für die Umsetzung des BDI-Programms zuständig. Nachwuchskräfte aus Unternehmen wurden auf Zeit an ausgewählte Botschaften versetzt. Zu AA-Bedingungen und Gehältern, weshalb uns viele Kandidaten wieder absprangen.

Durch Besuche an wichtigen Auslandsvertretungen wollte ich dazu beitragen, unsere Personalauswahl zu verbessern. Wo brennt's, wo drückt der Schuh?

Meine erste Station war Moskau. Kaum hatte ich das mit Seidentapeten und klassischen Gemälden dekorierte Chefzimmer in der Grusinskaja betreten, begrüßte mich Andreas Meyer-Landrut, der Großvater der Sängerin Lena, in gereiztem Tonfall: Ob mir denn bekannt sei, dass in der Sowjetunion Russisch gesprochen wird? Die Klatsche saß, war aber nicht fair. Der Großbotschafter beschwerte sich über die mangelnden Sprachkenntnisse seiner Mitarbeiter. In anderen Hauptstädten hörte ich das gleiche Lied. Das Problem hatten wir längst erkannt und viele jüngere Kollegen Sprachen lernen lassen. Das geht aber nicht über Nacht; vor allem nicht bei Führungskräften, die angesichts der Personalengpässe nicht einfach freigestellt werden konnten. Aus guten Gründen wollte das AA am Generalistenprinzip festhalten. Mit der Folge, dass Japanologen nicht nur in Tokio oder Osaka eingesetzt werden können.

In Bangkok habe ich mir die Botschaft von unten angesehen. Die Kollegen beklagten sich über Extrembedingungen im Konsularbereich. Noch bevor ich den Botschafter traf, setzte ich mich anonym für zwei Stunden in den Wartesaal. Geschäftsleute und harmlose Touristen standen hier dicht gedrängt neben Damen und Herren aus der Halb- und Unterwelt. Bereits nach wenigen Minuten wurden mir zweifelhafte Dokumente und Dienstleistungen angeboten. Ich schaute in den Spiegel. Musste ich mir Sorgen machen? Offenbar hielten diese Herrschaften mich für einen Kollegen oder Kunden. Egal, der Botschaft mussten wir helfen.

1989 gab es drängendere Probleme. Die Ereignisse überschlugen sich. Eben noch hatte Honecker die gewaltsame Niederwerfung der Studentenproteste in Peking begrüßt, da bekam der Eiserne Vorhang plötzlich Risse. Ungarn baute seine Grenzanlagen zu Österreich ab. Unsere Botschaft in Prag berichtete täglich von neuen DDR-Flüchtlingen, die sich in und vor dem Palais Lobkowitz stauten.

Zunächst versuchte man das Problem mit konsularischen Mitteln zu lösen und den DDR-Bürgern über eine Ostberliner Anwaltskanzlei zur legalen Ausreise zu verhelfen. Laufend versuchten Ostdeutsche sich bei Auslandsreisen abzusetzen. Dafür gab es ein bewährtes vertrauliches Verfahren.

Die Hilferufe aus Prag wurden täglich lauter. Die Botschaft musste schließen. Bis zu 5 000 Menschen hatten in der Residenz Zuflucht gefunden. Die Zustände waren trotz Hilfsorganisationen und dem couragierten persönlichen Engagement des Botschafters dramatisch: Stundenlange Warteschlangen vor den Toiletten, Kampieren in überfüllten und durchnässten Zelten auf matschigem Grund. Ich erinnere mich an einen Brandbericht, mit dem um Dixi-Klos, Kondome und Medikamente für psychisch Kranke gebeten wurde. Die Lage drohte zu kippen. Nein, das war keine herkömmliche Krise, das war der Beginn einer Revolution. Mit allen Risiken und Nebenwirkungen.

Zur Unterstützung musste ich ständig Kollegen zur Verstärkung nach Prag und an andere osteuropäische Vertretungen abordnen. Dann kam ich selber an die Reihe.

Am Nachmittag kam der Anruf des Ministerbüros: In drei Stunden Abflug mit der Challenger nach Prag. Ein Dutzend Kollegen aus verschiedenen Abteilungen war ausgewählt worden, vor Ort zu helfen und die von Genscher zuvor auf dem Botschaftsbalkon verkündete Ausreise mit der Bahn über die DDR zu organisieren und zu begleiten.

In der historischen Aktion war ich nur ein Statist. Die weltbewegenden Ereignisse sind bereits von Kompetenteren beschrieben worden. Ich beschränke mich daher auf das am Rande Erlebte.

In Ausnahmesituationen lernt man Menschen kennen. Als wir ankamen, übernachteten bei nasskaltem Oktoberwetter noch etwa 2 000 Landsleute im Freien vor der Botschaft. Viele waren unmittelbar von ihrem Arbeitsplatz aufgebrochen und hatten buchstäblich alles hinter sich gelassen: Ehepartner, Kinder und Haustiere; der mühsam ersparte Trabi wurde zum Verdruss der Ordnungshüter achtlos in der Prager Unterstadt entsorgt. Pflichtgemäß mussten wir darauf hinweisen, dass das Ausreiseversprechen keinen Familiennachzug enthielt. Das war den allermeisten völlig egal. Wie in einem kollektiven Rausch lebten die Leute nur für den Moment. Wildfremde liebten sich, Beziehungen zerbrachen.

Neben vielen namenlosen Helden gab es vereinzelt Beamte, deren Herz aus Paragrafen bestand. Als ich mich gemeinsam mit anderen Helfern anschickte, warme Decken zu verteilen, fiel mir ein Kollege in die Parade: Ob das denn nicht ein völkerrechtlich verbotener Hoheitsakt in einem fremden Land sei? Wie schrieb schon Ludwig Thoma: Er war Jurist und auch sonst von mäßigem Verstand.

Kurz darauf wurde die aus Bonn eingeflogene Mannschaft als Zugbegleiter eingeteilt. Jeweils 2 Kollegen für über tausend Passagiere. Wir waren auf uns selbst gestellt; für diese Premiere gab es kein Drehbuch und kein Sicherheitspersonal. Man hatte uns nur geraten, sich an »Ben Wisch« zu orientieren. Der legendäre Wüsten-Unterhändler Hans-Jürgen Wischnewski hatte sich bei seinen heiklen Missionen stets durch betont korrekte Kleidung abgehoben. Distanz schafft Respekt. Also kamen wir im Nadelstreifen.

Schon bei der Einstiegskontrolle gab es dramatische Szenen. Mit der DDR war eine »ordnungsgemäße« Ausreise über Dresden vereinbart worden. Der Schein sollte gewahrt werden. Mit Stempel. Dafür benötigte man eine Identitätskarte oder einen Pass. Viele hatten aber keinerlei Papiere bei sich. Im Zweifel haben wir alle mitgenommen. Auch Minderjährige ohne Eltern, was rechtlich problematisch war. Gottseidank war der Völkerrechtsexperte mit der diplomatischen Decke nicht mit von der Partie. Mein Kollege Eberhard Kölsch war ebenso erfahren wie pragmatisch. In einer Revolution knipst man keine Fahrkarten.

In dem überfüllten Nachtzug war die Stimmung gereizt. Einige forderten Schutz vor angeblichen Stasi-Spitzeln. Frauen weinten um im Chaos verlorene Kinder. Alle fürchteten sich vor der Kontrolle in Dresden. Konnte man der Regierung trauen? Im Morgengrauen kamen wir an. Kein Tumult wie bei den ersten Zügen, aber überall die verhassten Uniformen der DDR Volks- und Grenzpolizei. Da die tschechischen Sicherheitskräfte die Türen verschlossen hatten, gab es Probleme. Die Schlüssel der deutschen Genossen passten nicht. Unsere Passagiere begannen die ostdeutschen Ordnungshüter lautstark zu beschimpfen; Münzen und Unrat flog aus den Fenstern.

Als die Kontrolleure schließlich in den Zug kamen, spielte ich Manndeckung. Mit wichtiger Miene und sicherem Auftreten konnten wir verhindern, dass papierlose Passagiere abgeführt wurden. Als der Zug langsam anfuhr, fiel allen ein Stein vom Herzen. Der Jubel war ohrenbetäubend. Als wir endlich in Hof einrollten, wurden alle mit frischen Semmeln verpflegt und mit Bussen abgeholt.

Nur die beiden »Schaffner« hatte man vergessen. Kein Händedruck, kein Hubschrauber. Müde, hungrig und verlassen standen wir auf dem Provinzbahnhof und versuchten eine Verbindung nach Bonn zu finden. Der Lohn lag in dem Erlebten. Wir waren keine Helden, sondern pflichtbewusste Beamte. Nicht mehr, aber auch nicht weniger.

Am 9. November fiel die Berliner Mauer; der Sowjetunion entglitt die Kontrolle über ihre verbündeten Regime.

Am 25. Dezember 1989 wurde der rumänische Diktator Ceausescu gestürzt und hingerichtet. Unser Botschafter hatte mit dem letzten zivilen Flug das Land verlassen. Die Lage in Bukarest war unübersichtlich, es herrschte Bürgerkrieg. Auch unsere Kollegen vor Ort waren gefährdet. Das Haus der Geschäftsträgerin lag zwischen den Fronten. Das AA beschloss, Verstärkung zu entsenden. Als zuständiger Personalreferent sollte ich ein Team mit sprach- und landeskundigen Beamten zusammenstellen. Fehlanzeige. Meinem Chef musste ich melden, dass über die Feiertage alle Kandidaten ausgeflogen, unpässlich oder einfach nicht erreichbar waren. Also musste ich selber an die Schippe. Sehr zum Verdruss meiner Familie machte ich mich am ersten Weihnachtsfeiertag auf den Weg.

Am Flughafen in Köln wartete eine alte Transall der Bundeswehr mit GSG 9 Kommando, gepanzerter Limousine und Handfeuerwaffen nebst Munition. Kurzfristig musste die Flugroute geändert werden, da uns die neutralen Österreicher wegen der Waffen keine Überfluggenehmigung erteilen wollten. Die Piloten beugten sich in dem verqualmten Cockpit über alte Karten und versuchten im unbekannten »Feindesland« auf Sicht zu navigieren.

Der verschneite Flughafen in Bukarest war für den zivilen Flugverkehr gesperrt, überall standen schwere Geschütze. Aus der Ferne hörten wir Gefechtslärm. Die GSG 9 Kollegen chauffierten uns sicher durch alle Straßensperren in die verlassene Botschafterresidenz. Von den verbliebenen Mitarbeitern ließen wir uns über die aktuelle Lage unterrichten. Ziel war es, soweit möglich, unsere Landsleute und Familien zu schützen und notfalls eine Evakuierung vorzubereiten.

Wie bereits zuvor in Prag, musste ich feststellen, dass sich die Eindrücke im Zentrum des Geschehens deutlich von den Fernsehbildern im heimischen Wohnzimmer unterschieden. Begleitet von klugen Kommentatoren verdichten sich die Ereignisse in den Medien zu einer filmreifen Erzählung. Die Rollen sind vergeben, die Szenen scheinen einem Drehbuch zu folgen. Unterm Christbaum konnte man die Erschießung des Diktators schauen; Schnitt, dann ging es weiter. Aber das war irreal. Im Auge des Sturms sieht, hört und riecht man nur einzelne Aktionen. Dafür live. Noch weiß man nicht, wie es ausgeht. Oft nicht einmal, wer die Guten oder die Bösen sind.

Als meuternde Bürger 1789 die Bastille stürmten und einen alten Gefängnisdirektor erschlugen, wussten sie ebenso wenig wie der König, dass dieses Ereignis später einmal die Welt verändern würde.

»Meine« Revolutionäre hatten sich in der Residenz der stellvertretenden Botschafterin niedergelassen. In der Wohnstube brannte ein offenes Feuer. Die Kalaschnikows lagen auf dem Esstisch. Es roch nach Schnaps. Serviert wurde Katzenfutter aus dem geplünderten Vorratskeller. Gemeinsam mit anderen Kollegen versuchten wir, ein paar private Gegenstände vor den finster blickenden Kriegern zu retten. Angeblich waren es Freiheitskämpfer. Ich blieb vorsichtig. Die zahllosen Einschüsse an dem Haus dokumentierten den Ernst der Lage.

Wir hatten Glück und unser Team konnte bereits nach einer Woche wieder zurückkehren. Die Lage begann sich langsam zu stabilisieren. Nur eines habe ich bis heute nicht verstanden: Wie kann ein Kapitän als erster von Bord gehen und seine Mannschaft einfach im Stich lassen? Die Flucht blieb folgenlos, da war das Amt erstaunlich liberal.

Kaum vom Fronteinsatz zurück, folgte der nächste Sonderauftrag: Die Amtsleitung schickte Vertreter verschiedener Fachabteilungen nach Ostberlin, um die nach der Wiedervereinigung geplante Übernahme des DDR Außenministeriums vorzubereiten.

Als letzter MfAA-Minister diente der ehemalige Pastor und Dissident Markus Meckel. Zusammen mit einer bunten Schar junger Idealisten aus Ost und West residierte er in der Chefetage im ersten Stock des Zweckbaus am Marx-Engels-Platz. Die lockere Atmosphäre erinnerte mich an meine Studentenzeit. Es wurde viel über einen »dritten« Weg palavert. Ob man nicht die besten Elemente beider deutschen Systeme nutzen und etwas Neues schaffen könne? Die Leute waren sympathisch; nur übersahen sie, was in dem Rest des Hauses passierte: Dort war die alte Elite damit beschäftigt, die Spuren ihres Wirkens zu beseitigen. Der Reißwolf glühte; die Personalakten wurden blütenweiß gewaschen.

Der Rest ist Geschichte.

Zu der gehörte auch eine besondere Hinterlassenschaft der kommunistischen Republik. Wir wussten schon immer, dass es DDR-Spione in den eigenen Reihen gab. Das gehörte irgendwie zum Geschäft. Wir versuchten uns zu schützen, so gut es eben ging. Hundertprozentige Sicherheit gab es nicht, das war klar.

Als die verdeckten Agenten und Mitarbeiter nach dem Mauerfall reihenweise aufflogen, war ich dann doch verblüfft. Weniger über die Anzahl als über den unterschiedlichen »Tätertyp«: Vom biederen Altkommunisten über stadtbekannte Frauenhelden und Trunkenbolde, graue Adlige und bis hin zu exzentrischen Jungdiplomatinnen. Einige stammten sogar aus meinem Sprengel. Aufgefallen war mir keiner.

Mitleid hatte ich nicht, als die Kollegen vom BKA abgeholt und nach Klingelpütz verbracht wurden. Landesverrat ist kein Kavaliersdelikt. Die Strafen erschienen mir eher zu mild.

Nur einmal musste ich über unsere pingelige Verwaltung schmunzeln. Das Besoldungsreferat hatte einem seit Monaten in U-Haft einsitzenden Kollegen weiterhin seine Auslandsbezüge bezahlt. Der Mann, so wurde ich belehrt, sei verhaftet, aber nicht versetzt worden. Die Sache war nicht so einfach. Einen AA-Beamten kann man in die Zentrale, nicht aber ins Kölner Gefängnis versetzen. Auch wenn er dort schon einsaß.

Nach drei aufregenden Jahren wurde ich im Sommer 1990 an die Botschaft Kuala Lumpur versetzt. Meine Chefin überreichte mir zum Abschied einen Füllhalter mit roter Tinte. Ich war erstmals zum stellvertretenden Behördenleiter ernannt worden. Seit Stresemann signiert der Chef grün, der Vertreter rot. Das gilt im Kanzleramt ebenso wie in einer Auslandsvertretung. Klingt altbacken, ist in einer großen Behörde aber sehr praktisch. Man muss keine gekrakelten Schriftzüge entziffern und sieht sofort, mit wem man es zu tun hat.

Am ersten Tag meiner einwöchigen Einweisung für den neuen Posten war ich gerade beim Bundesverband der Deutschen Industrie in Köln angekommen. Wir überlegten, wie das Dienstleistungsangebot für unsere Exportwirtschaft verbessert werden könnte. Da rief mich eine Assistentin ans Telefon. Mein früherer Ausbildungsleiter Rudi Rapke, inzwischen Personalchef, bat mich, gemeinsam mit ihm sofort über Rom nach Tirana aufzubrechen. Dort sei die Botschaft von albanischen Flüchtlingen gestürmt worden, die bei uns Schutz suchten. Der Botschafter sei getürmt, wir müssten schnell eingreifen, um die Lage unter Kontrolle zu bringen. Ja, es täte ihm leid, aber ich hätte mich doch schon zuvor in solchen Einsätzen bewährt. Fluch der guten Tat, dachte ich. Aber es half nichts: meinen alten Chef konnte ich nicht hängen lassen.

Als wir in der neugebauten Botschafterresidenz in Tirana eintrafen, mussten wir sofort handeln: Ununterbrochen kletterten Flüchtlinge über die beschädigte Mauer und sprangen in den Garten. Dabei verletzten sich viele. Unsere Kapazitäten reichten nicht, um auch noch bettlägerige Patienten mit Knochenbrüchen zu versorgen. Also entschieden wir, eine Leiter aufzustellen. Dann kamen zwar noch mehr, aber wenigstens keine Verwundeten.

Nach kurzer Zeit kampierten etwa 3 800 »Gäste« auf einem Gelände mit nur 2 Toiletten. Die Regierung drehte uns das Wasser ab. Der elegante Parkettfußboden war mit Exkrementen bedeckt. Die tschechischen Nachbarn brachten uns ein halbes Kalb als Verpflegung. Der mitgereiste Krisenarzt warnte eindringlich vor Seuchengefahr. Also ließen wir Latrinen ausheben und packten selber mit an. Dabei kam es immer wieder zu Tumulten und Raufereien unter den temperamentvollen Albanern. Feindliche Clans mussten getrennt werden. Mitten in dem Chaos wurde ein Mädchen geboren.

Nach mühsamen Gesprächen schickte die Stadtverwaltung einen Tankwagen. Wohl aus Schikane und um uns zur Aufgabe zu treiben, wurde das Wasser mit einem Feuerwehrschlauch einfach ausgeleert. Der trockene Boden verwandelte sich in eine Schlammwüste. Plötzlich nahm mich unser Doktor beiseite: Ludwig, da stirbt uns einer, wenn wir ihn nicht sofort ins Spital bringen. Aber er weigert sich. Lieber tot als lebendig bei der Staatssicherheit. Was tun? Ich habe angeordnet, den Mann ins Krankenhaus zu bringen. Im Zweifel für das Leben. Aber leicht ist es nicht, einen Todkranken an seine Peiniger zu überstellen.

Mit Hilfe zufällig anwesender Siemens-Techniker hatten wir eine kleine Kommandozentrale mit Notfallkommunikation errichtet. In Bonn versuchte man verzweifelt über die UNO Aufnahmeländer und Transport für die Flüchtlinge zu finden. Keiner wollte die armen Teufel aufnehmen. Nach langem Hin und Her fand man eine Lösung: Mit Papieren versehen sollte die Ausreise über die Hafenstadt Durres erlaubt werden. Dort wartete eine griechische Fähre, die sich zu Wucherpreisen bereit erklärt hatte, die Passage nach Italien zu übernehmen. Von dort sollten die Albaner dann weiter nach Norden gebracht werden. In der Heimat hatte man sich nach heftigem Streit auf einen Schlüssel zur Verteilung auf die einzelnen Bundesländer verständigt.

Wieder einmal bereitete die Umsetzung Probleme: Die kommunistische Regierung bestand darauf, alle Flüchtlinge mit Foto und Personaldaten zu registrieren. Erstens hatten wir nur einen Dolmetscher, der im Dauereinsatz zusammenzubrechen drohte. Zweitens gab es in diesem Arbeiterparadies nichts zu kaufen: Weder genügend Filme noch Kameras. Einem pfiffigen Kollegen gelang es, irgendwo eine Polaroid-Kamera aufzutreiben. Die Prozedur blieb gleichwohl mühsam; viele waren Analphabeten und konnten keine ausreichenden Angaben zur Person machen.

Unsere örtliche Mannschaft und die Polizisten vom Grenzschutz waren großartig. Alle blieben klaglos rund um die Uhr im Einsatz. Nur ein Kollege sorgte sich mehr um seine Habe und seinen Status als um das Gemeinwohl. Krisen sind Gleichmacher, es ist erstaunlich, welche Potentiale freigesetzt werden; Heldentum kennt keine Hierarchie.

Am letzten Abend war das Endspiel der Fußballweltmeisterschaft in Rom. Deutschland gegen Argentinien. Wir hatten nur einen kleinen Schwarzweiß-Fernseher. Sollten wir das Spiel für alle zeigen, mit dem Risiko, dass unsere heißblütigen Gäste außer Kontrolle gerieten? Wir haben gemeinsam geschaut. Irgendwie saßen wir ja alle im gleichen Boot; nur mit unterschiedlichen Träumen. Die Stimmung war grandios. Als das Siegestor fiel, wurden wir im Freudentaumel in die Luft geworfen. Die Bilder werde ich nie vergessen.

Tags darauf kamen die Busse. Zum Jubeln bestand kein Anlass: Die Residenz war zerstört und die albanischen Flüchtlinge wurden aus ihrer Heimat in eine fremde Welt vertrieben, in der sie nicht willkommen waren. Dennoch, unser Einsatz wurde unter den gegebenen Umständen erfolgreich beendet. Die verbliebenen Botschaftskollegen mussten ausreisen. Aus Angst vor Plünderungen wären die meisten lieber geblieben. Als letzte Amtshandlung hängten wir ein Schild an die Pforte: Mbyllur/Geschlossen!

8 WOLKENKRATZER UND MINARETTE: KUALA LUMPUR (1990 – 95)

»All animals are equal but some animals are more equal than others.«
George Orwell

»Ach, da kommt der Meister!
Herr, die Not ist groß!
Die ich rief, die Geister,
Werd' ich nun nicht los«
Johann Wolfgang von Goethe

Nach den Kriseneinsätzen und dem konfliktträchtigen Personalgeschäft freute ich mich auf den Tapetenwechsel.

Kuala Lumpur kannte ich nicht, aber es reizte mich. Einmal richtige Tropen. Schon als Kind habe ich vom Dschungel geträumt; später verschlang ich William Somerset Maughams malaiische Kurzgeschichten. Inzwischen gehörte das aufstrebende Schwellenland zum Kreis der asiatischen Tigerstaaten mit verlängerten deutschen Werkbänken. Als Leiter der Wirtschafts- und Entwicklungsabteilung war ich für beides zuständig, den Urwald und die Industrie.

Der Botschafter freute sich aufrichtig über meine Ankunft. Schnell merkte ich warum: Endlich konnte er seinen dreimonatigen Urlaub antreten. Die bevorstehende Wiedervereinigungsfeier und die Abwicklung der DDR-Botschaft überließ er mir als Einstiegsgeschenk und Gesellenstück.

Keine leichte Aufgabe. Das Jahrhundert-Ereignis sollte angemessen gefeiert werden. Für tausend Gäste gab es aus Bonn aber nur zweitausend Mark. Selbst für eine Bewirtung mit Popcorn und Wasser hätte das nicht gereicht. Also bat ich die deutschen Kaufleute um Spenden. Alle hatten großartige Ideen, was man tun müsste und könnte. Nur zahlen wollten sie nicht. Weltunternehmen wurden vom Stammhaus kurzgehalten. Andere stellten Bedingungen: Geld gegen Gäste aus der Kundendatei. Mühsam nährt sich das Eichhörnchen.

Entscheidend für den Erfolg war am Ende des Tages das selbstlose Engagement ehrenamtlicher Helfer und Ehepartner. Die Herren schraubten am Tanzboden und bestückten die Bar; die Damen schmierten leckere Happen. Der Botschafter hatte uns seine Küche und den weitläufigen Residenzgarten überlassen. Mit der Auflage, sich gewissenhaft an die religiösen Speisevorschriften in dem mehrheitlich muslimischen Land zu halten. Bei aller Liebe, aber das war nun einmal unsere Feier. Auf der sollte jeder selbst entscheiden, was er essen, oder ob er Alkohol trinken möchte. Also gab es beides, Leberkäs und Koscheres.

Als dann die königliche Polizeikapelle unsere Nationalhymne schmetterte, bekamen selbst hartgesottene Händler feuchte Augen. Ende gut, alles gut.

Trotz einer peinlichen Einlage am Vortag: Um Mitternacht mussten wir die DDR beerdigen. Den Ablauf hatte ich mit meinem ostdeutschen Kollegen genau festgelegt. Dass wir beide nur junge Geschäftsträger, also eigentlich zweite Garde waren, erleichterte das Geschäft. Als es soweit war, musste ich an Churchill denken: Großmut im Sieg!

Leider kam es anders. In der DDR Botschaft war alles vorbereitet. Es gab Rotkäppchen-Sekt, und auf einem Tisch waren Wimpel und andere Restbestände mit den Insignien des untergegangenen Arbeiter-und-Bauern-Staats aufgereiht. Das System war mir zeitlebens zuwider; aber die Kollegen taten mir persönlich leid. Für sie war eine Welt zusammengebrochen. Eben noch Elite, wurden sie jetzt ausgemustert. Während zum letzten Mal die Becher-Hymne ertönte und die Fahne eingeholt wurde, mussten die Verlierer mit den Tränen kämpfen. Die Musik von Eisler war noch nicht verstummt, da fielen die westdeutschen Gäste lautstark über das Buffet und die verbliebenen Devotionalien her. Ein würdeloses Spektakel, für das ich mich noch lange geschämt habe.

Am nächsten Morgen besenreine Übergabe des Gebäudes. Hier offenbarte sich noch einmal der paranoide Unterdrückungsapparat des SED-Staats: Überall Eisentüren und Schlösser, die die verschiedenen Abteilungen voneinander abschotteten. Man traute keinem. Selbst der Behördenleiter musste seine kleinen Kinder als Pfand in Ostberlin lassen. Stasi und Partei hatten sämtliche Spuren beseitigt, so als hätte es sie nie gegeben.

Das DDR Requiem passte nicht zum malaysischen Alltag. Seit 1981 führte und trieb Mahathir Mohamad sein Volk mit harter Hand. Nach dem olympischen Motto: schneller, höher, stärker! Presto, sogar das Tempo der Nationalhymne wurde auf Weisung des Premiers beschleunigt. Ähnlich wie Lee Kuan Yew war Dr. M ein radikaler Modernisierer. Bis 2020 sollte Malaysia ein entwickelter Industriestaat werden. Aber der gelernte Kinderarzt kannte seine Landsleute. Im Stadtstaat Singapur lebten überwiegend Chinesen; in Malaysia muslimische Malaien mit ländlichen Wurzeln. Kampung, das Dorf und die Moschee waren die Keimzellen des Lebens, nicht die betonierte Hauptstadt.

Also verkaufte Mahathir sein Wirtschaftsprogramm als islamische Erneuerung: Wolkenkratzer und Minarette, westliche Hardware mit muslimischer Software. Ein genialer Schachzug. Die Sache hatte nur einen Haken: Das Land war, vereinfacht gesprochen, ein Viervölkerstaat. Nur etwa die Hälfte der Bevölkerung waren muslimische Malaien. Hier lebten auch noch Chinesen, Inder und indigene Minderheiten. Um die politische Vorherrschaft der Malaien dauerhaft zu sichern, wurden die überwiegend christlichen Einwohner Borneos als »Söhne der Erde« der malaiischen Mehrheit zugeschlagen. Damit herrschten klare Verhältnisse. Die »Bumiputra« erhielten verfassungsrechtlich verbriefte Privilegien und Quoten bei Unternehmensbeteiligungen und beim Hochschulzugang. Im Personalausweis steht die »Rasse«. Das öffnet oder schließt Türen und behindert eine volle Integration der Minderheiten.

Andererseits hat dieses System dem Land Stabilität gebracht. Gewaltsame Rassenunruhen gab es zuletzt Ende der sechziger Jahre. Noch vor der Unabhängigkeit 1957 erschütterte ein chinesisch geführter kommunistischer Aufstand die Kolonie. Den Briten gelang es schließlich mit malaiischer Unterstützung den opferreichen Guerillakrieg zu gewinnen. Bis zur endgültigen Aufgabe der letzten Widerstandskämpfer im Dschungel vergingen Jahrzehnte.

Noch heute betrachten manche Malaien die chinesischen Mitbürger als 5. Kolonne Pekings. Umgekehrt fühlen diese sich trotz wirtschaftlicher Dominanz als Bürger zweiter Klasse. Dabei ist nicht zu leugnen: Der Aufstieg Chinas hat viele Auslandschinesen zu einer Rückbesinnung auf die alte Heimat motiviert; nicht nur geschäftlich.

Auch wenn die ererbten Ressentiments bis heute fortbestehen: Die Wirtschaft brummte. Überall Baustellen, Charakter und Silhouette der einst verschlafenen Tropenmetropole veränderten sich rasant und dauerhaft. Pittoreske Kolonialvillen fielen der Abrissbirne zum Opfer. Auf der historischen Pferderennbahn neben der von Gänsen bewachten Botschafterresidenz wuchsen gigantische Bürotürme. Wie in Berlin nach der Wende, bekamen die alten Gemäuer oft noch eine kulturelle Gnadenfrist: Vielerorts entstanden provisorische Galerien, Klubs und Kneipen bis der Presslufthammer dem Treiben ein Ende setzte.

Wir verdienten mit: Ein deutsches Unternehmen baute den damals höchsten Fernsehturm der Welt. Auf meine Frage, wie lange ein solches Bauwerk hielte, bekam ich von den deutschen Ingenieuren keine klare Auskunft. Als ich in schwindelnder Höhe auf der ungesicherten Plattform stand, musste ich an Schillers Lied von der Glocke denken: »... Fest, wie der Erde Grund, gegen des Unglücks Macht steht mir des Hauses Pracht! Doch mit des Geschickes Mächten ist kein ewger Bund zu flechten ...«

Eines Tages tauchten die Bagger vor meiner privaten Bleibe auf. Ich hatte ein betagtes aber charmantes Haus im Grünen gemietet. Dann kam der Kahlschlag. In dem Höllenlärm flüchteten zwei Königskobras in unser Kinderzimmer. Als kurz darauf noch Einbrecher kamen, gaben wir auf. Ortsumzug nach Kenny Hills zu den Schönen und den Reichen. Die wussten sich vor ihrer eigenen Bauwut zu schützen. Bis auf gelegentlichen Besuch von Makaken, Varanen und kleineren Gifttieren hatten wir Ruhe.

Wenn wir uns nicht eines zugelaufenen Straßenköters erbarmt hätten: Ein echter Wildfang, der auch nach der Kastration auf dem Küchentisch das nächtliche Mausen nicht lassen wollte. Zu seinen vielbestaunten Kunststücken zählte der Sprung in unseren fahrenden Sportwagen, dem wir seit Athen treu geblieben waren. Das Viech scherte sich weder um die Straßenverkehrsordnung, noch um fremdes Eigentum. Wie sein Herrchen: Ein geborener Rebell, nur viel schlimmer, ohne Maß und Mitte. Bisher hatte ich keine persönlichen Feinde. Aber nach meiner Rückkehr in Bonn musste ich den Freiheitsdrang meines Vierbeiners wiederholt gegen zänkische Nachbarn und humorlose Polizisten verteidigen. Auf die Idee, wegen eines bellenden Hundes die Ordnungshüter zu rufen, wären die muslimischen Malaysier nicht gekommen.

Dafür blühte eine ehrpusselige Titelwirtschaft. Wie in der k.u.k. Monarchie, nur mit noch längeren Namen. Vor allem die Malaien legen großen Wert auf die Einhaltung tradierter Regeln und Riten. Jede noch so kleine Veranstaltung beginnt mit einem Gebet und der Begrüßung der Ehrengäste mit Rang, Titel und vollem Namen. Bei einer königlichen Audienz muss man in 7 Schritten rückwärts zum Ausgang laufen, damit man dem Allerhöchsten nicht seinen Allerwertesten zuwendet.

Beim Botschafterwechsel mussten wir das im Beisein des Protokollchefs mehrfach üben.

Die neun erblichen Sultane wählen alle fünf Jahre aus ihrer Mitte einen konstitutionellen König als zeremonielles Staatsoberhaupt. In Zeiten rasanten gesellschaftlichen Wandels fördert ein guter Herrscher den Zusammenhalt der heterogenen Nation. Die Malaien betrachten den Sultan als Beschützer ihrer althergebrachten Werte und Lebensformen. Die Möglichkeit, verdiente Bürger wie im Vereinigten Königreich auf Lebzeiten zu adeln, erleichtert die Bindung der Minderheiten an das System. Chinesische Kaufleute wetteifern bei Hofe mit malaiischen Beamten um den begehrten Ritterschlag zum »Tan Sri« oder »Dato«.

Aber selbst überzeugte Monarchisten müssen einräumen, dass es, wie in jeder Familie, bei den Royals in aller Welt auch schwarze Schafe gibt. Malaysia ist da keine Ausnahme: Ein früherer König erschlug in einem Wutanfall seinen Golf-Caddy mit einem 9er Eisen. Einige verwöhnte Prinzen missbrauchten ihre Stellung. Gewalt, Zechprellerei und Sexualdelikte waren keine Seltenheit. Die Herren standen über dem Gesetz. Dem strengen Landesvater Mahathir missfiel dieses Treiben schon lange. Als ausgerechnet ein Prinz aus dem erzkonservativen und religiösen Kelantan mit seinem neuen Lamborghini Diabolo durch die Zollschranken raste, war das Maß voll: Zähneknirschend stimmte der Kronrat auf Druck des Premiers einer Beschränkung seiner Privilegien zu. Künftig gab es nur noch Amtsimmunität für den König und die Sultane. Die Verwandtschaft verlor ihre Vorrechte.

Auf späteren Posten in Algerien und Myanmar habe ich gesehen, was passiert, wenn Kolonialmächte alle überlieferten Herrschaftsformen zerstören. Königreiche kann man heute nicht mehr erschaffen. Aber dort, wo sie überlebt haben, können konstitutionelle Monarchen vor allem in Vielvölkerstaaten Stabilität und nationale Identität fördern.

Die Sultanskinder, die ich in Malaysia kennengelernt habe, waren überwiegend im Ausland ausgebildete liberale Reformer, denen ich durchaus zutraue, ihr Land erfolgreich in die globalisierte Welt des 21. Jahrhunderts zu führen.

In Asien gibt es drei Wege, gesellschaftliche Barrieren zu überwinden: Heirat, Herrenabende oder Golf. Ich habe die letzte Option gewählt; 15 Jahre später dann auch die erste. Beides habe ich nie bereut.

Vielleicht habe ich mich ja nur deshalb für Golf entschieden, weil es die einzig akzeptierte Variante dauernden Versagens darstellt. Dieser masochistische Sport nagt gewaltig am eigenen Selbstwertgefühl: Im Tennis unterliegt man einem stärkeren Gegner; auf dem Golfplatz schlägt man sich selber. Dafür lernt man den Charakter seiner Mitspieler kennen.

Wenn einer schon am zweiten Loch schummelt, wäre ich auch im Geschäft misstrauisch. Umgekehrt schafft das gemeinsame Erlebnis unter tropischer Sonne und Gewittern spätestens beim abschließenden Bier eine Kameradschaft, wie sie sonst in Fernost kaum zu finden ist. Ich verdanke dem Sport unzählige Freunde und Kontakte, ohne die ich meine asiatischen Jahre kaum erfolgreich hätte meistern können.

Der Wirtschaftsdiplomat muss die Entscheidungs- und Leistungsträger seines Gastlands kennen, um unseren Unternehmen den Markteintritt zu erleichtern. Dabei geht es meistens um die Vermittlung geeigneter Partner.

Deutsche und asiatische Unternehmen unterscheiden sich in ihrer Struktur: Unsere Mittelständler verfügen in aller Regel über eine begrenzte Produktlinie; am Anfang stand oft eine Erfindung, die im Laufe der Jahre verfeinert und erweitert wurde. Es gibt eine von Ingenieuren gesteuerte technische Kernkompetenz. In Malaysia und vergleichbaren Tigerstaaten folgen die großen Unternehmensgruppen dagegen der Rendite, nicht der Technik. Eine breit gefächerte Produktpalette von Immobilien, Produktion, Handel und Dienstleistungen sorgt für das notwendige Volumen in vergleichsweise kleinen Märkten. Die breite Streuung hilft, Verluste in einem Bereich durch Gewinne an anderer Stelle auszugleichen.

Im Innern sind diese Familienunternehmen in aller Regel

patriarchalisch gelenkt. In Ländern mit begrenztem Vertrauen in die Obrigkeit bleibt Blut dicker als Verträge.

Daher will der Taipan seinen ausländischen Partner persönlich kennenlernen und testen.

Der damals frisch gebackene Siemens Chef Heinrich von Pierer beherrschte die Klaviatur asiatischer Beziehungspflege meisterhaft: Für ein Gemeinschaftsunternehmen zur Stromerzeugung reiste er eigens für ein privates Wochenende nach Malaka. Beim Plaudern über Kochrezepte und die fränkische Heimat kam man sich näher. So entstand eine belastbare, langfristige Partnerschaft. Später habe ich immer wieder erlebt: Pierer merkte sich kleinste Details, gratulierte immer pünktlich zu Familienfeiern oder dem Examen der Tochter eines Geschäftspartners. Bei börsennotierten Unternehmen ist diese in Asien so wichtige persönliche Note selten geworden. Wohl auch aus Angst vor Compliance-widriger Kungelei mit dem Kunden. Dadurch geht manch lukrativer Auftrag an die Konkurrenz verloren.

In Kuala Lumpur waren Mittelstand und Dax-Unternehmen noch mit deutschen Führungskräften vertreten. Viele engagierten sich in der Handelskammer und anderen Institutionen wie der kleinen deutschen Schule. Es gab gelegentlich Streit, aber die Gemeinde lebte. Man kannte sich, man half sich. Der Beruf war Berufung, kein Job mit Work-Life-Balance. Das hat sich seitdem geändert.

Es ist schwer geworden, Mitarbeiter für einen Auslandseinsatz in der sogenannten Dritten Welt zu motivieren. Partner wollen nicht auf ihre eigene Karriere verzichten, Kinder nicht die Schule und den Sportverein wechseln oder die Reitbeteiligung aufgeben. Zudem sind entsandte Auslandsmitarbeiter teuer: Neben Gehaltszulagen stehen oft noch Mietkosten, Schulgebühren und ein Firmenwagen auf der Rechnung.

Selbst große Unternehmen besetzen ihre Chefetagen zunehmend mit einheimischen oder regionalen Kräften. Man spricht und schreibt Englisch. Bayer, Bosch & Co treten als Weltkonzerne mit internationalem Management auf. Damit gehen deutsche ehrenamtliche Aktivitäten und Ressourcen zurück. Auch Europa bietet keinen vollständigen Ersatz: Bei einigen übergreifenden Anliegen bündeln wir unsere Kräfte für ein gemeinsames Lobbying. Im Tagesgeschäft bleiben die Unternehmen aber Konkurrenten. Einem schwäbischen Unternehmer ist es egal, ob er den Auftrag gegen einen Koreaner oder einen Franzosen verliert.

In der Entwicklungspolitik hatten wir in Malaysia zwei Schwerpunkte: Tropenwald und berufliche Bildung.

Die gesamte malaiische Halbinsel war einst mit Regenwald und dazugehöriger Tierwelt überzogen und bevölkert. Noch um 1900 gab es in Singapur Abschussprämien für Tiger.

Preußische Forstbeamte hatten bereits vor über 200 Jahren die nachhaltige Waldbewirtschaftung entdeckt: Nicht mehr ernten als nachwächst, darüber wurde genau Buch geführt. Der Tropenwald ist ein komplexeres System als die Schorfheide. Nicht nur wegen der Artenvielfalt von Flora und Fauna und der Bedeutung für das regionale und globale Klima; auch wegen der Menschen, die im und von dem Wald leben. Wie mir ein pakistanischer Minister auf einer globalen Konferenz erklärte: Der schlimmste Feind der Umwelt ist und bleibt die Armut. Da hat er recht.

Unsere Forst-Experten von der GTZ wussten das und verfolgten einen Ansatz, der die berechtigten Wirtschaftsinteressen der indigenen und armen Waldbewohner berücksichtigte. Gegen Raubbau, aber nicht gegen eine artgerechte Nutzung. Um einen Teakbaum zu fällen oder neue Plantagen anzulegen, wurde häufig ein ganzes Planquadrat plattgemacht oder durch Wanderfeldbau verbrannt. Das musste aufhören. Ein Problem war, dass die Tantieme aus Holzkonzessionen zu den wenigen Einnahmen zählten, die den malaysischen Bundesstaaten direkt zustanden. Öl und Gas gehörten der Zentralregierung.

Ich war neugierig und wollte mir selber ein Bild machen. Geführt von unseren Experten, besuchte ich ein Holzfällercamp im Dschungel von Borneo. Schon die Anreise war abenteuerlich. Weit entfernt von jeglicher Zivilisation hatte man ein Barackenlager errichtet. Der chinesisch-stämmige Chef las abends mit Petroleumlampe Shakespeare. Offenbar ein Ausgleich für das brutale Geschäft. Der Mann war nicht unsympathisch und wusste genau, was er tat. Es war sein Job, er hatte keinen besseren. Auf diesem Außenposten musste man vor allem überleben. Kettensägen und Bulldozer schädigten nicht nur die Natur; Krankheit und schwere Unfälle forderten viele Opfer unter den Akkordarbeitern. Eines war mir klargeworden: Einfache Lösungen gibt es nicht. Die gesamte Lieferkette von Borneo bis zu den zertifizierten Gartenmöbeln auf den Rheinterrassen lückenlos zu überwachen, bleibt eine große Herausforderung. Die Profite sind hoch, die Gehälter der Kontrolleure niedrig.

Erfreulicher war unser Vorzeigeprojekt am Stadtrand von Kuala Lumpur: Zusammen mit der lokalen Forstbehörde betreute die GTZ hier ein Wiederaufforstungsprogramm mit Waldwipfelpfad. In luftiger Höhe auf schwankender Hängebrücke konnte man die Regeneration der Natur bestaunen. In den Tropen heilen die Wunden schnell. Was aussieht wie unberührter Regenwald, wurde von Menschenhand neu angepflanzt und wissenschaftlich betreut. Ein echter Leuchtturm mit deutscher Signatur.

Bei anderen Vorhaben musste man dagegen sagen: Gut gemeint ist noch nicht gut gemacht. Mit vielen Millionen haben wir seinerzeit ein Berufsbildungsinstitut errichtet. Mit neuester Hochtechnologie aus Deutschland. Unser duales System ist vorbildlich. Nur lässt es sich nicht einfach auf andere Länder übertragen. In Malaysia fehlte es an der notwendigen industriellen Basis. Zudem gab es ein Mentalitätsproblem: Aus Sicht muslimischer Eltern gilt ein Bummelstudent der Religionswissenschaft mehr als ein Techniker mit Meisterbrief.

Gelegentlich stellen wir uns auch selber ein Bein: Mit öffentlichen Mitteln hatten wir eine aufwendige Studie für ein Staudammprojekt finanziert. Die Ingenieure aus dem Planungsbüro lieferten pünktlich und gewissenhaft. Später bekam die neue Entwicklungsministerin kalte Füße. Solche Projekte sollten nicht mehr gefördert werden. Das Ende vom Lied: Ausländische Unternehmen bauen den Staudamm mit unserer steuerfinanzierten Blaupause. Vermutlich weniger umweltfreundlich als deutsche Anbieter. Die Unterstützung unserer Wirtschaft mit Entwicklungsgeldern bleibt bis heute verbesserungsfähig.

Veränderungen kommen gelegentlich lautlos und fast unsichtbar daher. Irgendwann wurde ich in einem teuren Hotelrestaurant diskret darauf hingewiesen, dass es ab sofort kein Schweinefleisch mehr gäbe. Naja dachte ich, es geht auch ohne, ist vielleicht sogar gesünder.

Bald merkte ich, dass es sich hier nicht um eine staatlich verordnete Diät zur Verbesserung der Volksgesundheit handelte. Die neue Halal-Order diente der Durchsetzung des Glaubens in der Küche. Unreine Speisen durften, wenn überhaupt, nur in einem abgetrennten Bereich gelagert und zubereitet werden. Gleiches galt für die Logistik und Entsorgung. Also, entweder kein Schwein oder erhebliche Investitionen. Dabei galt Malaysia als Musterland eines »moderaten« Islam.

Der Ferkel-Bann war Teil von Mahathirs oben beschriebener Doppelstrategie. Modernisierung plus Islam. Bald folgten die Kopftücher. Das Stadtbild veränderte sich. An den Universitäten verhüllten die jungen Damen ihre Haarpracht unter bunten islamischen Tüchern. Es gab keinen formalen Zwang, aber Gruppendruck der Kommilitonen und der Familie reichte. Der Zeitgeist hatte sich gedreht. Im Fernsehen wurden plötzlich Koranlesewettbewerbe gezeigt. Die Scharia-Gesetzgebung wurde verschärft und strikter überwacht. Unverheiratete Paare wurden wegen »Khalwat« (unschicklicher Nähe) verfolgt. Ausländer, die pro Forma zum Islam übergetreten waren, um einheimisch heiraten zu können, merkten auf einmal, auf was sie sich eingelassen hatten. Mit dieser Religion war nicht zu spaßen.

Die fortschreitende Islamisierung wurde durch die internationalen Konflikte in Nahost sowie auf dem Balkan zusätzlich befeuert. Selbst der Holocaust-Film »Schindlers Liste« wurde verboten. Nachdem irakische Truppen in Kuweit eingefallen waren, erhob ein befreundeter malaiischer Geschäftsmann bei einem feierlichen Abendessen sein Champagnerglas und stieß mit Dom Perignon auf den Niedergang des Westens an. Dann setzte er sich in seinen Jaguar und ließ sich in seine Millionärsvilla chauffieren.

Irgendetwas stimmte nicht, wenn ausgerechnet die wohlhabende, westlich ausgebildete Elite zunehmend Sympathie für Islamisten und Diktatoren wie Saddam Hussein empfand. Wir wollten keinen Kampf der Kulturen. Also versuchten wir mit dem Goethe-Institut einen Islamdialog aufzubauen. In Malaysia waren wir die ersten, die sich an dieses sensible Thema wagten.

Als Ehrengast war der deutsch-syrische Professor Bassam Tibi geladen. Auf höchstem intellektuellen Niveau versuchte er Huntingtons These vom Zusammenprall der Zivilisationen zu widerlegen. Brillant erklärte der renommierte Professor den Unterschied zwischen Kultur, Zivilisation, Nation und Religion. Und der Direktor beendete seinen Vortrag mit der Feststellung, dass Juden, Christen und Muslime doch letztendlich alle Abrahams Kinder seien. Das wurde von konservativen Religionsgelehrten als Provokation empfunden, aber der Dialog ging weiter. Sogar Mahathir gab uns die Ehre.

Die Veranstaltung war gut gemeint und gemacht. Nur was hat sie bewirkt? Nicht lange danach hat sich der Premier erneut zu anti-jüdischen Ausfällen hinreißen lassen. Das öffentliche Leben wurde weiter islamisiert. Mit den Gebildeten aller Religionen kann man akademisch-abstrakt debattieren. Einer wirklichen Verständigung steht aber der allumfassende Alleinvertretungsanspruch des Islam entgegen. Und mal ehrlich: Was hätten Sie getan oder geantwortet, wenn ein Taxifahrer Ihnen zur Ermordung der Juden gratuliert? Ich habe das nicht nur einmal erlebt.

Hier kommen wir zum Zauberlehrling, der die Geister, die er rief, nicht mehr los wird. Die Instrumentalisierung von Religion für politische Zwecke birgt Gefahren. Vor allem an den

Rändern der Gesellschaft. Ein starker Herrscher wie Mahathir konnte trotz gelegentlich radikaler Rhetorik die Dinge unter Kontrolle halten. Seine Nachfolger verfügten nicht mehr über die gleiche Autorität.

Der Ansatz, den rasanten gesellschaftlichen und technischen Wandel mit traditionellen Werten zu unterlegen, ist nicht verkehrt. In Bayern haben wir das mit dem von Roman Herzog geprägten Motto »Laptop und Lederhose« beschrieben. Aber die Lederhose ist kein religiöses Symbol; sie steht für Brauchtum und Tradition. Zu der gehört auch die altbayerische Liberalität und Toleranz gegenüber Andersdenkenden. Genau das ist der Lackmustest einer freien Gesellschaft. Auch Wirtschaft braucht Freiheit: Wenn beten wichtiger wird als arbeiten, leidet auch der Wohlstand. Die Trennung von Glauben und Wissen war eine der wichtigsten Errungenschaften der Aufklärung.

Nach fünf intensiven Jahren wurde ich als Ausbildungsleiter für den akademischen Nachwuchs in die Zentrale versetzt.

9 GENERATION GOLF: AUSBILDUNGSLEITER IN BONN (1995 – 98)

»Manners maketh man«
William of Wykeham

»Das Wichtigste ist, Lust und Liebe zur Sache zu wecken,
sonst erzieht man gelehrte Esel.«
Michel Eyquem de Montaigne

Wie alle ehemaligen Schüler wollte ich es besser machen als die Altvorderen. Die strengen Kriegsveteranen meiner Jugend waren längst abgetreten. Jetzt kamen die Jazzer und Rock'n Roller der fünfziger und sechziger Jahre auf die Chefsessel. Eine neue pragmatische Generation, mehr von Helmut Schmidt und Hans-Dietrich Genscher als von Adenauer geprägt.

In der Ausbildungsstätte gab es ein ungeschriebenes Gesetz, wonach die Besetzung zwischen Schöngeistern und Schleifern wechselte. Mal legte die Amtsleitung mehr Wert auf Europafähigkeit und multilaterale Verhandlungsdiplomatie, dann wieder auf Disziplin und Praxistauglichkeit. Im Vorstellungsgespräch wurde mir bedeutet, dass ich den jungen Leuten die Flausen austreiben sollte. Die Ausbildung sei zu wissenschaftlich. Dafür seien die Universitäten zuständig. Wir bräuchten keine Gelehrten, sondern fitte Handwerker für das Tagesgeschäft. Und zwar schnell.

Der Befund war übertrieben, hatte aber einen wahren Kern: Unser Nachwuchs stammte aus der später von Florian Illies so genannten Generation Golf. Ende der siebziger und in den achtziger Jahren wurde im Elternhaus kaum noch gebrüllt und gestraft; in der Schule gab es keine Tatzen mehr, auf dem Pausenhof wurde nur noch selten gerauft. Das Leben der bürgerlichen Jugend war konfliktfreier als zu meiner Zeit. Der öffentliche Diskurs war von »weichen« Themen wie Umwelt, Gesundheit und Mode geprägt. Pubertäre Aggressionen wurden sublimiert und teilweise schon ins Netz verlagert. Macho war gestern, jetzt war man cool. Und nicht selten wie der mythologische Narkissos ein wenig selbstverliebt.

Die neue Generation war bestens ausgebildet, leistungsorientiert und besser gekleidet als mein Lehrgang. Nur etwas konfliktscheu. Als ein Gastdozent einmal die Stimme hob, um die Dramatik des Nahostkonflikts zu untermalen, verließ eine Kursteilnehmerin den Hörsaal: Solch einen aggressiven Auftritt könne sie nicht ertragen. Da musste ich widersprechen. Diplomatie ist kein sanftes Metier. Im Gegenteil: Wir müssen uns ständig mit Krieg, Terror und abscheulichen Menschenrechtsverletzungen auseinandersetzen. Da hilft keine Schönfärberei. Nur wenn wir den nackten Tatsachen ins Auge sehen, können wir Lösungen finden und helfen. Diplomatisch ist nur die Verpackung, nicht der Inhalt unserer Botschaften.

Der Krieg war nach Europa zurückgekehrt: Im Juli 1995 mussten wir hilflos zusehen, wie vor den Augen der UNO-Schutztruppe in Srebrenica 8 000 Bosniaken bestialisch abgeschlachtet wurden. Im Oktober 1997 nahm ich gemeinsam mit unseren Attachés an dem Staatsbegräbnis für den deutschen stellvertretenden Bosnien-Beauftragten Gerd Wagner teil. Der AA-Kollege war zusammen mit 11 Mitarbeitern bei Sarajewo mit dem Hubschrauber abgestürzt und verbrannt.

An die Gefahren des Dienstes erinnerte auch unser neues Auditorium: Es trug den Namen von Gerold von Braunmühl. Ein brillanter Kopf. Wir kannten uns aus meiner Zeit bei den Staatssekretären. Braunmühl leitete damals Genschers Ministerbüro. 1986 wurde der Politische Direktor des Amts nur fünf Minuten von der Diplomatenschule entfernt vor seinem Wohnhaus in Ippendorf von Linksterroristen der RAF ermordet. Die Täter wurden bis heute nicht gefasst.

Seit Wiedererrichtung des AA nach dem Krieg haben mehr als ein Dutzend Kollegen im Einsatz für das Vaterland durch Gewalt ihr Leben verloren. An so unterschiedlichen Orten wie Saigon, Guatemala, Stockholm, Beirut, Bonn, Bosnien-Herzegowina, Irak und Afghanistan. Der Beruf birgt Risiken, darüber sollten sich die Kandidaten im Klaren sein.

Unsere Ausbildungsstätte war Teil des Amts, keine Akademie wie in Wien. Dort studierte man Diplomatie, um sich anschließend für das Außenamt zu bewerben. Bei uns ist es umgekehrt: Erst Einstellung, dann Ausbildung. Die entscheidende Hürde bildet das Auswahlverfahren.

Was genau suchten wir eigentlich? Eine moderne Funktionselite oder klassische Verwaltungsbeamte? Der Riss ging quer durch den sechsköpfigen Auswahlausschuss. Faustregel: Jeder klont sich selber, bunte Vögel ebenso wie graue Mäuse.

Ein Patenrezept gibt es nicht, da sich die Anforderungen in der globalisierten Welt laufend verändern. Man braucht flexible, lernfähige und belastbare Kollegen. Kein Verfahren ist perfekt. Auch in einem mehrtägigen Test kann man den Kandidaten nicht in die Köpfe schauen. Der Profi merkt aber, wenn jemand schwindelt. Das kommt nicht gut an. Und wenn man die Stelle, wo's wehtut, gefunden hat, sollte man nicht weitersuchen. Einem Überflieger muss man keine Wissensfragen stellen; dafür aber vielleicht die Frustrationstoleranz oder das Kommunikationstalent testen. Die EU stellt heute allen Kandidaten die gleichen Fragen. Das ist nach meiner Erfahrung Zeitverschwendung und wenig zielführend. Führungskräfte brauchen den Blick fürs Wesentliche und Mut zur Lücke. Das gilt auch für die Prüfer.

Unmittelbar nach der Wiedervereinigung hatte das AA jährlich bis zu 70 höhere Nachwuchsbeamte eingestellt. Als ich 1995 antrat gab es wieder Haushaltssperren und Personalabbau. Ein ewiger Schweinezyklus. Mit Mühe konnten wir Minister Kinkel davon abhalten, einen totalen Einstellungsstopp zu verfügen. Mein Argument: Wenn wir das Auswahlverfahren einstellen, können wir dem politischen Druck nicht mehr standhalten: Abgeordnete aller Parteien und andere Würdenträger versuchten immer wieder, verdiente Mitarbeiter ohne Prüfung im AA unterzubringen.

Unser gelegentlich belächelter schriftlicher Wissenstest in Politik, Geschichte, Wirtschaft, Völkerrecht und Allgemeinbildung schützt vor externer Einflussnahme. Die Kandidaten schreiben unter Chiffre, so dass der Korrigierende nicht weiß, wen er benotet. Die Prüfungsaufgaben werden im innersten Kreis festgelegt. Kritik gehört zum Geschäft. Einmal wurde ich gefragt, wie man nach so verstaubten Dingen wie den sieben Kurfürsten fragen könne. Muss man nicht, kann man aber: Der Bildungskanon ist auch bei Hochschulabsolventen häufig lückenhaft. Der Test ist eine Bestenauslese, keine Führerscheinprüfung. Ohne Anstrengung geht das nicht.

Der Frauenbeauftragten passte die ganze Richtung nicht. Sie forderte eine Quote und bat mich, ihr die Prüfungsfragen vorab zur Durchsicht auf Geschlechtergerechtigkeit zu zeigen. Niemals, auch dem Minister hätte ich die Aufgaben nicht gegeben. Wir alle wollten den Frauenanteil erhöhen; das ging aber nicht über eine Absenkung unserer Anforderungen. Zudem war unser Gewerbe geschlechtsneutral.

Mir fällt beim besten Willen nicht ein, was an der Außenpolitik von Katharina der Großen, Maria Theresia, Queen Victoria, Kaiserinwitwe Cixi oder Margaret Thatcher »weiblich« gewesen sein soll. Wie Friedrich Zwo nach der ersten polnischen Teilung sarkastisch über seine österreichische Kollegin bemerkte: Sie weinte, aber genommen hat sie doch.

In unserem mündlichen Prüfungsverfahren mussten die Kandidaten einen fünfminütigen Kurzvortrag halten. Dazu hatten wir eine Ampel installiert, die erst auf Gelb, dann nach Ablauf der Zeit auf Rot umschaltete. Als ein Bewerber munter weiter redete, fragte ich ihn, ob er farbenblind sei. Nein, aber

Generation Golf: Ausbildungsleiter in Bonn

als Deutsch-Italiener hätte eine Ampel für ihn nur eine beratende Funktion.

Dabei hatte der Mann gar nicht so Unrecht. Auch in der Diplomatie gilt: Man darf nie eine rote Ampel übersehen; aber es gibt Situationen, in denen man bewusst gegen herkömmliche Regeln verstoßen muss. Fern der Heimat und in Ausnahmesituationen sind wir gelegentlich gezwungen, schnell und alleine zu entscheiden, ohne Rückversicherung. Das habe ich auf meinen Kriseneinsätzen gelernt.

Angesichts geschrumpfter Lehrgänge hatte ich eine volle Kasse geerbt: Nach der Logik öffentlicher Haushaltsführung bestimmt sich das laufende Budget nach den Vorjahresausgaben minus x. Das half, unsere Ausbildung zu internationalisieren. Ich flog mit dem kleinen Lehrgang nach New York zum Hauptquartier der Vereinten Nationen. Wir wollten dort mehr Verantwortung übernehmen, darauf sollte sich der Nachwuchs vorbereiten. An der Wallstreet übten wir uns bei den Lehmann Brothers in Wirtschaftsdiplomatie. Die Investmentbanker hatten damals Hochkonjunktur. Trotz Oliver Stones genialer Verfilmung der Schattenseiten der Branche mit Michael Douglas als Börsenhai Gordon Gekko.

Interessantes Detail: In dem »Hungerjahr« 1996 konnten wir nur 9 von 2 000 Bewerbern einstellen. Dennoch sprangen zwei der erfolgreichen Kandidaten ab: Einer aus Liebe, weil die Freundin nicht mitzog; der andere war ein Historiker, der lieber dem Ruf des Geldes in die Londoner City folgte.

Wir öffneten unsere Ausbildung für einen Austausch mit europäischen Diensten und Japan. Ich knüpfte Kontakte zu Kollegen in Kasachstan und der Ukraine. Parallel startete das Amt in Berlin ein Ausbildungsprogramm für mittel- und osteuropäische Jungdiplomaten.

Die ausländischen Gäste wurden bei uns in Bonn mit offenen Armen empfangen. Peinlich war nur, dass bei jeder größeren Feier pünktlich um 22.00 die Polizei anrückte. Eine notorische Querulantin in der Nachbarschaft fühlte sich um den Schlaf gebracht. Es handelte sich um eine 20-jährige Studentin! Wie der frühere Personalchef einmal so treffend über amtsbekannte Problembären bemerkte: sie wachsen alle nach.

Im beschaulichen Ippendorf hatten wir es lange verdrängt: Aber langsam mussten wir uns über den geplanten Umzug nach Berlin Gedanken machen. Die Zentrale arbeitete bereits intensiv an dem Umbau der alten Reichsbank und des späteren ZK-Gebäudes als neuem AA-Sitz.

Die Diplomatenschule sollte wie in Bonn separat untergebracht werden. In und um Berlin gab es zahlreiche Schlösser und Residenzen im Bundesbesitz, die man zu einer repräsentativen Aus- Fortbildungsstätte hätte umbauen können. Dem widersprachen die Amtsleitung und der Zeitgeist. Alles Elitäre ist in Deutschland verpönt. Allenfalls hätte man uns die Nebengelasse und Ställe des Schlösschens Niederschönhausen in Pankow gegönnt. Die Sache zerschlug sich. Am Ende wurde es doch eine ansehnliche Liegenschaft: Die Villa Borsig am Tegeler See. Die traditionsreiche Residenz aus der Kaiserzeit wurde zum Gästehaus des Außenministers hergerichtet. Daneben entstanden im Park Neubauten für die 2006 eingeweihte Akademie Auswärtiger Dienst.

Während meiner drei Jahre als Ausbilder habe ich selber viel gelernt, menschlich und fachlich. Prüfen bildet. Mit Anfang vierzig stand ich altersmäßig zwischen meinen Schützlingen und der Chefebene. Oft hätte ich lieber mitgefeiert, als den harten Kurs der Zentrale durchgesetzt. Ohne Abstand und Autorität kann man aber keine Fußballmannschaft führen, geschweige denn eine Truppe von hochsensiblen und ehrgeizigen Jungdiplomaten. Viele meiner ehemaligen Schüler sind mir längst über den Kopf gewachsen. Ich denke gerne an die gemeinsame Zeit zurück.

10 BÜRGERKRIEG IM PARADIES: ALGIER (1998 – 2000)

»If we don't visit the World of Disorder, it will visit us«
Thomas Friedman

»Im Frühling wohnen die Götter in Tipaza«
Albert Camus

»Wo keine Götter sind, da walten Gespenster«
Novalis

In Ippendorf wurde ich mit einem rauschenden Fest in die Wüste geschickt. Querdenker und Humor gab's auch in der Generation Golf. Zum Abschied bekam ich einen Rucksack mit Klappspaten, Flachmann, einem Überlebensbuch der Schweizer Armee sowie den Ordensregeln der Benediktiner. Unsere Botschaft war in einem ehemaligen Kloster untergebracht. Als Finale gab es eine weniger heilige Gesangseinlage: »Living next door to Alice« als Persiflage meines Wirkens.

Ich hatte keine Ahnung, was genau mich in Algerien erwarten würde. In dem Land tobte immer noch ein grausamer Bürgerkrieg, angezettelt von radikalen Islamisten. Vorsorglich besuchte ich eine GSG 9 Übung zur Geiselbefreiung mit scharfer Munition. In unserer zum Hochsicherheitstrakt umgebauten Botschaft war nur noch eine diplomatische Rumpfbesatzung verblieben. Die Vorgaben der Zentrale waren bescheiden: Ausharren, beobachten und berichten.

Die Region kannte ich bislang nur aus Büchern und der Fernsehberichterstattung. Hausstand und Familie blieben daheim. Das war ein Kriseneinsatz mit leichtem Gepäck. Dabei lag Algerien vor der Haustür: Von Frankfurt nur zweieinhalb Flugstunden entfernt. Nach Anschlägen und Entführungen hatten sich alle ausländischen Fluggesellschaften zurückgezogen. Die einzige Direktverbindung bot Air Algérie. Der Flugsteig befand sich in einem abgetrennten Bereich im Untergeschoss des Frankfurter Flughafens. Hier war man schon mit einem Fuß im Orient: Es wurde geraucht, gehandelt und gestritten.

Im Flugzeug dachte ich an die wechselvolle Geschichte des Landes: Berber, Phönizier, Römer, Vandalen, Byzantiner, Araber, Osmanen, Seeräuber und Franzosen, alle haben sie ihre Spuren hinterlassen. Sogar der Heilige Augustin stammt aus dem heutigen Algerien.

Als 1827 der Statthalter des Sultans den französischen Konsul mit dem Fliegenwedel schlug, nahm Paris diese Demütigung zum Anlass, um das Land ab 1830 zu erobern und zu besetzen. Dabei hatte der algerische Dey durchaus einen Grund für seine Geste: Die Franzosen weigerten sich hartnäckig, einen privaten Kriegskredit für Napoleons Italienfeldzug zurückzuzahlen. Erst 1962 erlangte Algerien nach blutigem Krieg seine Unabhängigkeit.

Jäh wurde ich aus meinen Gedanken gerissen. Die altertümliche Boeing setzte hart auf. Unsere Leibwächter geleiteten mich sicher durch alle Absperrungen. Draußen warteten zwei gepanzerte Limousinen mit Schießscharten. Im Halbdunkel hörte man in der Ferne noch Handfeuerwaffen. Über Serpentinen fuhren wir in die Botschaft. Im obersten Stockwerk war mir eine kleine möblierte Wohnung mit zugemauerter Dachterrasse zugewiesen worden. Wenn schon Festung, dann mit Meeresblick: Auf eigene Faust habe ich ein Fenster in die Mauer schlagen lassen. Was für eine Aussicht: Alger la

Blanche, die weißen Häuser waren wie ein Amphitheater um den Hafen und die blaue See gruppiert.

Man versteht sofort, warum so viele fremde Eroberer und Abenteurer sich hier festsetzen wollten. Die Franzosen waren gekommen, um zu bleiben. Anders als in Indochina wurde das Land systematisch besiedelt. Nicht nur von Kolonialbeamten und Großgrundbesitzern. Es kamen auch die kleinen Leute und andere Europäer, die hier eine neue Heimat fanden. Algerier wurden aus ihren traditionellen Stammesgebieten und Gewerben verdrängt. Diese Entwurzelung bildet eine der Ursachen für die heutigen Konflikte. Außer dem Befreiungskrieg gegen die Franzosen und Fußball gibt es kaum eine starke algerische Identität. Die Bindungen sind mehr regional und familiär. Selbst Sprache und Religion sind ein arabischer Import.

Massive Arbeitslosigkeit und Wohnungsnot führten Ende der achtziger Jahre zu sozialen Unruhen, die von den Islamisten politisch ausgenutzt wurden. Als die Wahlen 1992 abgebrochen wurden, versank das Land im Terror. Als ich eintraf, waren bereits über 120 000 Opfer zu beklagen. Die Islamisten, die sich zunehmend weiter radikalisierten und neue Organisationen schafften, führten einen totalen Krieg. Es war ein unvorstellbarer Rückfall in die Barbarei: Frauen, Kindern, sogar Nonnen wurde die Kehle durchgeschnitten. Eine Senatorin erzählte mir, wie ihr Mann, ein Arzt, langsam vor den Augen seiner Mitarbeiter zu Tode gefoltert worden sei. Dem bulgarischen Militärattaché wurde der Kopf abgeschnitten und auf den Mercedes-Stern seines Dienstwagens gesteckt. Mädchen wurden als Sexsklavinnen in den Maquis verschleppt und anschließend ermordet; selbst die Leichen wurden noch geschändet. Das Militär war auch nicht zimperlich, aber wie hätten sie denn sonst diese fanatischen Massenmörder bekämpfen sollen?

Dieser schmutzige Krieg gelangte kaum in die deutschen Wohnzimmer. Es fehlte die internationale Dimension wie heute in Syrien.

Dabei hatte alles zunächst vergleichsweise harmlos angefangen: Studentinnen wurden an den Universitäten erst wegen westlicher Kleidung diskriminiert, dann angegriffen. Der Weg vom Lippenstiftverbot über das Messer zur Bombe war nicht weit. Mein ehemaliger zum Islam konvertierter Kollege Murad Wilfried Hofmann sah das anders. Noch 1990, als draußen bereits der Mob tobte, verbat er als Botschafter in Algier einer deutschen Mitarbeiterin, während ihrer Periode sein Dienstzimmer zu betreten. Bei aller Liebe, hier endet meine religiöse Toleranz.

Wir hatten uns fest eingebunkert. Beschützt oder bewacht von 19 Elitepolizisten, mussten wir uns im Büro und in der Wohnung keine Sorgen machen. Alle Bewegungen außerhalb des Gebäudes waren nur nach vorheriger Anmeldung erlaubt, mit zwei gepanzerten Limousinen und schwer bewaffnetem Personenschutzkommando. Bei Regierungsterminen war das kein Problem. Aber wie sollte man ein vertrauliches Hintergrundgespräch mit einem Journalisten führen, wenn am Nebentisch furchterregende deutsche Personenschützer sitzen? Man fiel sofort auf und die Terroristen hatten immer noch überall ihre Informanten. Um zu verstehen, was vor sich geht, brauchten wir unabhängige einheimische Kontakte. Dazu mussten wir raus. Freie Geister mieden unsere Hochsicherheitsfestung. Irgendwo drehten wir uns im Kreis: Die meisten Kollegen schoben Innendienst mit Eigenverwaltung. Selbst die gepanzerten Dienstwagen wurden zur Inspektion und Reparatur nach Köln(!) gebracht.

Das ging so nicht weiter: Ich machte einen radikalen Schnitt und kaufte mir einen alten Geländewagen mit lokalem Kennzeichen und unterschrieb, dass ich künftig auf eigenes Risiko die Botschaft verlassen würde. Gesagt, getan. Erst jetzt erkannte ich, wo wir lebten. Die Stadt war arm und heruntergekommen, aber lebendig. Zigaretten wurden einzeln verkauft, nicht in der Schachtel. Die Fassaden bröckelten, aber der einstige Glanz war noch sichtbar. Zu Beginn des letzten Jahrhunderts konnten sich die modernen Architekten in Algier austoben. Es gab herrliche Restaurants und Cafés. Sogar Nachtleben: In einer der alten Prachtstraßen betrieb ein Leibwächter des früheren Präsidenten Boumédienne einen Klub. Stolz zeigte er seine vernarbten Schussverletzungen. In dem Etablissement konnte man sogar im Fastenmonat bis in die Morgenstunden feiern. Es gab viele mutige charakterstarke Frauen und Männer in diesem Land. Irgendwie herrschte eine Mischung aus Endzeit und Aufbruch. Hundertprozentige Sicherheit gab's nirgendwo, auch nicht in den Villen der Reichen. In dem französischen Restaurant des ehemaligen Golfklubs waren kurz vor meiner Ankunft über ein Dutzend Gäste beim Mittagessen massakriert worden. Trotzdem traf ich mich dort regelmäßig mit meinen algerischen Freunden. Auf der herrlichen Terrasse servierten Ober mit Fliege saftiges Chateaubriand mit kühlem Fleur d'Aboukhir Rosé. Gelegentlich wurde ich tagsüber in private Häuser eingeladen. Der Whisky floss in Strömen, auf den Tischen wurde zu einheimischer Musik wild getanzt. Ein in der Kasbah aufgewachsener Gastgeber demonstrierte zu vorgerückter Stunde den im Straßenkampf beliebten Kopfstoß. Hier lebten viele Welten dicht nebeneinander.

Nach einem feucht fröhlichen Abend bei algerischen Freunden in der Altstadt sprang mein Auto nicht an. Plötzlich tauchte aus einer Seitengasse ein bärtiger junger Mann im traditionellen Gewand auf. Sicher durch und durch ein Islamist. Was tun? Ich war unbewaffnet, ohne Personenschutz unterwegs. Also habe ich den Mann höflich gefragt, ob er mir helfen könne, mein Auto anzuschieben. Er musterte mich kurz und entgegnete dann: »Aber gerne, mein Bruder. Inschallah.« Und tatsächlich, mit vereinten Kräften haben wir den alten Toyota wieder zum Laufen gebracht.

Trotz täglicher Anschläge war es den Islamisten nicht gelungen, das Leben zu unterdrücken. Die romantischen Fischrestaurants in den Vororten waren wieder voller Besucher, am Strand flanierte die Jeunesse Dorée. Meistens waren wir die ersten Ausländer, die sich wieder zeigten. Überall wurden wir herzlich empfangen. Gelegentlich wirkte es so, als sei die Zeit stehengeblieben: Eine Landschaft wie an der Cote d'Azur, aber ohne internationalen Jetset mit Yachten. Dafür den besten und billigsten Fisch. Der legendäre Meeresforscher Jacques Cousteau bemerkte einmal, dass Algerien das einzige Land der Welt sei, in dem die Fische an Altersschwäche stürben. Die Fangflotte war hoffnungslos veraltet. Dafür konnte man an der Küste zwischen Algier und Tipaza noch die letzten Exemplare des in Europa schon fast ausgestorbenen Latin Lovers bewundern. Ich hatte mich mit einem Filmemacher angefreundet, der allen südländischen Klischees entsprach und natürlich jedes Jahr in Cannes dabei war. Dabei hatte er selber am bewaffneten Kampf gegen die französischen Kolonialherren teilgenommen.

Der Terror blieb allgegenwärtig. Trotz Straßensperren und privater Sicherheitskräfte gab es auch an den Ausflugsplätzen immer wieder Anschläge. Aber der Wind hatte sich gedreht. Die Islamisten hatten durch ihre willkürliche Mordlust die anfängliche Sympathie in Teilen der Bevölkerung verloren. Sie konnten sich im städtischen Umfeld nicht mehr frei bewegen und mussten sich in ihre Verstecke in den Bergen zurückziehen. Das Militär hatte den Terror noch nicht besiegt, aber die Oberhand gewonnen. Die Menschen betrachteten die traditionelle Machtelite »Le Pouvoir« zu Recht als das kleinere Übel.

Mit einheimischen Freunden und Polizei-Kollegen habe ich das ganze Land bereist. Ein junger, in Saudi Arabien studierter Journalist hatte mir noch eingeschärft: Meide Orte ohne Satellitenschüsseln. Die werden von Islamisten kontrolliert. Wir hatten Glück. Von der Kabylei über die Berge bis in die Wüste: Algerien ist ein hinreißend schönes und vielseitiges Land. Wer einmal unter freiem Himmel im »tausend Sterne Hotel« in der Sahara geschlafen hat, wird das nie vergessen. Ob man gläubig ist oder nicht, der unverstellte Blick ins Universum macht uns klein und demütig.

Algerien lebt von Öl und Gas, aber der Rohstoff in der Wüste schafft kaum Beschäftigung. An den entscheidenden Stellen der Produktion sitzen hochqualifizierte ausländische Fachkräfte. Der Reichtum wird weitgehend unkontrolliert von der Elite verteilt. Bei der Förderung geht es weniger romantisch zu als in einer touristischen Oase. Ein deutscher Experte erzählte mir unter ohrenbetäubendem Lärm auf der Plattform von seinem Leben im Container, in Sandstürmen und vom Einsatz rund um die Uhr. Die Bohrung kann man nicht unterbrechen. Nur im äußersten Notfall, dann aber mit Millionenschaden.

Die Sahara war immer ein gefährliches Territorium, vor allem für Touristen, die sich ohne einheimische Führer auf den Weg machen. Der Terror hatte sich dort zu meiner Zeit aber noch nicht gezeigt. Später arbeiteten dann traditionelle Nomadenstämme als Spediteure und Schmuggler der Islamisten; ausländische Touristen wurden als Geiseln genommen, um die Kriegskasse zu füllen.

Eines Morgens rief mich der ARD-Korrespondent Samuel Schirmbeck an: Am Abend zuvor war im Dritten Programm zu später Stunde ein Beitrag von ihm gesendet worden. Noch vor dem Frühstück fand er einen Zettel unter seiner Wohnungstür mit einer Morddrohung. In Algier konnte man damals das Dritte nicht empfangen. Also hatten islamistische Hintermänner in Deutschland die Reportage gesehen und per Mobilfunk ihre »Kollegen« in Algier angewiesen, den Korrespondenten zu bedrohen. Dabei waren Wohnung und Studio anonym. Die Anschrift war geheim, am Haus gab es keinerlei Hinweisschilder. Schirmbeck war der einzig verbliebene deutsche Journalist. Er riskierte sein Leben und lieferte sensationelle Beiträge. Das Interesse der Intendanten und des Publikums an der Region blieb gleichwohl gering, weshalb viele Beiträge im Spätprogramm landeten. Nur die Paten des Terrors verpassten keine Sendung.

Einmal wurde meine Loyalität als Regierungsvertreter hart auf die Probe gestellt: Der frühere Vorsitzende der Islamistenpartei FIS Rabah Kebir und andere mit internationalen Haftbefehlen wegen Beteiligung an Terroranschlägen gesuchte Führungskader genossen in Deutschland Asyl und konnten sich frei bewegen. Politische Betätigung war ihnen offiziell untersagt. Also verbreiteten diese Herren politische Propaganda und Befehle über Gefolgsleute in Belgien. Einer dieser Exilanten wurde bei der Einreise in die Türkei verhaftet. Er stand wegen des Anschlags auf ein Air-France-Flugzeug auf der internationalen Fahndungsliste. Was ich bis heute nicht verstehe: Die deutsche Botschaft in Ankara wurde angewiesen, sich für die sofortige Freilassung und Rückkehr nach Deutschland einzusetzen. So geschah es auch. Das war schwer zu vermitteln, aber ich wurde zum Schweigen verdonnert.

Gerade weil ich viele muslimische Freunde hatte, litt ich unter der Verharmlosung der Gefahren des Islamismus. Einige daheim zeigten Verständnis für die soziale Notlage und Bildungsdefizite, andere führten spitzfindige Debatten über die Begriffe Islamismus, politischer Islam, Fundamentalismus und Salafismus. Oder sie versuchten sich als Koranversteher. Das geht an der Sache vorbei: Mit Leuten, die Frauen und Kindern die Kehlen durchschneiden oder dieses womit auch immer rechtfertigen, kann man keinen Dialog führen; die kann und muss man ebenso bekämpfen wie die zugrunde liegende Ideologie. Niemand schlägt reihenweise Wildfremden aus sozialer Not den Kopf ab. Dazu braucht man eine radikale Weltanschauung, einen fanatischen Glauben, der den erforderlichen Hass erzeugt oder enthemmt. Wie es Otto Schily später einmal treffend formuliert hat: Ihr wollt den Tod, wir das Leben. Das ist die rote Linie.

Wie die Mafia verfügen alle Terror-Organisationen über Anwälte und legale Mittelsmänner mit Krawatte, Sprachkenntnissen und gewandtem Auftreten. Als Diplomat habe ich zu solchen Leuten Kontakte geknüpft, um im Falle einer deutschen Geiselnahme Ansprechpartner zu haben. Aber ich habe nie vergessen, mit wem ich es zu tun hatte.

Trotz der geschilderten Probleme war es an der Zeit, unsere Beziehungen zu normalisieren. Mit Stolz konnte ich die erste deutsche Wirtschaftsdelegation ankündigen. Die Reise war ein voller Erfolg. Nur beim Abflug zeigte sich, dass auf dem Flughafen lange Zeit keine westlichen Delegationen mehr abgefertigt worden waren: Das Bodenpersonal verlangte, dass der Flugkapitän der gecharterten Lufthansa Sprit und Startgebühren bar bezahlt. Kreditkarten wurden nicht akzeptiert, trotz der Ölmilliarden, die ins Land flossen. Ich stellte mich stur, aber die Handelsmänner machten Kassensturz und zahlten.

Auch politische Delegationen kamen wieder ins Land. Im Jahr 2000 kündigte sogar unser Außenminister seinen Besuch an. Um die Reise im Gastland öffentlichkeitswirksam zu vermarkten, hatte ich mir etwas Besonderes einfallen lassen. Joschka Fischer befand sich damals auf dem Lauf zu sich selbst; er nutzte jede freie Minute zum Joggen. Also plante ich einen Lauf durch die Altstadt, gemeinsam mit dem berühmtesten Fußballer Algeriens. Das Ganze wollten wir als Geste für Frieden und Versöhnung inszenieren. Seht her, der Terror ist überwunden, mit dem Land geht es wieder aufwärts.

Leider hatte ich die Rechnung ohne den Wirt gemacht. Ein dürrer Ukas des Ministerbüros machte all die schönen Pläne zunichte. O-Ton:»Mitläufer unerwünscht«. Dann folgten noch einige pingelige Anweisungen zur Diät und den hygienischen Standards. Mir wurde klar: Der Mann rennt nicht fürs Vaterland. Die ganze Lauferei war ein medienwirksamer Ego-Trip. Dem Minister sei's gegönnt; enttäuscht war ich trotzdem. Später wurde die Reise abgesagt. Das war schade, aber ich war um eine Erfahrung reicher.

Gerne hätte ich noch länger die schrittweise Öffnung und Normalisierung Algeriens begleitet. Aber es kam wieder einmal anders. Ich bekam das Angebot, in das Berliner Kanzleramt zu wechseln. Eine solche Herausforderung kann man nicht ablehnen. Ich packte meine sieben Sachen in den alten Geländewagen, kaufte ein Ticket für die Fähre nach Marseille und machte mich auf den Weg. Nach einem kulinarischen Zwischenstopp im Burgund traf ich schließlich an einem trüben Novembertag in der alten neuen Hauptstadt ein. Von Algier blieb mir nur das vielfach bestaunte exotische Nummernschild.

11 BERLINER KANZLERAMT: BASTA MIT AUGENMASS (2000 – 2003)

»Wo das Müssen beginnt, hört das Fürchten auf.«
Otto von Bismarck

»Wer Politik treibt, erstrebt Macht.«
Max Weber

»Wenn die Dinge uns schon über den Kopf wachsen,
tun wir wenigstens so, als ob wir sie selber geplant hätten.«
Jean Cocteau

Der Körper reist schneller als die Seele: Korrekt gekleidet meldete ich mich pünktlich zum Dienstantritt. Die Kollegen schwärmten von der Hauptstadtkulisse und gratulierten mir, als hätte ich einen Sechser im Lotto gewonnen.

Ich kannte Berlin, hatte hier immerhin einen Teil meiner Jugend verbracht. Dennoch blieb mir zunächst vieles fremd; in Gedanken war ich noch ein Stück weit in Algier. Man braucht eine Weile, bis man sich an einen Krisenposten gewöhnt. Aber dann lassen einen die intensiven Erlebnisse so schnell nicht mehr los. Es gibt eine Art Nachglühen. Ich war Zivilist. Wie viel schwerer muss es für einen Soldaten sein, sich wieder in den grauen Alltag zu integrieren?

Grau war in meinem neuen Job nur die Kulisse: Das Kanzleramt war vorübergehend im ehemaligen DDR-Staatsratsgebäude untergebracht. Die Chefetage hatte Ulbricht mit spießigem Pomp ausgestattet. Den Aufgang zu den überdimensionalen Empfangsräumen zierte eine Glasmalerei zur Geschichte der deutschen Arbeiterbewegung. Die Außenfront wurde mit einem Portal des abgerissenen Hohenzollernschlosses garniert, vor dem Karl Liebknecht 1918 die Sozialistische Republik ausgerufen hatte. Der ganze Kasten und die kleinen Arbeitszimmer rochen noch nach dem Mief der SED-Bonzen.

Der Gegensatz der alten Hülle zur neuen Intendanz und deren Programm hätte kaum größer sein können. Die von Gerhard Schröder geführte Regierungszentrale war eine schlanke und dynamische Behörde. Die Arbeitseinheiten waren sehr viel kleiner als im Auswärtigen Amt, die Wege kürzer. Mir war in der Außen- und Sicherheitspolitischen Abteilung der Bereich Asien, Afrika, Nah-Mittelost und Lateinamerika übertragen worden. Gemeinsam mit einem Vertreter, einem Sachbearbeiter und einer Assistentin mussten wir 135 Länder bearbeiten. Das schärft den Blick für das Wesentliche. Gelegentlich machen aber auch kleine Staaten Schlagzeilen, auf die der Chef reagieren musste: Terroranschläge, Entführungen, Unglücksfälle und Naturkatastrophen ereigneten sich rund um die Uhr. Leitung und Regierungssprecher müssen immer zeitnah mit einem Zweizeiler unterrichtet und sprechfähig sein.

Die meisten Mitarbeiter im Kanzleramt sind auf Zeit abgeordnete Beamte aus anderen Ministerien. Das Kanzlerbüro und andere Schaltstellen sind in aller Regel politisch besetzt. Anders als in klassischen Behörden lässt sich der Einfluss im »Hofstaat« nicht immer am Rang oder der Gehaltsgruppe ablesen. Auch nicht an der beim Beamten so beliebten Zuständigkeit. Kompetenz und Entscheidungsgewalt liegen häufig jenseits der fachlichen Arbeitseinheit. Das musste ich schnell lernen: Als ich gleich zu Beginn die Leiterin des Kanzlerbüros und andere Entscheidungsträger zu einer Besprechung einlud, merkte ich, dass hier die Koordinierung direkt von oben erfolgt, nicht von der zuständigen Arbeitseinheit. Künftig fanden die Besprechungen wieder in der Chefetage statt.

Dabei waren die Abläufe insgesamt weit weniger bürokratisch als im AA. Es musste ja auch viel schneller gehen: Bei Kanzler-Telefonaten muss man innerhalb kürzester Zeit einen Sprechzettel vorlegen. Da bleibt kein Raum für lange Abstimmungen.

Man muss immer das große Ganze vor Augen haben: Was sagen die betroffenen Ministerien, können wir das, dürfen wir das? Gibt es eine Mehrheit in den Regierungsparteien, im Parlament? Was kostet das, wer zahlt? Wie ist das Medienecho? Wie denken unsere EU-Partner, wie andere wichtige Staaten? Auch für einen Bundeskanzler ist es schwierig, einfach durchzuregieren. Zu den wichtigsten Aufgaben der Berater gehört es, den Chef vor Ungemach zu bewahren.

Ich wurde ins kalte Wasser geworfen: Kaum angekommen, musste ich die erste Nahostreise des Bundeskanzlers vorbereiten und begleiten. Dabei war ich selber noch nicht mit den Abläufen und den maßgeblichen Akteuren vertraut. Dem Bundeskanzler wurde ich erst kurz vor Reisebeginn zwischen Tür und Angel vorgestellt. Die Probleme begannen schon bei der Reiseroute. Neben Israel, Ägypten, Jordanien, Libanon und den Palästinensergebieten war auch Syrien ins Programm genommen worden. Für meinen Geschmack zu früh; immerhin hatte das Regime über lange Zeit internationalen Terroristen Unterschlupf und Unterstützung gewährt. Aber als Neuling fügte ich mich in die höhere Weisheit.

Vor Ort lernte ich schnell, warum sich der Einsatz lohnte: Es ging darum, Assad Junior für den Friedensprozess mit Israel zu motivieren. Keine Frage, intern war Syrien eine Diktatur. Aber der Konflikt mit Israel um die Golan-Höhen war nicht fundamental-religiös überhöht. Anders als im Streit mit den Palästinensern wurde nicht um biblisches Territorium oder muslimische Heiligtümer wie den Felsendom gerungen.

Baschar al-Assad lebte als Augenarzt in London bevor er 2000 nach dem Tod seines Vaters zum neuen Herrscher gekürt wurde. In dem düsteren Regierungspalast in Damaskus wirkte er wie ein Gefangener seiner finsteren Ratgeber. Er zeigte sich durchaus dialogfähig, warnte aber stets vor der »arabischen Straße«. Er würde gerne mehr für den Frieden tun, ihm seien aber die Hände gebunden, das war der Kern seiner Botschaft. Auch heute würde ich sagen, dass Assad eher ein tragischer Tyrann wider Willen ist. Zurücktreten kann er nicht, dann würde er entweder wie Gaddafi von inneren Gegnern gelyncht oder als Kriegsverbrecher nach Den Haag überstellt.

Damaskus, eine der ältesten Städte der Welt, war bei unserer Reise noch vergleichsweise weltoffen: Im Hotel wurde getanzt und getrunken, die Damen waren anders als in Aman westlich gekleidet. In ausgelassener Stimmung wurde der 60. Geburtstag des damaligen Regierungssprechers Uwe-Karsten Heye gefeiert.

Die wichtigste Station war natürlich Israel. Beim Antrittsbesuch eines deutschen Kanzlers wird jedes Wort, jeder Schritt gewogen und gemessen. Israel wird für uns immer ein besonderes Land bleiben. Und die Welt schaut zu.

Kurz vor der Landung erreichte uns die Nachricht, dass der Kanzler beim Aussteigen eine kurze förmliche Ansprache halten müsse. Also stürmte ich gegen alle Sicherheitsvorschriften noch schnell ins Bordbüro, um ein paar Zeilen zu dichten. Ich wusste, dass der Chef selber am besten improvisieren kann, aber unsere Regeln verlangten für jeden Auftritt einen kurzen Zettel. Sicher ist sicher.

Alles ging gut. Bis wir in die Holocaust-Gedenkstätte Yad Vashem kamen. Vor laufenden Kameras sollte der Kanzler dort im stillen Gedenken mit Kippa auf dem Kopf die ewige Flamme aufdrehen. Trotz penibler Regieanweisung des Protokolls ging es schief: Die Flamme erlosch. Nach einer Schrecksekunde kam ein Israeli mit billigem Feuerzeug und zündete das Feuer einfach wieder an. Die Situation war gerettet. Dem anonymen Helfer sei Dank.

Auch im weiteren Verlauf der Reise und bei späteren Begegnungen habe ich den Pragmatismus und die Improvisationsgabe der Israelis kennen und schätzen gelernt. Selbst bei Spitzentreffen und offiziellen Veranstaltungen geht es sehr viel lockerer zu als bei uns. Schröder traf die richtige Tonlage. Sein Verhältnis zu dem jüdischen Staat war nicht nur durch unsere historische Schuld geprägt. Zu Recht betrachtete er Israel als das einzige moderne und demokratische Land der Region. Trotz der zunehmenden Israel-Kritik in seiner eigenen Partei.

Der folgende Besuch in der Westbank und im Gaza-Streifen war für mich ein doppelter Augenöffner: Es war eine Reise von einem westlichen Industriestaat in die Vierte Welt, vom mediterranen Straßencafé in Tel Aviv zum Eselskarren in Ramallah. Und dann der große Meister selber: Trotz des herzlichen Empfangs wirkte Arafat immer noch wie ein Rebellenführer. Auch der Nobelpreis hatte aus ihm keinen Staatsmann gemacht. Aus seinen Worten sprach eine wirre Mischung aus Friedensbeteuerungen, Anschuldigungen und Verschwörungstheorien. Er brauchte das Foto mit dem Kanzler, aber ein sachlicher Dialog kam nicht zustande. Wie ich später gelernt habe, waren seine arabischen Reden noch viel radikaler. Der Vergleich hinkt und ist kein politisches Statement, aber gegenüber Arafat wirkte Assad geradezu wie ein Gentleman.

Die Besuche in Kairo und Aman brachten wenig Neues: Mubarak und König Abdullah waren hilfreich; aber ihnen fehlte die Kraft, dem Friedensprozess neue Impulse zu verleihen. Mit Rücksicht auf die eigene Bevölkerung konnten sich beide keine nennenswerten Zugeständnisse an Israel oder den Westen leisten.

Der libanesische Ministerpräsident Rafiq al-Hariri war durch den Wiederaufbau nach dem Bürgerkrieg reich geworden. Er lud uns zu einem »privaten« Abendessen mit 500 Gästen in seine Residenz in Beirut. Bewirken konnte er wenig: Das Land war tief gespalten und litt an dem wachsenden Einfluss der schiitisch-islamistischen Hisbollah. 2005 wurde unser Gastgeber von politischen Gegnern ermordet.

So viel wurde mir klar: Israel konnte sich dank seiner militärischen Überlegenheit noch gegen seine Feinde schützen.

Ein dauerhafter Frieden lag jedoch in weiter Ferne. Terror, Gewalt sowie die aggressiv expansive Politik des Iran haben mittlerweile einen Verständigungsfrieden noch schwerer gemacht.

Der Kanzler mühte sich ebenso wie später seine Nachfolgerin nach Kräften, zum Frieden beizutragen. Oberflächlich betrachtet wäre der Konflikt mit einem Zwei-Staaten-Modell und einem Kompromiss in Jerusalem leicht zu lösen. Dabei vergessen wir, dass es für Israel um seine Existenz geht. Da reicht ein Blick auf die Landkarte und die Bevölkerungszahlen. Wie Tony Blair einmal im kleinen Kreis einräumte: »The Arabs will outbomb and outbreed them.« Die Palästinenser und ihre arabischen und islamischen Verbündeten sind in ihrer eigenen nationalistischen und religiösen Propaganda gefangen. Das beginnt bei den Schulbüchern, in denen die Israelis oft als blutsaugende Ungeheuer karikiert werden. Da das arabisch-islamische Lager tief gespalten ist, wagt es keiner, unpopuläre Zugeständnisse zu machen. Das Lippenbekenntnis zu den palästinensischen Brüdern und die Gegnerschaft zu Israel gehören zu den wenigen gemeinsam verteidigten »Werten« der 56 Mitglieder der Organisation für Islamische Zusammenarbeit.

Auch nach unserer Rückkehr blieb der Nahe Osten das dickste Brett auf meiner Werkbank im Kanzleramt. Frustrierend war es gleichwohl, täglich ebenso richtige wie wirkungslose Worthülsen zum Frieden zu verfassen. Als ich einmal einen Selbstmordattentäter als feigen Mörder bezeichnete, meldete sich ein pensionierter Studienrat in der Presse mit dem spitzfindigen Kommentar, dass ein Mann, der sich selber in die Luft sprengt, doch nicht »feige« sei. So kann man nur aus der sicheren Wohnstube heraus denken und schreiben. Ich habe Opfer solcher Anschläge gesehen: Siebzehnjährige Mädchen ohne Beine und mit entstellten Gesichtern. Das Fernsehen zeigt immer nur die Vergeltung des israelischen Militärs, weshalb die Palästinenser von vielen unserer Landsleute nur noch als Opfer wahrgenommen werden. Bei allem Verständnis für die Leiden der Palästinenser: Der Terror gegen unschuldige Zivilisten ist und bleibt unentschuldbar.

Im Februar 2001 wurde Ariel Scharon zum neuen Premierminister Israels gewählt. Der ehemalige General galt als harter Krieger. Um die Chancen für eine Fortsetzung des Friedensprozesses zu erkunden, flog ich gemeinsam mit dem damaligen Chefberater des Kanzlers nach Jerusalem. Scharon empfing uns in seinem kleinen Büro. Es ging zu wie auf einem Bazar: Helfer und Bittsteller kamen und gingen, überall lagen ungeordnete Papiere und in der Mitte thronte in Freizeitkleidung der korpulente General.

Zu unserer Überraschung begrüßte uns der hochdekorierte Haudegen mit der Bemerkung, dass er Gewalt hasse. Anders als die Politiker kenne er die Schrecken des Krieges. Daher wolle er Frieden und Sicherheit für seine Landsleute. Anschließend fuhren wir zu der palästinensischen Führung nach Ramallah. Dort hörten wir wieder die bekannten Positionen. Zugegeben, auch Scharon hat keinen Frieden schaffen können. Immerhin hat er es versucht und gegen heftigen inneren Wiederstand den Gazastreifen zurückgegeben. Die Hamas hat sich mit Raketenangriffen bedankt.

Israel ist eine Demokratie, das bleibt der wesentliche Unterschied: Selbst ein Hardliner wie Scharon konnte sein eigenes Wirken selbstkritisch hinterfragen und Fehler einräumen. Politik wurde im öffentlichen Raum ausgehandelt und erstritten. Die Führung in Gaza und Ramallah zeichnete sich dagegen durch dogmatische Gefolgschaft aus; jegliche Opposition wird gewaltsam unterdrückt. Daher fehlt den Palästinensern bis heute die notwendige Flexibilität für durchgreifende Reformen und Kompromisse.

Der Vergleich ist unfair, aber man stelle sich doch einmal vor, wir hätten die rund 12 Millionen Flüchtlinge aus den Ostgebieten nach dem Krieg in Lager gesperrt und wie die Palästinenser zur Rückeroberung ihrer verlorenen Heimat angestachelt. Gottseidank haben wir uns für Integration und Aussöhnung mit den Nachbarn entschieden.

Zurück in Berlin bekamen wir Signale von dem libyschen Regime, dass sich Gaddafi um eine Wiederannäherung an den Westen bemühe. Der Kanzler gab uns grünes Licht für einen Versuchsballon. Also machte ich mich mit Chefberater Michael Steiner auf den Weg. Nach einem Abendessen mit dem Geheimdienstchef in Tripolis wurden wir am nächsten Morgen in den Regierungsflieger von Gaddafi gesetzt. Die Crew bestand zu hundert Prozent aus Ukrainern. In Sirte wurden wir zunächst in einem staatlichen Gästehaus geparkt. Ab jetzt waren wir von der Außenwelt abgeschnitten. Kein Telefon, kein Mobilfunknetz. Später wurden wir in luxuriösen Geländewagen mit verdunkelten Scheiben in eine Oase chauffiert, irgendwo in der Wüste. Sozusagen daheim bei Gaddafi.

In einen schlichten Burnus gehüllt, begrüßte uns der Meister höchstpersönlich. Der Oberst hatte sich bereits 1969 an die Macht geputscht und regierte seitdem als unumschränkter Herrscher. Der sonst für seine exzentrischen Auftritte bekannte Politiker verzichtete diesmal auf alle äußerlichen Attribute seiner Macht. Keine Uniform, keine Orden, keine weißen Kamele. Seine weibliche Leibgarde verharrte in gebührendem Abstand. Der Mann wirkte wie ein leicht gealterter Berberprinz oder charismatischer Schauspieler, mit Charme und natürlicher Autorität.

Der über zweistündige Dialog verlief überraschend rational: Gaddafi machte unumwunden klar, dass er sein Land öffnen, wirtschaftlich reformieren und mit dem Westen aussöhnen wolle. Jedes Mal, wenn wir ihn an seine vergangenen Taten wie den Abschuss des PanAm Passagierflugzeugs über dem schottischen Lockerbie oder den Bombenanschlag auf die Berliner Diskothek »La Belle« erinnerten, schlug er sich mit einem Palmenzweig nervös auf den Rücken. Das sei alles Vergangenheit und würde sich nicht wiederholen. Er versicherte, dem internationalen Terrorismus abgeschworen zu haben. Wir müssten jetzt ein neues Kapitel aufschlagen. Ich habe das Gespräch gewissenhaft protokolliert und wir versprachen, seine Botschaft an den Bundeskanzler weiterzuleiten.

Zurück in Tripolis wurde ich nach Mitternacht geweckt. Geheimpolizei, Verhaftung? Nein, ein Abgesandter des großen Vorsitzenden überbrachte mir einen Blumenstrauß zu meinem Geburtstag.

Die Aktion hatte später noch ein unerwartetes Nachspiel in der sogenannten »Protokoll-Affäre«: Bei einem Treffen in Washington hatte der Bundeskanzler dem amerikanischen Präsidenten über unser Treffen mit Gaddafi berichtet. George W. war an dem Thema sehr interessiert. So weit, so gut.

Kurz darauf wurde dann der interne Botschaftsbericht aus Washington über das Gespräch an die deutsche Presse durchgestochen. Die Welt zitierte, dass Gaddafi angeblich den Anschlag in Berlin zugegeben habe. Darauf stürzten sich dann die Opferanwälte im Berliner La Belle Prozess und warfen der Bundesregierung vor, durch ihre Geheimdiplomatie mit dem libyschen Führer deutsche Interessen verraten zu haben.

Das war doppelt falsch: Erstens hat Gaddafi seine Taten nie im juristischen Sinn zugegeben; zweitens diente unsere Mission ja gerade dem Zweck, weitere Terroranschläge zu verhindern und vergangenes Unrecht wenigstens teilweise durch Entschädigung wieder gut zu machen. Solche Verhandlungen kann man ihrer Natur nach nur hinter verschlossenen Türen führen. Wie sich später gezeigt hat, hat Gaddafi Wort gehalten, dem internationalen Terror abgeschworen und sogar geholfen, denselben zu bekämpfen.

Zugegeben, über die Unterdrückung im Innern haben wir nicht geredet. Hätten wir versucht, Gaddafi zu bekehren und zur Aufgabe seiner Macht zu bewegen, wären wir, wenn überhaupt, mit leeren Händen heimgekehrt. Wenn ein Despot keinen Terror mehr exportiert oder auf Nuklearwaffen verzichtet, ist das ein Fortschritt. So wünschenswert ein Regimewechsel häufig erscheint, spätestens seit dem Irakkrieg und dem arabischen Frühling kennen wir die Risiken.

Außenpolitik folgt anderen Regeln als die Große Strafkammer in Moabit: Wenn dort ein mehrfacher Mörder versichert, es nicht wieder tun zu wollen, nützt ihm das wenig. Anders auf internationaler Bühne: Wenn ein Diktator sich bessert, freut man sich und kommt ihm entgegen. Würden wir Außenpolitik mit dem Strafgesetzbuch in der Hand betreiben, wäre die Welt noch instabiler als sie es ohnehin schon ist.

Im Zuge dieser pragmatischen Politik nahmen wir 2001 diplomatische Beziehungen zu Nordkorea auf. Wohl wissend, dass die Kim-Dynastie menschenrechtlich und international wesentlich problematischer war als Libyen.

Am 2. Mai erfolgte der Umzug in die neue Regierungszentrale. Das Gebäude war achtmal so groß wie das Weiße Haus. Ein eindrucksvolles Monument, mit dem sich die Architekten ein Denkmal gesetzt haben. Im Innern blieb es aber blass wie eine überdimensionierte Sparkassenzentrale. Mehr Schein als Sein, das genaue Gegenteil zur Downing Street: Das schlichte Stadthaus in London mit der Nummer 10 ist vermutlich eine der kleinsten Regierungszentralen der Welt. Beim Betreten muss man sein Mobiltelefon abgeben. Als Quittung erhält man von einem zivilen Beamten im Butler-Look einen handgeschriebenen Zettel. Ein Blick auf die Ahnengalerie zeigt, dass von hier aus einmal ein Weltreich verwaltet wurde.

Dem Bundeskanzler gefiel unser neuer Amtssitz ebenso wenig wie den meisten Mitarbeitern. Man witzelte, dass der Baumeister selber in einer Jugendstilvilla im Grunewald wohnte. Im überdimensionierten Eingangsbereich kam man sich klein vor. Chefetage und Kanzlerbüro wirkten trotz üppiger Ausmaße gedrungen. Die gläsernen Waben der Arbeitsebene waren schlicht und funktional; da es keine Außenfenster gab, war man auf die ökologische Klimaanlage angewiesen: Im Sommer schwitzte man, im Winter war es kühl. Der Bankettsaal war mit niedrigen Decken und einer schmalen Wendeltreppe zur darüber liegenden Küche ein Reinfall: Beim ersten Staatsbankett für den saudischen König stockte der Service und der Bratenduft waberte bei jeder Veranstaltung durch das gesamte Haus. Nur beim Empfang mit militärischen Ehren im Vorhof zeigte sich ein wenig Glanz. Dem Wachbataillon sei Dank.

Abgesehen von dem Dauerkonflikt in Nahost verliefen die Sommermonate 2001 ohne dramatische Weltkrisen. Dennoch waren wir rund um die Uhr gut beschäftigt: Der Tag begann in der Früh mit einer Abteilungsbesprechung zur Weltlage und Europa. Tagsüber wurden Sprechzettel für ein- und ausgehende Besuche, Kabinettsunterlagen sowie Infos für den Regierungssprecher gefertigt. Immer schnell, aktuell und kurz. Aber mit politischer Kernbotschaft. Wenn die Zeit knapp war, kam es vor, dass der Kanzler einen beim Warten auf den Ehrengast fragte, was dieser denn wolle. Für die Antwort blieben dann 2-3 Minuten, ohne diplomatische Schnörkel. Hier war Klartext gefragt, nach dem Motto: Will mehr Geld, Taschen zuhalten. Erst Altschulden regeln, Reformen anmahnen.

Manchmal überraschte der Kanzler seine Mitarbeiter mit spontanen Zusagen. Jawohl Herr Präsident, wir bauen Ihnen diese Straße, wir unterstützen Ihre Kandidatur für den Sicherheitsrat. Dann musste man das zuständige Ministerium bitten, das Projekt umzusetzen und zu finanzieren. Als Überbringer solcher Nachrichten machte man sich nicht beliebt; schon gar nicht im grün geführten Außenministerium, das sich nicht als Dienstleister des Kanzleramts verstand. Obwohl Gerhard Schröder bereits vor der Bundestagswahl 1998 Joschka Fischer öffentlich klargemacht hatte, wer Koch und wer Kellner ist.

Trotz der berufsbedingten Hektik fühlte ich mich wohl in meiner neuen Umgebung. Als Beisitzer und Schreiber bei allen Chefgesprächen mit ausländischen Würdenträgern aus meinem Bereich habe ich viel gelernt. Politisch und handwerklich. Und auch, wie man als kleiner Mandarin am Hofe des Kaisers überlebt. Die Protokollaffäre ebbte langsam ab, das politische Berlin fuhr in den verdienten Sommerurlaub.

Nach der Rückkehr im September war ich mit der Vorbereitung der für Oktober geplanten Asienreise nach Indien und China beschäftigt. Schwerpunkt Wirtschaft, von der Softwareentwicklung in Bangalore bis zur Einweihung des ersten Obi-Baumarkts in Schanghai. Ganz nach dem Geschmack des »Genossen der Bosse«.

Als ich am 11. September nach einem Mittagessen mit ausländischen Gästen in mein Büro zurückkehrte, hatten sich schon einige Kollegen vor dem Fernseher versammelt: Fassungslos mussten wir zusehen, wie in Echtzeit vor unseren Augen das World Trade Center in New York angegriffen und zertrümmert wurde. Uns war klar, dass wir Zeugen eines historischen Ereignisses wurden. Was tun? Immerhin waren wir Regierungsberater. So viel stand fest, es war kein Unglück, sondern gezielter islamistischer Terror. Einige Kollegen zeigten auf mich: Deine Leute. Damit meinten sie die Herkunft der Täter. Osama bin Ladens Al-Qaeda hatte zwar keine Anschrift, verfügte aber in Afghanistan über ein Hauptquartier. Das war eindeutig mein Beritt.

Bevor wir in der außen- und sicherheitspolitischen Abteilung einen Entwurf für eine erste Stellungnahme des Kanzlers erstellt hatten, war dieser schon instinktsicher an die Presse gegangen. Er versicherte den USA unsere »uneingeschränkte« Solidarität. Dafür ist er später kritisiert worden. Geschichtskundige erinnerten an den fatalen Blankoscheck des Kaiserreichs an Österreich-Ungarn vor dem ersten Weltkrieg. Ich meine, dass man die Worte nicht auf die Goldwaage legen sollte. Hier ging es nicht um Nibelungentreue. Weder unser Regierungschef noch der amerikanische Präsident hatten zur Stunde den vollen Überblick über die Situation. Da musste man schnell Solidarität mit unserem Verbündeten zeigen; nicht bürokratisch, sondern emotional. Im Übrigen wurde die Aussage später dahingehend relativiert, dass sich Schröder ausdrücklich von militärischen »Abenteuern« distanzierte.

Um die Lage vor Ort zu sondieren, schickte der Kanzler seinen außen- und sicherheitspolitischen Berater mit einem kleinen Team nach Washington und New York. Im Pentagon roch es noch nach Feuer. Der stellvertretende Verteidigungsminister Paul Wolfowitz empfing uns betont herzlich. Nein, von kriegerischer Vergeltung wollte er nichts wissen. Als ehemaliger Botschafter in Indonesien habe er die islamische Welt kennen und schätzen gelernt. Wir waren über die moderaten

Töne überrascht. Bisher kannten wir den Mann als Falken und intellektuellen Kopf der Neokonservativen in der Bush Administration. Im State Department bot sich ein ähnliches Bild: Der Vietnamkriegsveteran und neu ernannte stellvertretende Außenminister Richard Armitage äußerte sich ebenfalls sehr zurückhaltend und bestritt militärische Angriffspläne auf arabische Staaten. Man würde sich auf gezielte Schläge gegen Al-Qaeda in Afghanistan beschränken. Das klang beruhigend.

10 Tage nach dem Anschlag stand New York immer noch unter Schock. An der Wallstreet wurde gehandelt, das Leben ging weiter; aber es herrschte eine gedrückte Stimmung in dieser sonst so lauten und glitzernden Metropole. Selbst die geschwätzigen Diplomaten im UNO Hauptquartier tuschelten nur noch im Kammerton.

Interessantes Detail: Ein Abgesandter der iranischen Regierung nahm Kontakt zu uns auf, um Möglichkeiten für eine partielle Zusammenarbeit in Afghanistan auszuloten. Teheran fühle sich durch die Taliban und Bin Ladens Terror bedroht. Hinzu komme der Opiumanbau und Schmuggel, der auf die eigenen Grenzprovinzen übergreife. Iran wolle ebenso wie der Westen ein stabiles Afghanistan ohne Terror und Drogen. Inwieweit dieses Angebot belastbar war, ist schwer abzuschätzen. Nachvollziehbar war, dass die schiitischen Machthaber in Teheran die arabisch sunnitischen Terroristen als natürliche Feinde betrachteten. Angesichts der anhaltenden noch größeren Feindschaft zum »Großen Satan« USA war die Zeit damals aber nicht reif für solch taktischen Überlegungen. Washington hatte andere Sorgen, als sich ausgerechnet jetzt einem »Schurkenstaat« anzunähern. In Schröders Kanzleramt war es aber erlaubt, mit der gebotenen Diskretion ohne Berührungsängste neue Wege zu erkunden und unorthodoxe Ideen vorzutragen.

Das Wichtigste zuerst. Daheim mussten wir jetzt auf die von Amerika vorgegebene Politik reagieren. Die NATO hatte erstmals den Spannungsfall nach Artikel 5 verkündet. In dem verqualmten Büro des Militärberaters blätterten wir aufgeregt in einer alten Taschenbuchausgabe. Alle redeten über diesen

Artikel, gelesen hatte ihn noch keiner. Auch im Kanzleramt wird nur mit Wasser gekocht. Wer glaubt, die Regierungszentrale sei allwissend oder gar allmächtig, der irrt gewaltig. Für den Terrorangriff auf das World Trade Center in New York gab es keine Blaupause und kein Computerprogramm.

Jetzt war weniger die Kreativabteilung gefragt als diplomatisches und politisches Handwerk. Einerseits mussten wir die amerikanische Politik mittragen, andererseits wollten wir vom großen Bruder nicht am Nasenring geführt werden. Es war schwer genug, im Bundestag und in der Öffentlichkeit die notwendige Unterstützung für den Einsatz in Afghanistan zu bekommen. Dass Deutschlands Freiheit am Hindukusch verteidigt werden sollte, war alles andere als populär. Deshalb wurde das Bundeswehr-Mandat hinsichtlich Bewaffnung und Auftrag sehr restriktiv abgefasst. Fast hätte man glauben können, hier seien bewaffnete Entwicklungshelfer am Werk und nicht Soldaten. Für die Offiziere und Mannschaften vor Ort war und ist es mit diesen Einsatzregeln sicher nicht immer einfach, unter Lebensgefahr die Grenzen der erlaubten Selbstverteidigung zu erkennen und einzuhalten.

Es waren turbulente Zeiten. Durch die weltpolitischen Ereignisse nach dem 11. September bekam auch die bereits geplante Asienreise im Oktober einen neuen Dreh: Neben Indien und China wurde jetzt auch Pakistan als regionales Schlüsselland für die Bekämpfung des Terrors ins Programm aufgenommen. Dennoch bestand der Kanzler darauf, wie ursprünglich geplant, als Handelsreisender mit Wirtschaftsdelegation aufzutreten. Es ging auch darum, ein Stück zukunftsorientierter Normalität zu demonstrieren. Wir wollten nicht zu politischen Geiseln des Terrors werden.

Die Rechnung schien aufzugehen: Über vierzig Unternehmer saßen dichtgedrängt in dem betagten Regierungsflieger aus DDR-Bestand. Die rheinländische Protokolldame wies die Plätze an. Wirtschaft vorne, Journalisten hinten. Die Kameras mussten noch vor dem Ehrengast über den rückwärtigen Ausgang aufs Flugfeld gebracht werden. Außer der offiziellen Delegation mussten alle Gäste ihren Flug bezahlen; sogar die Gattin des Kanzlers, die ausnahmsweise mitkam, da die Schröders zu einem privaten Abendessen vom chinesischen Premierminister und seiner Frau eingeladen worden waren. Aus der Kanzlerkabine drang wie immer lautes Gelächter und Zigarrenrauch.

Soweit war alles Routine. Doch merkten wir bald, dass nach dem 11.09. nichts mehr so war wie zuvor. Wie ein böser Geist verfolgte uns Bin Ladens Terror und die Frage nach einer wirksamen Gegenstrategie. Beim Landeanflug in Islamabad war die Stimmung angespannt. Auch auf den hinteren Plätzen.

Schon bei der Vorbereitung war deutlich geworden, dass wir es keinem recht machen konnten: Pakistan fühlte sich durch den kurzen Zwischenstopp ohne Übernachtung gegenüber Indien herabgesetzt; Delhi wiederum ärgerte sich, dass wir die Reise beim ungeliebten Nachbarn begannen.

In dem Gespräch mit General Musharraf, der nach einem Militärputsch zum Präsidenten ernannt worden war, wurde klar, dass Pakistan beides war: Teil des Problems und der Lösung. Einerseits bekannte er sich zur Anti-Terror Allianz. Andererseits wollte er die zwiespältige Politik gegenüber den Taliban im Nachbarland nicht aufgeben. Amerikanische Bomben auf Kabul im Ramadan lehnte er ab; auch mit Rücksicht auf die aufgeheizte Stimmung der eigenen Bevölkerung. Zudem fühlte sich der General durch die von ihm selber ins Leben gerufenen taktischen Nuklearstreitkräfte im Kaschmir-Konflikt mit Indien gestärkt.

Dennoch: Schröder fand einen guten Draht zu dem Autokraten. Ohne sich anzubiedern, zeigte er Verständnis für die explosiv-labile Lage dieses zerrissenen Landes mit seinen kaum kontrollierbaren Stammesgebieten, ethnischen und sozialen Gegensätzen, ausufernder Korruption und einer zunehmend radikalisierten und gewaltbereiten Bevölkerung. Auch später blieb Musharraf ein vergleichsweise zuverlässiger Ansprechpartner in schwierigen Zeiten. Wir reden über Außen- und Sicherheitspolitik, nicht über die innere Verfassung des Landes.

Auf die gedrückte Stimmung in der künstlich angelegten pakistanischen Verwaltungsmetropole folgte am nächsten Morgen in Neu-Delhi ein farbenprächtiger Empfang mit Galauniformen und Elefanten vor historischer Kulisse. Indien präsentierte sich auch beim anschließenden Staatsbankett als bunter Vielvölkerstaat: Neben Regierungsvertretern und Industriekapitänen wie dem Stahlbaron Mittal saßen Maharadschas und traditionell gewandete Würdenträger verschiedener Regionen und Religionen. Hochtechnologie und heilige Kühe bilden in Indien keinen Widerspruch. Welch ein Gegensatz zu Pakistan, dessen Staatsräson seit der Unabhängigkeit 1947 auf dem Islam beruht. Dabei leben in Indien mehr Muslime als in Pakistan.

Abends empfing uns Premierminister Vajpajee in kleiner Runde in einem bescheidenen Einfamilienhaus, dem offiziellen Wohnsitz des Regierungschefs dieses Riesenreichs. Nachdem er mit dem Kanzler ein paar Freundlichkeiten ausgetauscht hatte, verstummte unser Gastgeber. Zunächst glaubte ich, der Mann meditiere; das entspräche schließlich unserem Klischee fernöstlicher Weisheit. Oder war er vielleicht einfach eingenickt? Der Herr war immerhin Mitte siebzig. Im Rückblick glaube ich eher an Taktik: Auch Willy Brandt soll die Kunst des Schweigens genutzt haben, um Gesprächspartner zu redseligen Zugeständnissen zu bewegen.

Auf der anschließenden Pressekonferenz gab sich Vajpajee einsilbig. Die Frage nach einem möglichen Gipfeltreffen mit seinem pakistanischen Kollegen zu Kaschmir beantwortete Schröder für ihn. Bis dieser merkte, dass er gar nicht gefragt worden war. Dann parierte er souverän: Da sehen Sie, wie schlecht mein Englisch ist. Ich habe nicht einmal verstanden, dass der verehrte Premierminister gefragt wurde. Die Lacher waren auf seiner Seite. Wohldosiert und authentisch wirkt Charme auch jenseits der Landes- und Sprachgrenzen. Die politischen Debatten bei uns daheim werden leider zunehmend stil- und humorlos ausgefochten. Die Keule verdrängt das Florett.

Kaschmir ist ein schweres Erbe aus der überhasteten und gewaltsamen Teilung des britischen Kolonialreichs nach religiösen Kriterien. Die Grenzen zwischen Indien und Pakistan wurden 1947 entsprechend der jeweiligen Bevölkerungsmehrheit gezogen. Mit der Folge, dass Millionen Menschen aus ihrer angestammten Heimat vertrieben wurden. Einen Sonderfall bildeten die Fürstentümer wie Kaschmir: Hier richtete sich die Zuordnung nach der Religion des Maharadschas, ähnlich wie im Augsburger Religionsfrieden von 1555. Cuius regio, eius religio. In Kaschmir war der traditionelle Herrscher ein Hindu, die Bewohner mehrheitlich Muslime. Ein im Grunde anachronistischer Konflikt, der aber die beiden Hauptkontrahenten bereits an den Rand einer nuklearen Auseinandersetzung geführt hat.

Die weitere Reise in Indien verlief nach Drehbuch: Kammerjubiläum, Werbung für Deutschland als Studienstandort und eine Leistungsschau von Wipro und Siemens in der südindischen IT-Metropole Bangalore mit ihren zehntausend Dollar-Millionären. Unsere Botschaft kam an, man fühlte sich unter Freunden. Beim Abschlussbankett vor kolonialer Kulisse konnte man für einen Augenblick den Terror und die Widrigkeiten der Weltpolitik vergessen.

Leider verdarb die tropische Schlemmerei einem Teil der Delegation das Anschlussprogramm: Minister, Industriekapitäne, Meinungsmacher und Mitarbeiter kämpften mit dem Curry aus Karnataka. Die für Helmut Kohl gefertigte hölzerne Brille auf der Cheftoilette war auf dem Weiterflug nach Peking begehrter als die Liegesitze der VIP Kabine.

Ansonsten verlief in China alles nach Plan: Militärische Ehren in der Großen Halle des Volkes, Spitzengespräche, Abendessen des Premierministers für den Kanzler; in Dalian protzte der Landesfürst Bo Xilai mit Oper und morgendlicher Reiterparade. Hochmut kommt vor dem Fall: Der 1949 geborene Sohn eines der acht kommunistischen Granden unter Mao war rasch bis ins Politbüro aufgestiegen. Der hochtalentierte charismatische Prinzling wurde bereits für höchste Ämter gehandelt. 2013 wurde er wegen Korruption und seiner Verwicklung in den offenbar von seiner Frau angestifteten Mord an einem englischen Geschäftsmann zu lebenslanger Haft verurteilt.

Die letzte Station in Schanghai stand ganz im Zeichen der Wirtschaft: Milliardenverträge für Bayer und BASF und ein Rundgang im Obi-Baumarkt. Zu den Klängen von Udo Jürgens' »Ein Turm aus Edelstein – ein Haus zum Glücklichsein« ließ sich der Kanzler die Vorzüge der deutschen Türklinke gegenüber der amerikanischen Türknopfkultur erklären; vorbei am Klodeckel »Karibik« und der Fliese »Kandinski« verließen wir das Etablissement. Erleichtert und erschöpft bestieg der Kanzlertross den Regierungsflieger. Einige litten noch immer an den indischen Gewürzen. Geschafft, endlich nach Hause.

Dachten wir. Aber es gab noch einen Nachschlag. In Moskau war ein technischer Tankstopp vorgesehen. Eigentlich Routine. Unsere Flugbereitschaft wird von der Luftwaffe betrieben und betreut. Dazu gehört auch die Betankung. Der Vorgang dauert normalerweise 30 Minuten und weiter geht's.

Doch hier kam alles anders. In Moskau fiel der erste Schnee, wir kamen aus dem feuchtheißen Schanghai und einer anderen Zeitzone mit Kranken an Bord. Zu unserer Überraschung mussten wir uns auf einen längeren Aufenthalt einstellen. Unser Militärattachéstab hatte es offenbar versäumt, die Betankung rechtzeitig bei den russischen Behörden anzumelden. Chefberater Michael Steiner stellte den diensthabenden Hauptfeldwebel lautstark zur Rede. Angeblich verlangte Steiner Kaviar; später behauptete die Boulevard-Presse, dass er den Soldaten unflätig beleidigt hätte. Ich kann beides nicht bezeugen, da ich mit den meisten Kollegen auf den kleinen Botschafterempfang in der Flughafenlounge gegangen war. Murrend fügten wir uns in unser Schicksal; wir wollten weder Schampus noch Wodka. Alle wollten heim. Schröder hatte sich bereits verabschiedet; er war zu einem Sondertermin mit Putin abgefahren und blieb noch länger in Russland. Nach zwei bis drei Stunden konnten wir endlich zu später Stunde weiterfliegen. Viele Delegationsteilnehmer verpassten in Berlin ihre Anschlussflüge.

Kaum zurück am Schreibtisch, machte BILD über Bruch mit der »Kaviaraffäre« auf. Hätte der Kanzlerberater einfach eine Wurstsemmel mit Bier verlangt, hätte man diese menschliche Geste kaum skandalisieren können. Aber »Fischmarmelade«, wie Louis XV. den edlen Stoff nannte, war im politischen Berlin ein Reizwort. Vor allem für Sozis: In Frankreich wird die Toskana-Fraktion »Kaviar-Linke« genannt. Dabei hatte Steiner in der Sache Recht: Die Kameraden der Luftwaffe hatten die Betankung versaubeutelt, niemand sonst.

Aber so funktioniert Politik: Der gelegentlich hochfliegende Kanzlerberater hatte offenbar Feinde im eigenen Lager, die der Presse täglich neue Geschichten zuspielten. Das war nicht zu gewinnen. Ich habe meinen alten Münchner Freund bestärkt, seinen Rücktritt einzureichen. Er hatte die nötige Fallhöhe. Wie der BILD-Chef das später beim Sturz von Christian Wulff so treffend formulierte: Wer bei uns mit dem Aufzug nach oben fährt, der fährt auch mit dem gleichen Aufzug wieder runter. Durch den freiwilligen und frühzeitigen Rücktritt konnte Steiner den Schaden für sich und das Amt begrenzen. Zu glauben, man könne durch Klammern einer Kampagne trotzen, geht meistens daneben.

Für die verbliebene Mannschaft im Kanzleramt blieb keine Zeit zur Nabelschau und Aufarbeitung dieses Skandälchens. Noch vor Jahresende musste das Mandat für die Afghanistan Schutztruppe vom Bundestag verabschiedet werden. Das war kein Selbstläufer. Als Gastgeber der ersten Petersberg-Konferenz hatten wir uns selber unter Druck gesetzt. Die wichtigsten internationalen Truppensteller und Geber hatten zugesagt. Aber wie bringt man die verfeindeten Stammesführer und Warlords auf den feinen Petersberg und zu Zugeständnissen?

Kurz nach der Rückkehr von der Asienreise bekam ich einen Vorgeschmack auf das, was uns bevorstand: Ich war gebeten worden, einen wichtigen Stammesführer aus dem Grenzgebiet in Pakistan zu empfangen. Der Mann sei uns zugetan. Als ich vom Mittagessen mit dem kuweitischen Botschafter zurück in mein Büro kam, empfing mich die Chefsekretärin sichtlich erregt. Mein bärtiger Besucher hatte sich standhaft und lautstark geweigert, mit einer Frau zu sprechen. Wenn das unsere Freunde waren, möchte ich die Feinde lieber nicht kennenlernen. Aber auf dem Petersberg sollte ein Friedensprozess in Gang gesetzt werden. Das geht nur, wenn man auch mit den »Feinden« spricht. Und so geschah es dann auch. Trotz aller Widrigkeiten. Zwei Tage vor Weihnachten segnete der Bundestag das ISAF-Mandat ab. Wir haben eine Parlamentsarmee.

Trotz aller Skepsis waren die Erwartungen hoch. Auf dem ersten Kurztrip des Kanzlers nach Kabul im Mai 2002 hatten wir Franz Beckenbauer dabei. Er stiftete einen Bolzplatz für die Kriegskinder. Unter den Taliban war Fußball verboten; Stadien dienten als Richtstätten der Glaubenswächter. Der Bundeskanzler weihte die erste Mädchenschule nach der Vertreibung der Taliban ein. Zweifelsohne ein symbolträchtiger Akt, der manchen hartgesottenen Profi zu Tränen rührte.

Dennoch, ob sich der Einsatz gelohnt hat, werden erst die Historiker beantworten können. Nur eines scheint mir heute schon festzustehen: Mit dem Afghanistan-Engagement sind wir an die Grenzen des Machbaren gestoßen. Bislang haben bereits knapp 60 deutsche Soldaten in dem fernen Land ihr Leben verloren. Die Kosten der Mission belaufen sich auf rund 9 Milliarden Euro.

Anfang 2002 stand die erste Lateinamerikareise des Bundeskanzlers auf dem Programm. Offen gestanden war ich froh, mich endlich wieder einmal um etwas anderes als Terror und den Nahostkonflikt zu kümmern. Lateinamerika fühlte sich von uns vernachlässigt. Trotz kultureller Nähe und wirtschaftlichen Engagements kamen wir als Deutsche und Europäer nicht so richtig vom Fleck. Der Freihandelspakt mit Mercosur stockte; die Politik folgte zunehmend den Handelsströmen nach Fernost. Die Agenda der Weltpolitik folgt den Problemzonen; da bleibt wenig Zeit für alte Freunde. Ähnliches ließe sich über unser Verhältnis zu Japan sagen, das uns und dem Westen in vieler Hinsicht nähersteht als China.

Schröder hatte Order gegeben, zu klotzen: Die hochkarätige Delegation aus Politik, Wirtschaft und Kultur füllte zwei Regierungsflieger. Unsere Protokoll-Kollegen stöhnten, schlugen sich aber meisterhaft. Gemeinsam mit dem Goethe-Institut hatten wir eigens einen Werbespruch geprägt: Englisch ein Muss, Deutsch ein Plus! Auf ging's nach Mexiko, Brasilien und Argentinien.

Auch wenn das Leitmotiv ähnlich war, hatten wir für jede Station eigene Akzente gesetzt. Der Auftakt in Mexiko verlief reibungslos; Präsident Fox und der Kanzler kannten und mochten sich. Deshalb hatten wir neben den politischen Gesprächen und Firmenbesuchen einen medienwirksamen Auftritt bei einem Fußballprojekt von Jürgen Klinsmann inszeniert. Mit Elfmeterschießen von »Acker« Schröder und seinem mexikanischen Gastgeber. Die Trefferquote verrate ich nicht.

Weniger harmonisch begann das prominent besetzte Künstlertreffen im Goethe-Institut. Als ein junger Mexikaner seine Installation erklären wollte, beschied Kanzlerfreund Markus Lüpertz den verdutzten Mann kurz und bündig: nur Maler oder Bildhauer dürften sich Künstler nennen; Installateure gehörten in eine andere Zunft. Das war nicht fair, aber so war er halt, der exzentrische Großkünstler und Poltergeist. Am Ende des Treffens entdeckten wir viele Gemeinsamkeiten, vor allem in der Literatur. Meine immer noch aktuelle Leseempfehlung: »Die Jahre mit Laura Diaz« von Carlos Fuentes.

Die Reise hatte sich gelohnt, nicht nur für die Wirtschaftsbosse. Auch in der Politik gab es viel Übereinstimmung. Nur bei der Sicherheitsratsreform der Vereinten Nationen blieben wir Konkurrenten: Gemeinsam mit den Regionalmächten Brasilien, Indien und Japan strebten wir einen ständigen Sitz in dem obersten UNO-Gremium an. Gegen diese Vierergruppe hatte Italien mit Mexiko, Korea, Pakistan und anderen »Zweitplatzierten« eine gegnerische Allianz gebildet.

Nach dem strammen Programm in der Höhenluft von Mexiko-Stadt freuten sich alle auf den erholsamen Nachtflug nach Sao Paulo. Plötzlich kam aus dem Cockpit die Nachricht, dass man in Manaus am Amazonas einen außerordentlichen Zwischenstopp einlegen müsse. Wegen eines Unwetters sei man einen Umweg geflogen. Angesichts begrenzter Reichweite und Flugzeiten der Piloten müsse man in der Urwaldmetropole auftanken und die Crew wechseln. Nach einem kurzen Wortgefecht stand fest: Nichts zu machen, auch ein Bundeskanzler kann sich nicht über die international gültigen Flugregeln hinwegsetzen. Übrigens ein kostspieliges Unterfangen: Die Flugzeitbegrenzung gilt für die gesamte 19-köpfige Besatzung.

Das nächtliche Abenteuer auf Fitzcarraldos Spuren war schnell vergessen: Schon landeten wir im Asphalt-Dschungel von Sao Paulo, einer der bevölkerungsreichsten Metropolen der Welt. Gemessen am Investitionsvolumen gehört die Stadt zu den größten deutschen Industriestandorten. Allein Volkswagen hat hier eine Fertigung für 5 Milliarden Euro aufgebaut und beschäftigt 27 000 Menschen.

Da ließ es sich der Patriarch Ferdinand Piëch nicht nehmen, den Chef höchstselbst quer durch Sao Paulo zur Eröffnung der Polo-Fertigung zu chauffieren. Recht zügig, wie der sonst nicht gerade ängstliche Autokanzler glücklich angekommen kommentierte. Der Tross folgte weit abgeschlagen im Mannschaftsbus.

Der Rückflug mit dem Hubschrauber hätte beinahe noch böse Folgen gehabt. Beim Ausstieg konnte eine mit dem VIP-Verkehr noch wenig vertraute Journalistin in letzter Sekunde ihren Kopf vor dem laufenden Propeller retten. Auch sonst war die Stadt offenbar ein gefährliches Pflaster. Kurz vor unserer Ankunft war ein Botschaftsmitarbeiter auf dem Weg zur Mittagspause in der Innenstadt »versehentlich« angeschossen worden. Der Kollege war einfach zur falschen Zeit am falschen Ort. Gut, dass wir Rio nicht im Programm hatten. Da ging es noch wilder zu.

Die nächste Station war das beschauliche Brasilia, eine Art tropisches Bonn, nur eben größer und in den fünfziger Jahren vom damaligen Stararchitekten Oscar Niemeyer am Reißbrett entworfen.

Die Chefgespräche in der Hauptstadt verliefen harmonisch und wurden von der Unterzeichnung einer Strategischen Partnerschaft gekrönt. Trotz weitgehender weltpolitischer Übereinstimmung wurde jedoch deutlich, dass dieses heterogene Riesenreich überwiegend mit sich selbst beschäftigt war. Als ein Jahr später der neugewählte Präsident Lula seinen Antrittsbesuch in Berlin machte, waren wir überrascht: Statt sich über seinen überragenden Wahlsieg zu freuen, zeigte sich der ansonsten machohaft joviale Arbeiterführer angesichts der Bürde des Amts erstaunlich demütig; als ob er damals schon sein tragisches Ende geahnt hätte: 2017 wurde der immer noch populäre Politiker wegen Korruption zu einer 12-jährigen Freiheitsstrafe verurteilt.

Von Brasilia ging es weiter nach Süden zur letzten Station unserer Reise. Buenos Aires klingt für Berliner Hipster nach Tango und Latino-Leidenschaft. Meine Jahrgänge erinnern sich noch an geflohene Nazis, Evita, Colonia Dignidad und die Mütter der in der Diktatur Verschwundenen. Argentinier wecken Emotionen. Auch in Lateinamerika, wo sie häufig wegen ihrer europäischen Abstammung als arrogant empfunden werden.

Im Flieger musste ich an die gemeinsame Vorausreise mit unserem Protokoll und dem Sicherheitsteam denken. Die Botschaft hatte dem Kanzler die Einweihung einer Brücke in Rosario vorgeschlagen. Auftrag des Vorauskommandos war es, vor Ort alle Programmpunkte auf Kanzler- und Medientauglichkeit, politische Fettnäpfchen, Logistik und Sicherheit abzuklopfen.

Die Mühe und Kosten der länglichen Busfahrt in die Geburtsstadt des Medizinstudenten und späteren Weltrevoluzzers Che Guevara lohnte sich: Die empfohlene Brücke wurde nicht von Deutschen, sondern von Italienern gebaut. Darüber hätte man als Europäer noch hinwegsehen können. Aber das Unternehmen war pleite, die Baustelle stillgelegt. Oben befand sich eine mehrere Meter breite Lücke. Das Ganze sah aus wie zwei gegenüber gestellte Berliner Luftbrücken. Gottseidank konnten wir dem Kanzler diese Peinlichkeit ersparen. Mein Rat an alle ehemaligen Kollegen: Raus aus dem Büro, Papier und Wirklichkeit klaffen gelegentlich weit auseinander.

Die Aufnahme Argentiniens ins Kanzlerprogramm war nicht unumstritten: Das Land war bankrott und hatte kurz vor Reiseantritt dreimal den Präsidenten gewechselt. Kein Gewinnerthema, warnten vorsichtige Berater; zudem könnten falsche Erwartungen geweckt werden, gaben Finanzexperten zu bedenken. Da kannten sie aber unseren Chef nicht: Solch ein Himmelfahrtskommando reizte ihn. Zudem glaubte er, dass sich wahre Freundschaft in der Not zeige.

Während ich auf dem Weg zu Präsident Eduardo Duhalde noch über den taktvollen Umgang mit einem Pleitier grübelte, fragte mich ein leitender argentinischer Kollege, ob ich Polo spiele. Meine Antwort schien ihn zu überraschen. Aber in Berlin gäbe es doch sicher einen schicken Polo Club? Ich kannte nur die Pferderennbahn im Hoppegarten, wollte meinen Gastgeber aber nicht abermals enttäuschen. Gewiss, in Berlin würde dieser noble Reitersport gepflegt, aber an das argentinische Niveau kämen wir noch lange nicht heran. Ganz der schleimige Diplomat. Aber es half nichts, bei der nächsten Frage wurde ich endgültig als ärmlicher kleiner Beamter enttarnt: Als ich dem Präsidialberater unser Delegationshotel nannte, meinte er mitleidig, dass dieses doch eine der bescheideneren Adressen in der Stadt sei.

Zunächst fand ich diese neureiche Attitüde nur peinlich. Später verstand ich, dass die arrogante Haltung Methode hatte: Kopf hoch, mit stolz geschwellter Brust in den Bankrott. Irgendwie imponierte mir das. Und schon folgte der nächste Akt:

Beim abendlichen Bankett in der Casa Rosada war der Saal nur spärlich beleuchtet; angeblich um Strom zu sparen. Plötzlich sprangen die befrackten Würdenträger auf und schmetterten aus voller Kehle ihre Nationalhymne. Ich gestehe, dass mir dieser emotionale patriotische Reflex gegen die kalte Welt der Zahlen imponierte.

Politisch und wirtschaftlich war die Verweigerungshaltung des Präsidenten dagegen wenig hilfreich. Wir waren gekommen, um zu helfen. Zum Dank wurden wir beschimpft: Der spätere Bundespräsident Horst Köhler habe das Land als Chef des Internationalen Währungsfonds (IWF) in den Bankrott getrieben. Über eine solch abstruse Verschwörungstheorie konnte man nur den Kopf schütteln. Das ehemals reiche Land hatte schlichtweg auf Pump und über seine Verhältnisse gelebt. Durch die Schuldenkrise verarmten weite Teile der Mittelschicht, was den bis heute andauernden Kreislauf wirtschaftlicher und politischer Instabilität weiter befeuert hat. Dennoch: Argentinien ist und bleibt ein wichtiger Partner, ein faszinierendes, demokratisches und deutschfreundliches Land.

Nach jeder Reise mussten die wesentlichen Ergebnisse festgehalten und umgesetzt werden. Dafür blieb dieses Mal kaum Zeit.

Kaum hatten wir Afghanistan innenpolitisch halbwegs in trockenen Tüchern, schon trieben unsere amerikanischen Freunde eine neue Sau durch das Dorf: Wie in einer klassischen Oper, erst sotto voce, dann crescendo mit einem furiosen Finale wurde der Krieg gegen Saddam Hussains Irak auf der Weltbühne inszeniert. Damit kein Missverständnis entsteht: der Mann war ein finsterer Diktator, der nicht davor zurückschreckte, Nachbarn zu bedrohen und, wie im Falle Kuweits, zu überfallen. Aber war sein Sturz wirklich prioritär, wie uns die USA und einige Verbündete glauben machen wollten? Selbst Ägyptens Mubarak behauptete, dass der Irak Massenvernichtungswaffen besäße; und der saudische König hatte dem irakischen Diktator nie verziehen, ihn vor der Kuweit-Invasion persönlich belogen zu haben.

In jedem Krieg ist die Wahrheit das erste Opfer. Die Behauptungen über den angeblichen Besitz von Chemiewaffen und einem Nuklearprogramm waren schwer nachprüfbar. Vermutlich war Iran längst weiter. Nur soviel schien sicher: mit dem Anschlag auf das World Trade Center in New York und Bin Ladens Terrornetzwerk hatte der Despot vom Zweistromland offenbar nichts, oder allenfalls am Rande zu tun.

Für mich als kleinen Kanzler-Knecht war es ein Lehrstück über die Grenzen klassischer Diplomatie: Beim ersten Besuch von George W. Bush in Berlin bedachten sich die beiden Regierungschefs mit Respekt und höflichen Allgemeinplätzen. Keiner packte das heiße Eisen wirklich an. Kein klärendes Wort zum Irak. »Beat about the bush« nennen das die Amerikaner. Das führte schließlich dazu, dass Schröder wohl noch hoffte, die Amerikaner würden am Ende doch keinen Krieg riskieren. Umgekehrt schien Bush zu glauben, dass die Deutschen sich zumindest nicht öffentlich gegen die westliche Führungsmacht stellen würden. Die Folgen sind bekannt.

Eines Morgens las George W. dann in der Zeitung das dezidierte Nein des Bundeskanzlers zum Irakkrieg. Entschieden wird in Berlin, basta! Gemeinsam mit Chirac, Putin und China bildete Schröder eine Anti-Kriegs-Allianz. Europa war gespalten.

In der Sache hatte der Bundeskanzler Recht. Dennoch muss ich zugeben, dass mir bei aller Loyalität damals nicht ganz wohl war. Wäre es nicht besser gewesen, dem amerikanischen Präsidenten zunächst hinter verschlossenen Türen reinen Wein einzuschenken und ihn auf die möglichen negativen Folgen eines nahöstlichen Feldzugs hinzuweisen? Im Kern waren wir uns doch einig: Saddam war ein gefährlicher Despot, der sein eigenes Volk unterdrückte und seine Nachbarn bedrohte. Nur: lohnte sich deshalb ein Krieg mit unabsehbaren Folgen?

Ich gebe zu, nachher kann man leicht reden. Es war schwer mit den Falken und Ideologen hinter Bush zu argumentieren. Die Neocons klangen jetzt anders als beim ersten Besuch in Washington. Vermutlich stimmt es, dass wir so oder so den Krieg nicht hätten verhindern können. Aber vielleicht hätte man die tiefe Spaltung des Westens und den gewachsenen Antiamerikanismus von links und rechts im eigenen Land etwas eindämmen können.

»Hätte, hätte Fahrradkette«. In einem Wahljahr war für leise Töne wenig Platz. Das deutsche Volk stand mehrheitlich hinter Schröder.

Ich auch; aber als Tribut an meine rebellische Natur stand bis zum Ende meiner Amtszeit eine Cola-Dose auf meinem Schreibtisch. Bei aller Kritik: Wenn ich die Alternativen bedenke, lebe ich gerne in der amerikanisch geführten Welt, in die ich hineingeboren wurde.

Bevor die Bomben auf Bagdad flogen, wurden Ende 2002 noch einmal die Koffer für eine »normale« Kanzlerreise gepackt: Einweihung der von deutschen Ingenieuren gebauten Transrapid-Strecke in Schanghai.

Daheim war eine kommerzielle Nutzung der Magnetschwebebahn nicht mehrheitsfähig. Aber die Chinesen nutzten das deutsche Patent von 1938 (!) und bauten in Rekordzeit von weniger als zwei Jahren eine 30 km lange Verbindung vom Flughafen zum Messezentrum in Schanghai. Finanzminister Eichel, in dessen Wahlkreis die Waggons gefertigt wurden, stellte Fördermittel für den Technologieexport bereit.

Am 31.12. weihte der Bundeskanzler zusammen mit Premierminister Zhou Rongji das Mega-Projekt ein: Mit 430 km/h flogen wir über die neue Trasse. ThyssenKrupp und Siemens hofften auf Anschlussaufträge für eine Erweiterung des Streckennetzes bis Peking. Mangels Rentabilität der Teststrecke wurden diese Pläne aber nicht verwirklicht. China entschied sich für die wirtschaftlicheren Hochgeschwindigkeitszüge. Mit kopierter Technik aus Deutschland, Japan, Frankreich und Kanada bauen und exportieren die Chinesen heute ihren 350 km/h schnellen Superzug Fuxing. Immerhin: Im Gegensatz zu Deutschland hatten die Chinesen den Mut, die neue Technologie ernsthaft auf ihre Praxistauglichkeit zu erproben.

Noch vor der Jungfernfahrt mit dem Maglev gab es auf der Reise eine weitere Premiere: Die 1907 als »Deutsche Medizinschule für Chinesen« gegründete, berühmte Tongji-Universität in Schanghai hatte dem Bundeskanzler die Ehrendoktorwürde verliehen.

Das große Auditorium war festlich dekoriert. Auf unseren Wunsch waren nicht nur Ehrengäste, sondern vor allem junge Studenten eingeladen worden. Der nach meinen Maßen gefertigte Talar kleidete den Kanzler vorzüglich. Nur die Seidenquaste des Doktorhuts pendelte während der Dankesrede unkontrolliert um das Haupt des Geehrten. Was wohl daran lag, dass Schröder kein steifer Mandarin, sondern ein mitreißender Festredner war.

Die Botschaft war ebenso mutig wie klar: Der Kanzler plädierte vor der kommunistischen Elite und dem akademischen Nachwuchs für Meinungsfreiheit und pries die Vorzüge einer offenen, kreativen Gesellschaft.

In der anschließenden Aussprache zitierte eine junge Deutschstudentin die erste Zeile von des Wandrers Nachtlied und fragte den Kanzler, was er von der Aussage »Über allen Gipfeln ist Ruh'« halte. Wenig, antwortete der frischgebackene Doktor und nannte aus dem Stegreif den Schluss des Goethe-Lieds: »Warte nur, balde ruhest auch du«. Nein, ruhen wolle er noch nicht. Das Publikum war über diese Schlagfertigkeit begeistert. Ich kannte alle Details des Drehbuchs und wusste daher, dass die Frage nicht vorher abgesprochen war. Gazprom und die koreanische Liebe lagen noch in weiter Ferne, aber schon damals war klar, dass dieser Mann genügend Energie für ein Leben nach dem Amt besitzt.

Daheim warteten wieder die großen Themen: Innen- und Außenpolitik wurden weiterhin vom bevorstehenden Irakkrieg beherrscht. Die deutsche Haltung war eindeutig; Historiker wie Georg Schöllgen deuteten unser dezidiertes Nein bereits als Zäsur der Nachkriegsgeschichte. Jetzt waren wir wieder ein wirklich souveräner Staat. Mit allen Folgen. Wir konnten uns diesmal auch nicht hinter der EU verstecken, die war in der Irak-Frage gespalten. Als am 20. März die ersten Bomben auf Bagdad fielen, mussten wir immer noch bedenken, dass wir eine deutsche Schutztruppe in Afghanistan stationiert hatten. Das ging nur mit logistischer und militärischer Unterstützung der Amerikaner. Wir blieben also aufeinander angewiesen.

Meine Zeit im Kanzleramt neigte sich dem Ende zu. Der Abschied fiel mir schwer, aber nach drei Jahren wollte ich zurück in den Außendienst. Mit 50 wollte ich nicht mehr kellnern, sondern einmal selber kochen. Man hatte mir für den Sommer Hanoi angeboten.

Da passte es gut, dass der Kanzler im Mai seine erste Südostasienreise plante: Malaysia, Singapur, Vietnam und Indonesien. Wegen der SARS-Epidemie wurde der Besuch zunächst kurzfristig abgesagt, dann aber doch in abgespeckter Form nach einer Unbedenklichkeitsbescheinigung der Charité durchgeführt.

In Kuala Lumpur empfing uns der immer noch regierende Dr. Mahathir, der unsere Ablehnung des Irakkriegs pries. In Singapur beeindruckte mich am meisten der 80-jährige Staatsgründer Lee Kuan Yew. Als die Sprache auf den Terrorismus kam, warb Schröder für Sozial- und Bildungspolitik als Prophylaxe und probates Gegenmittel. Der streitbare Senior Minister widersprach prompt: Die ihm bekannten internationalen Terroristen aus dem Umfeld von 9/11 seien weder arm noch dumm. Selbst wenn man nicht seine autoritäre Weltsicht teilte, es war ein Genuss, diesem ebenso erfolgreichen wie eigenwilligen Staatenlenker zuzuhören.

Anschließend sollte der Bundeskanzler eine hochkarätige Wirtschaftsveranstaltung eröffnen. Der Andrang war so stark, dass die für unsere Delegation reservierte erste Reihe des Festsaals belegt war. In wenigen Minuten sollte der Ehrengast eintreffen. Was tun? Wir winkten das Hotelpersonal heran und forderten die Saaldiener bestimmt auf, eine neue Stuhlreihe vor die Bühne zu stellen. Ob das den Besetzern der ersten Reihe gefiel oder nicht: Wir mussten unseren Chef bedienen, da durften wir nicht zimperlich sein. Zudem war es weniger diskriminierend, als wenn wir die anderen VIPs von ihren Sitzen vertrieben hätten. Nicht weitersagen, aber den Trick habe ich später noch wiederholt angewandt.

In Jakarta gab es ebenfalls viel Zustimmung für unsere Abstinenz vom amerikanischen Feldzug im Irak. Wir ließen uns den Besuch auch etwas kosten: Stolz übergab der Kanzler eine mit Entwicklungsgeldern finanzierte Fähre der Meyer-Werft aus dem heimatlichen Papenburg an der Ems. In einem Land mit 20 000 Inseln waren solche Schiffe eine Lebensader.

Als besondere Geste der Verbundenheit hatte Präsidentin Megawati Sukarnoputri eingewilligt, gemeinsam mit uns die neugebaute Deutsche Schule in einem Vorort von Jakarta zu eröffnen. Schröder wich mal wieder vom Manuskript ab und gewann die Herzen: Ein Onkel, der was mitbringt, sei doch besser als eine Tante, die Klavier spielt. Spontan sagte er eine umfangreiche Spende für die Schulbibliothek zu. Die Umsetzung war gar nicht so einfach; der Bund besitzt kein Schulbudget.

Die Station in Hanoi verlief besonders herzlich: Der Kanzler erinnerte sich an sein jugendliches Engagement gegen den Vietnamkrieg. Er hatte immer noch einen emotionalen Bezug zu dem Land. Das spürten die Gastgeber. Mit dem Generalsekretär der kommunistischen Partei stimmte die Chemie. Man munkelte, der im Süden geborene Nong Duc Manh sei ein uneheliches Kind von Ho Chi Minh. Seine Antwort war souverän: Alle Vietnamesen seien Kinder von Onkel Ho.

Die politischen und wirtschaftlichen Ergebnisse konnten sich sehen lassen. Gegen starke Konkurrenz bekamen deutsche Unternehmen den Zuschlag für den Neubau des Parlaments am historischen Ba-Dinh-Platz. Zuletzt verkündete der Kanzler noch, dass er mich als neuen deutschen Botschafter nach Hanoi schicken werde. Von diesem prominenten Entree habe ich noch lange gezehrt.

Geschafft. Als die Maschine der Luftwaffe abhob, war es auch ein persönlicher Abschied. Die Kollegen der Kanzlermannschaft waren ein eingeschworenes Team. Bei allen Gegensätzen und gelegentlichen Eitelkeiten: Wir konnten uns aufeinander verlassen. Wir wussten, dass in diesem gefahrgeneigten Job jeder Handgriff, jedes Wort sitzen und passen musste. Das galt für die Dichter und Denker ebenso wie für das Protokoll und die Sicherheit. Die Befehlsketten waren funktional aufgebaut, für dünkelhaftes Statusdenken war im Kanzleramt kein Platz.

Das lag auch am Chef: Der war nun einmal ein Macher und kein Monarch. Ihm persönlich war es egal, ob eine Katze rot, schwarz, gelb oder grün war; Hauptsache sie fing Mäuse. Gewiss, das sahen nicht alle so; die Regierungszentrale war nicht frei von parteipolitischen Begehrlichkeiten.

Als Schröder gemeinsam mit seinem Amtschef Frank-Walter Steinmeier die umstrittene Agenda 2010 durchsetzte, ahnte er, was auf ihn zukommen würde: Wer eine mutige Reform wagt, zahlt den politischen Preis sofort; den Erfolg vereinnahmt dann meistens der Nachfolger. Deshalb empfahl Machiavelli, schmerzhafte Eingriffe und alle Grausamkeiten zu Beginn einer Regierungszeit vorzunehmen. Dann bestünde die Chance, später als guter und milder Herrscher erinnert zu werden. Der Kanzler machte es umgekehrt. Aber er stand zu seinen Überzeugungen, auch wenn ihm klar war, dass die Mehrheit der Deutschen keine tiefgreifenden Veränderungen wünschte.

Als sozialer Aufsteiger kannte dieser Bundeskanzler die Härten des Lebens aus eigener Erfahrung. Jeder sollte die Chance auf Bildung und Wohlstand erhalten. Dazu gehörten aber eigene Anstrengungen. Daher das berühmte Fordern und Fördern als Leitphilosophie seiner Sozialreformen.

Die Rechnung ging auf, die Wirtschaft brummte. Weltweit wurden wir beneidet. Aber die Deutschen fremdelten mit ihrem Erfolg. Jetzt schlägt der Michel zurück: Die Reform frisst ihre Väter.

12 HANOI: DER TIGER WÄCHST (2003 – 2007)

»Geduld bringt den Erfolg.«
»Der Mensch macht den Unterschied.«
Pham Van Binh: Vietnamesische Sprichwörter

Zur intensiven Vorbereitung blieb keine Zeit. Für die ausreisenden Exzellenzen gab es einen warmherzigen Händedruck von Bundespräsident Rau. Das musste reichen. Von einem Botschafter kann man erwarten, dass er sich selber schlau macht. Vor allem, wenn er aus Berlin kommt. Bei einer Versetzung von Khartum nach Pjöngjang ist das schon schwieriger.

Übermüdet traf ich spät abends in meinem neuen Domizil in Hanoi ein. Das Haus war in den zwanziger Jahren von den Franzosen erbaut worden. Die schmucke Villa liegt im historischen Regierungsviertel, einen Steinwurf entfernt vom Ho-Chi-Minh-Mausoleum und dem Präsidentenpalast.

Ein Wächter öffnete die Tür, der Fahrer verabschiedete sich. Da stand ich nun mit meinem Gepäck im dunklen Flur des unbekannten Hauses. Keine Menschenseele weit und breit. Stromausfall. Irgendwo im ersten Stock hatte man mir bis zum Eintreffen des Umzugs eine Schlafstelle versprochen. Tastend fand ich über eine knarrende Holztreppe den Weg.

Der wenig zeremonielle Bezug der Residenz half, überzogene Erwartungen an den Glanz des Botschafterlebens gleich in der ersten Nacht zu stutzten. Die Zeiten hatten sich geändert. Zudem waren die diplomatischen und gesellschaftlichen Umgangsformen im kommunistischen Vietnam seit jeher betont schlicht. Ohne große Umschweife und Hofzeremoniell kam man schnell zur Sache. Auch die Hausangestellten waren keine buckelnden Diener, was mir sehr angenehm war.

Als ich am nächsten Morgen mein neues Büro betrat, musste ich an eine altbackene Lebensweisheit meines Vaters denken: Ein Chef jammert nicht. Wie wahr. Jeder Mitarbeiter kann sich im Kollegenkreis beklagen und über den »Alten« lästern. Jeder, nur der Boss nicht. Das macht einsam, was viele Führungskräfte heute durch aufgesetzte Kumpelei und »amerikanisches« Duzen zu umgehen versuchen.

Ich hatte mir vorgenommen, ein paar alte Zöpfe abzuschneiden und weniger steif aufzutreten als meine diplomatischen Lehrmeister. Nach außen gab ich den hemdsärmeligen Geschäftsmann. Das hatte ich bei Schröder abgeguckt. Andererseits widerstand ich der Mode, mich von den Mitarbeitern beim Vornamen nennen zu lassen: Duzt man sich nur mit einigen, spaltet man die Belegschaft; duzt man alle, untergräbt man die eigene Autorität, soviel hatte ich bereits begriffen.

Nach wenigen Tagen merkte ich, dass die Betriebskultur des Auswärtigen Amts sich verändert hatte: Im Innern war die klare Ansage von oben einer konsensorientierten Diskussionskultur gewichen. Die Eigenverwaltung beanspruchte immer mehr Zeit. Mit solch einem Arbeitsstil wäre man im Kanzleramt baden gegangen. Der Dienst war bürokratischer und kleinteiliger geworden; das galt auch für die meisten ausländischen Kollegen.

Der Adler fängt keine Fliegen? Schön wär's. Der moderne Botschafter verbringt mehr Zeit am Schreibtisch und in internen Besprechungen als beim Kunden.

Hinzu kam eine Aufspaltung der großen Politik in eine Vielzahl sich zum Teil widersprechender Fachpolitiken. Trotz gegenteiliger Beschwörungen wurde es immer schwieriger, unsere Wirtschafts-, Umwelt- und Menschenrechtsinteressen zu bündeln und aus einer Hand im Gastland zu präsentieren. Neben den zuständigen Ministerien und dem gewählten Bundestag beeinflussen zunehmend private Interessengruppen unsere Politik. Diese Nichtregierungsorganisationen lassen sich übrigens, anders als der Name vermuten ließe, gerne von unserer Regierung, der EU und der UNO-Familie finanziell aushalten. Das erinnert mich an den bissigen Kommentar von Kanzler Schmidt über die Achtundsechziger: »Die bestreiten alles, nur nicht ihren Unterhalt!«

In Berlin hieß es, die Vietnamesen seien die Preußen Asiens. Hier ist nicht der Ort, den Markenkern des Preußentums zu deuten. Egal, ob man das Königshaus, die Hardenbergschen Reformen, Fontane oder Thomas Manns »General Dr. von Staat« als Maßstab nimmt: Das alles gab und gibt es so nicht in Vietnam. Trotz Pflichtgefühl und Patriotismus, der Durchschnittsbürger ist kein staatsgläubiger Untertan. Bei aller Anpassungsfähigkeit an die bestehenden Verhältnisse, der Vietnamese sorgt zunächst einmal für sich und die Seinen. Wie bei uns gibt es mehr Händler als Heilige und Helden. Und das ist gut so.

Dennoch bestehen Gemeinsamkeiten. Das, was viele als »preußisch« empfinden, stammt zu einem guten Teil aus der ehemaligen DDR. Bereits 1955 wurden 150 vietnamesische Schüler mit der Eisenbahn über China, die Mongolei und die Sowjetunion in das 14 000 km entfernte Moritzburg in Sachsen verschickt. Später folgten Studenten und Vertragsarbeiter. Ostdeutsche Experten berieten Hanoi beim Kaffeeanbau und bei der Inneren Sicherheit. Ein Thüringer Metzger gründete mit einem promovierten vietnamesischen Mathematiker eine Wurstfabrik. Fast überall im Land trifft man Rückkehrer und Deutschsprecher.

In Deutschland leben heute etwa 150 000 Vietnamesen. Zu den ehemaligen DDR-Vertragsarbeitern kamen nach dem Ende des Vietnamkriegs Tausende von Bootsflüchtlingen aus dem Süden. Unabhängig von ihrer Herkunft gelten die Vietnamesen bei uns als hervorragend integriert. Prozentual verfügen vietnamesische Kinder über höhere und bessere Schulabschlüsse als ihre deutschen Altersgenossen. Umso tragischer war es, dass nach einem alten Rückführungsabkommen noch etwa 10 000 Vietnamesen als ausreisepflichtig galten und mit ihren Kindern, die zumeist ihre Muttersprache verlernt hatten, abgeschoben werden sollten. Ich erinnere mich an eine Schülerin, die in Bayern einen landesweiten Mathematikpreis gewonnen hatte und jetzt orientierungslos in ihrer fremden Heimat gestrandet war. Edmund Stoiber, der damalige bayerische Ministerpräsident, hatte sich nach einem Besuch in Hanoi erfolgreich für eine Rückkehr des Mädchens eingesetzt. Das blieb aber ein Einzelfall.

Der amerikanische Journalist und Schriftsteller Thomas Friedman hat einmal über seine Heimat geschrieben, dass man sich dort als Optimist auf den Kopf stellen müsse, um den Fortschritt zu erkennen.

In gewisser Weise gilt das auch für Vietnam: Das Land wächst und wandelt sich von unten, aus der Mitte der Gesellschaft. Jeder werkelt, jeder wuselt. Die Regierung setzt die Rahmenbedingungen und sorgt für Stabilität. Den Rest müssen die Menschen selber machen. Umsonst gibt es hier nichts. Man muss sein Schicksal in die eigene Hand nehmen. Jeder weiß das. Kein soziales Netz fängt einen auf. Wenn's nicht reicht, verdient man im Zweitjob oder mit kleinen Geschäften ein Zubrot. Steuerfrei, aber der Staat spart dabei ein Mehrfaches an sonst fälligen Sozialausgaben.

Mit der wirtschaftlichen Öffnung ist das Leben schrittweise freier und freizügiger geworden. Selbst der Staatsfunk präsentiert sich bunter und sendet schrille Unterhaltungsprogramme, in denen um die Wette gesungen, getanzt und gekocht wird. Machos, Diven, Schwule und Lesben, alle dürfen mitmachen. Als erstes Land in der Region hat Vietnam inzwischen sogar die gleichgeschlechtliche Ehe zugelassen.

Aber es gibt immer noch Grenzen:

Als im Goethe-Institut eine Baselitz-Ausstellung gezeigt

werden sollte, schritt die Kulturbehörde ein: Die Bilder waren nicht anstößig; aber, dass sie auf Anordnung des Meisters verkehrt herum aufgehängt werden sollten, störte die öffentliche Ordnung.

Noch schwieriger gestaltete sich die Aufführung von Dürrenmatts »Besuchs der alten Dame«. Fast zwei Jahre dauerte es, bis Goethe die Genehmigung für diesen Klassiker bekam. Die spießig-korrupte Kleinstadtkulisse aus den 50er Jahren in das heutige Vietnam zu übertragen, galt als kaum versteckte Provokation. Das war gefährlicher als die Film-Knutschereien beim jährlichen EU-Festival. Die konnte man schneiden oder einfach mit dem Daumen auf dem Projektor abdecken.

Immerhin: Hier wird Kultur noch ernst genommen. Die Kernbotschaft der »alten Dame« verstand der Zensor ebenso wie das begeisterte Publikum in der 1911 erbauten Oper.

Die Grenzen sind fließend. Nur ein Tabu bleibt bis heute bestehen: Öffentliche Kritik am Einparteiensystem ist untersagt.

Dutzende Netzaktivisten verbüßen mehrjährige Freiheitsstrafen. In meinem letzten Jahr wurde eine junge Anwältin mit dem bemerkenswerten Vornamen »Arbeiterklasse« eingesperrt. Die Tochter strenggläubiger Kommunisten hatte sich in einem Blog für ein pluralistisches Mehrparteiensystem ausgesprochen. Wenn es um den Machterhalt geht, lässt die Partei nicht mit sich spaßen. Dabei wird kein Bekenntnis zum Kommunismus verlangt; an den glaubt sowieso kaum noch einer. Es reicht, wenn man die bestehende Ordnung nicht in Frage stellt. Ein wenig, wie bei uns: Es gibt immer weniger Gläubige, aber die Kirche als Institution bleibt bestehen. Nicht ohne Geschick präsentiert sich die Partei als Garant für Stabilität, Wohlstand und Patriotismus. Auch die Siege der Fußball-Nationalmannschaft schreibt man sich auf die Fahne.

Das tägliche Leben lässt den meisten Menschen wenig Zeit für tiefgehende politische Betrachtungen. Solange Herr Hung und Frau Linh glauben, dass es ihren Kindern einmal besser gehen wird, bleiben sie bei der Stange und rackern weiter.

Ein altes vietnamesisches Sprichwort lautet: Räuber stehlen nachts, Mandarine bei Tage.

Die Regierung hat das Problem erkannt: Die Kritik der Bevölkerung entzündet sich nicht am System, sondern an der alltäglichen Korruption. Dass man für einen Stempel auf dem Amt oder den Lehrer bezahlen muss, ist man gewohnt. Man nimmt es hin, so wie eine lästige Steuer. Aber spätestens beim Landraub hört der Spaß auf. Aus der Provinz gibt es immer wieder Berichte über gewalttätige Aufstände armer Bauern, die zugunsten dubioser Projekte enteignet wurden.

Hinzu kommen die sozialen Verwerfungen der rasanten Entwicklung: Luxuskarossen stehen in Hanoi neben müllbeladenen Handkarren. Beamte leben in Millionärsvillen, obwohl selbst der Premierminister offiziell nur rund 1 000 USD netto im Monat verdient. Bei solchen Gehältern wundert es kaum, dass die Staatsdiener nach Wegen suchen, ihr Einkommen aufzubessern.

Das ganze Dilemma wurde mir in einem Verkaufsgespräch mit dem Manager eines Staatsbetriebs klar: Als ich die Langlebigkeit des deutschen Produkts pries, entgegnete der Mann, dass eben dies sein Problem sei. Er habe eine Familie zu ernähren. Wenn unsere Maschine 30 Jahre hielte, wovon bitteschön soll er dann leben? Eine Kommission gäbe es nur beim Neukauf oder einer größeren Reparatur. So betrachtet war die hohe deutsche Qualität für den armen Teufel ein Problem. Im Zweifel kauft er lieber ein minderwertiges Teil mit kurzer Lebensdauer. Dann klingelt bald wieder die Kasse. Abgesehen von der moralischen Schieflage entsteht so ein enormer gesamtwirtschaftlicher Schaden. Gegen Ende meiner Zeit stürzte eine mit japanischen Entwicklungsgeldern gebaute Brücke ein, weil lokale Subunternehmer mehr Sand als Beton verbaut hatten, um ihren »Schnitt« zu erhöhen.

Partei und Regierung versuchen, die Korruption mit Kampagnen und drakonischen Strafen einzudämmen. Einige schwarze Schafe wurden aus dem Verkehr gezogen. Aber solange die Staatsdiener nicht angemessen entlohnt werden, bleibt die Versuchung, zuzufüttern. Offen gestanden habe ich nie verstanden, wie mein vietnamesischer Kollege in Berlin mit geschätzten 500 Euro auskommen soll.

Wie die meisten Länder der Region lebt Vietnam im Schatten Chinas.

Mit dem Auto benötigt man von Hanoi bis zur Grenzstation in Lao Cai nur noch gute drei Stunden. Die beiden Nachbarn verbindet weit mehr als die Geografie: Tausend Jahre, von III v. Chr. bis zur Schlacht am Bac Dang-Fluss 938, wurde Vietnam als chinesische Provinz verwaltet. Nach der Unabhängigkeit dehnte sich das Land schrittweise nach Süden bis in das Mekong Delta aus. Die chinesischen Schriftzeichen an den Tempeln zeugen noch heute von den gemeinsamen Wurzeln beider Kulturen.

Diese Nähe führt gleichzeitig zu einer Abgrenzung gegenüber dem dominanten Nachbarn. Wir kennen das aus Europa: Trotz verwandter Sprache und vieler Gemeinsamkeiten möchten die weltoffenen Holländer nicht mit ihren deutschen Vettern verwechselt werden. Wir gehören zu den beliebtesten Mitgliedern der Staatengemeinschaft. Bei kleineren europäischen Partnern überwiegt dagegen häufig die Furcht vor deutscher Bevormundung; wirtschaftlich und zunehmend auch wieder politisch.

Vor allem bei den Vietnamesen im Norden sitzt das ererbte Misstrauen tief: Wie bereits im Peking-Kapitel erwähnt, sind die Chinesen zuletzt 1979 bis vor die Tore der Heimatstadt meiner Frau 70 km nördlich von Hanoi marschiert. Vier Jahre nach dem Ende des Vietnamkriegs, als das zerbombte Land noch hungerte und dringend auf Aufbauhilfe angewiesen war. Es dauerte Jahre, bis sich die Beziehungen wieder normalisierten. Selbst die Nachgeborenen trauen den Chinesen nicht über den Weg: Wenn möglich, meidet man chinesische Konsumgüter; selbst kleinere Zwischenfälle können spontane »patriotische« Demonstrationen auslösen.

Andererseits bleibt man aufeinander angewiesen: China ist größter Handelspartner und zugleich eine Art Schutzmacht der Kommunisten. Neben den Regierungskontakten bestehen parallel enge Parteibeziehungen. Ein Systemwechsel in Hanoi hätte auch für Peking unabsehbare Folgen. Die Chinesen wissen, dass der sowjetische Machtblock seinerzeit von den Rändern her zerfallen ist.

Mit einigem Geschick versucht Vietnam den großen Drachen zu managen: Einerseits werden enge politische, wirtschaftliche und militärische Beziehungen gepflegt. Andererseits schafft man sich Spielräume durch eine Einbindung in den Regionalklub ASEAN sowie einen intensiven Austausch mit den USA, Japan, Korea und Europa als eine Art Rückversicherung. Als engster Verbündeter während des Kriegs und in der schwierigen Phase des Wiederaufbaus spielt Russland vor allem im Rüstungsbereich noch eine wichtige Rolle. In Führungspositionen trifft man immer noch auf Alumni aus Moskau.

Machterhalt und Unabhängigkeit prägen die Politik seit Ho Chi Minh. Mit der in den späten achtziger Jahren begonnenen Reformpolitik kamen Wachstum und Wohlstand als weitere Priorität hinzu. Durch zunehmende Integration in die Weltwirtschaft profitiert Vietnam von offenen Märkten und einem liberalen Handelssystem. Das Land gehört zu den Gewinnern der Globalisierung.

China wird als aufstrebende Weltmacht gesehen, die das bestehende regionale und globale Kräfteverhältnis zu seinen Gunsten verändern möchte. Daher birgt der völkerrechtlich unhaltbare Gebietsanspruch Pekings auf den größten Teil des Südchinesischen Meers und seine Ressourcen erheblichen Konfliktstoff: Hier prallen nicht nur die Interessen der Anrainer aufeinander. Da Chinesen und Amerikaner in dem Gebiet rote Linien gezogen haben, könnten unbedachte Aktionen und das regionale Wettrüsten zu einem Weltbrand führen.

Vietnam verteidigt seine Interessen beharrlich, aber behutsam. Es ist eine Gratwanderung: Einerseits kann man es sich nicht leisten, Peking frontal anzugehen; andererseits ist Leisetreterei gegenüber den chinesischen Provokationen in der Bevölkerung extrem unpopulär. Ohne es allzu laut hinauszuposaunen hält man die US Flotte für den besten Schutz gegen die chinesischen Expansionsbestrebungen. Sicherheitspolitisch spielt Europa mangels eigener militärischer Fähigkeiten in diesem Konflikt keine Rolle.

Und sonst? Europa ist eine schwierige Beziehungskiste: Daheim sind wir Schwabinger, Münchener, Bayern und Deutsche. In der Ferne habe ich mich stets als Europäer gefühlt. Trotz aller Differenzen gibt es Gemeinsamkeiten, die uns von anderen unterscheiden; sogar von Australiern und Amerikanern, deren westliche Werte und Lebensart wir in vieler Hinsicht teilen.

Keine Frage, Europa ist auch im Außendienst zusammengewachsen. Man kennt und herzt sich. Weniger romantisch verlaufen dagegen die monatlichen Treffen der Exzellenzen vor Ort. Brüssel im Kleinformat: Kaum ist die Sitzung mit bürokratischer Tagesordnung eröffnet, verwandeln sich die europäischen Kollegen wieder in griechische, tschechische, französische und deutsche Beamte, die beflissen für ihre nationalen Anliegen schachern. Das ist nicht verwerflich, die EU lebt vom Kompromiss. Ohne Kuhhandel geht es nicht, in der Außenpolitik gilt Einstimmigkeit. Zypern, Malta oder Lettland können wichtige Projekte verzögern oder blockieren.

Diplomatie ist ursprünglich ein langsames Geschäft; noch bei den Friedensverhandlungen zur Beendigung des Vietnamkriegs in Paris Anfang der siebziger Jahre sagte ein Vertreter Hanois den Amerikanern: »Ihr habt Uhren, wir haben Zeit!«

Inzwischen haben sich die Weltläufe dramatisch beschleunigt. »Einszweidrei im Sauseschritt, es läuft die Zeit, wir laufen mit«, dichtete schon Wilhelm Busch. Während China hinter verschlossenen Türen Fakten schafft, gleicht die EU mehr einer gläsernen Manufaktur. Jeder kann zusehen und hören, wie wir feilen und schrauben, bis es passt. Das dauert, ist jedoch demokratisch gewollt: Für einen europäischen Bundesstaat, der es mit China oder der USA aufnehmen könnte, gibt es keine Mehrheit. Im Gegenteil: Vielerorts beobachten wir eine Rückbesinnung auf nationale und regionale Identitäten und Interessen.

In Hanoi bekam ich den Auftrag, gemeinsam mit meinen Kollegen aus Brasilien, Indien und Japan bei den Vietnamesen für eine Reform des VN Sicherheitsrats zu werben, die unter anderem ständige Sitze für die genannten Staaten vorsah.

Die vietnamesische Regierung zeigte durchaus Sympathie. In Europa war das Projekt aber höchst umstritten. Wie bereits erwähnt, hatte Italien mit anderen Regionalmächten in New York ein Bündnis gegen unseren Reformvorschlag geschmiedet, den sogenannten Kaffeeklub. Rom fürchtete, auch in der EU zweitklassig zu werden. Argentinien und Mexiko wollten nicht von Brasilien, Pakistan und Korea nicht von Indien oder Japan vertreten werden.

Ein gemeinsamer europäischen Sitz bleibt vorerst eine Illusion: Großbritannien und Frankreich wären nicht bereit, auf ihren letzten verbliebenen Großmacht-Status verzichten; zudem wäre die EU überhaupt nicht wählbar: nur Staaten können Mitglieder des obersten internationalen VN-Gremiums werden.

Wie man sieht, lassen sich fundamentale nationale Interessen nicht einfach vergemeinschaften. Das muss man als überzeugter Europäer akzeptieren.

In der Wirtschaft wurden bereits Kernkompetenzen wie der Außenhandel an Brüssel übertragen. Aber auch hier knirscht es gelegentlich.

Auf Druck von Portugal hatte die EU Kommission beschlossen, zum Schutz der heimischen Schuhindustrie gegen China und Vietnam Anti-Dumping Zölle zu verhängen. Wir mussten das den Vietnamesen verkaufen. Ich habe mich ganz klein gemacht, denn ich wusste, ebenso wie die Vietnamesen, dass der deutsche Handel sowie unsere Verbraucher von preisgünstiger Importware aus Vietnam profitierten. Im deutschen Interesse lag diese Maßnahme sicher nicht. Aber es gehört zum europäischen Grundkonsens, dass man auch Rücksicht auf die besonderen Interessen kleinerer Mitglieder nimmt. Selbst wenn es gelegentlich nervt.

Aber Hand aufs Herz: Hätten wir für unsere Autos gekämpft wie andere für Schuhe, Schnaps und Käse, wären uns vielleicht unfaire Einfuhrbeschränkungen in Asien und Fahrverbote daheim erspart geblieben. Die Amerikaner sind bei der Durchsetzung ihrer Wirtschaftsinteressen weniger zimperlich: Den Beitritt Vietnams zur Welthandelsorganisation in 2007 hätten sie platzen lassen, wenn die Regierung nicht rechtzeitig mit einer »Lex Harley Davidson« das Einfuhrverbot für schwere Motorräder aufgehoben hätte.

Jedem das Seine. Auch wir waren nicht faul und warben für unsere Produkte und Projekte. Von der Wurst bis zum Parlamentsneubau, von der Abfallwirtschaft bis zum Airbus. Im Gegensatz zu vielen anderen Wettbewerbern hielten und halten wir uns aber an die Regeln. Private Angebote dürfen nicht mit Entwicklungshilfe versüßt werden. So der OECD-Kodex.

Die Flankierung unserer Wirtschaft gehört in einem Land wie Vietnam zu den wichtigsten Aufgaben eines Botschafters. Ohne den Segen der Regierung in Hanoi geht hier kaum ein größeres Geschäft über die Bühne. Auch wenn wir ohne »Zuckerbrot und Peitsche« und mit leeren Taschen auftreten, hilft es, wenn unsere Regierung sich nachdrücklich für ein Vorhaben engagiert.

Dabei gilt für unsere Unternehmen: »Begleitzahlungen«, die früher noch steuerlich als Betriebsausgaben absetzbar waren, sind seit 1999 sogar dann strafbar, wenn sie im Ausland getätigt werden. Ohne Leichen im Keller schläft der ehrliche Kaufmann im 21. Jahrhundert besser. Und ein deutscher Beamter sollte nicht einmal in seinen finstersten Träumen vom Pfad der Tugend abweichen.

In vielen Bereichen können wir immer noch durch Qualität überzeugen: So bekamen deutsche Unternehmen den Zuschlag für das neue Kongresszentrum, das Stadtmuseum sowie das Parlament in Hanoi. Das von einem renommierten Architektenbüro und einem Rostocker Bauunternehmen geführte Konsortium schuf zudem Anschlussaufträge für deutsche Mittelständler. Vom Fensterbau bis zur Bühnentechnik. Das ist heute leider die Ausnahme: Nach dem Rückzug der internationalen deutschen Baufirmen werden schlüsselfertige Großprojekte zumeist von asiatischen Unternehmen ausgeführt; da fällt für unsere Zulieferer nur noch wenig ab. Koreaner kaufen lieber bei Koreanern oder billig.

Öffentliche Aufträge wurden damals oft nach politischen Kriterien vergeben. Vietnam legte Wert darauf, nicht alle Eier in ein Nest zu legen. Für eine Mittelmacht, die nicht in einseitige Abhängigkeit geraten möchte, ist das eine durchaus sinnvolle Politik. Allerdings wird dadurch gelegentlich der Wettbewerb verzerrt. Noch heute bin ich überzeugt, dass wir seinerzeit mit der Ariane das bessere Angebot hatten, den ersten vietnamesischen Telekom-Satelliten ins All zu befördern. Da halfen weder Zahlen noch der geballte Charme der deutsch-französischen Exzellenzen: Politisch waren die Amis dran, der WTO-Beitritt ließ grüßen.

Da hilft kein Schmollen. Ein erfahrener Diplomat überlegt sofort, wie man eine Niederlage für das nächste Geschäft nutzen kann. Dabei kam uns zupass, dass Lockheed ohne »Fernbedienung« angeboten hatte, wodurch sich das Projekt im Nachhinein gegenüber dem europäischen Angebot erheblich verteuerte. Schadenfreude? Ein Schelm, wer Böses dabei denkt...

Wir verkaufen Waren und Dienstleistungen in alle Welt. Handel und Investitionen schaffen Wohlstand. Bei uns, aber auch in den Entwicklungsländern. Durch Arbeitsplätze, Technologietransfer und Exporte.

Metro bekam als erstes ausländisches Unternehmen eine Lizenz zur Eröffnung von Cash-und-Carry-Märkten in Vietnam. Der heimische Einzelhandel fürchtete die Konkurrenz. Aber wir konnten den Premierminister überzeugen: Die Großhandelskette kaufte einen erheblichen Anteil ihrer Produkte lokal ein. So gelangten vor allem landwirtschaftliche Erzeugnisse in die weltweite Lieferkette. Bauern freuten sich über bessere Preise und lernten, in Exportqualität nach EU-Umwelt- und Gesundheitsstandards zu produzieren. Deutsche Unternehmen investieren aus wohlverstandenem Eigeninteresse in die Ausbildung ihrer Mitarbeiter und versuchen, lokal zuzukaufen. Zudem engagieren sie sich in sozialen Nachbarschaftsprojekten. Ein gutes Image hilft dem Geschäft; vor Ort ebenso wie beim kritischen Verbraucher daheim.

Mit unserer staatlichen Entwicklungshilfe betreiben wir eine Art Weltsozialpolitik. Das lassen wir uns was kosten: Der Haushalt des BMZ ist mit rund 10 Mrd. EUR fast doppelt so groß wie der des AA. Zum Vergleich: Goethe mit seinen weltweit 150 Instituten muss mit etwa 400 Mio. EUR auskommen und einen erheblichen Anteil davon selber erwirtschaften.

Deutschland gehört weltweit zu den wichtigsten Gebern; auch in Vietnam. Neben den Klassikern Berufsbildung, Mittelstandsförderung und Umwelt gab es ein Minenräumprojekt. Über 40 Jahre nach dem Ende des »amerikanischen« Kriegs werden immer noch Menschen durch Blindgänger getötet und verletzt. Nach Regierungsangaben befinden sich noch etwa 800 000 Tonnen nicht explodierter Kampfmittel entlang der ehemaligen Demarkationslinie in Mittelvietnam. Im Auftrag einer Potsdamer NGO säuberten ostdeutsche Experten zusammen mit ihren lokalen Kollegen in mühsamer und gefährlicher Kleinarbeit Planquadrat für Planquadrat in dem verminten Gelände. Anschließend wurde das Land an Bedürftige zur Bewirtschaftung übergeben.

Ich habe alle unsere Entwicklungsprojekte besucht. Die meisten waren ebenso sinnvoll wie teuer. Die erhofften Ergebnisse ließen zumeist noch auf sich warten. Bei den Minenräumern war ich mir sicher: hier passiert etwas, was den Betroffenen hilft; schnell, unbürokratisch und dauerhaft.

Wie schrieb einst Kurt Tucholski: Vor einem Schalter stehen, das ist das deutsche Schicksal. Hinter dem Schalter sitzen: das ist das deutsche Ideal.

Über die große Politik, Wirtschaft und Kultur dürfen wir

nicht das Brot-und-Butter-Geschäft einer Botschaft vergessen: Den Dienst am Kunden. Wenn ich morgens ins Büro kam, stand bereits eine lange Schlange vor dem Konsulat. Überwiegend Vietnamesen, die ein Visum brauchten.

Aus Hanoi kamen keine Terroristen; aber illegale Arbeitsmigration war und bleibt ein Thema. Jeder Antragsteller wurde kontrolliert. Das dauert. Wegen häufiger Fälschungen mussten Dokumente von Experten überprüft werden. Das dauert noch länger. Und draußen vor dem Tor bildeten sich bei 40 Grad im Schatten und sommerlichem Platzregen lange Schlangen.

Durch eine provisorische Überdachung und die Ausgabe von Wartenummern haben wir versucht, die Not zu lindern. Mit mäßigem Erfolg: Spätestens hier wurde deutlich, dass die Vietnamesen eben keine Preußen sind. Es entfaltete sich ein reger Handel mit Nummern und Standplätzen. Im Kaffee nebenan konnte man gegen Bares fachkundigen Rat und Formulare erwerben.

Das eigentliche Problem lag aber drinnen bei der Entscheidungsfindung, für die statistisch pro Antragsteller nur ein paar Minuten zur Verfügung standen. Besucher waren uns willkommen, aber sie mussten ihre Rückkehrwilligkeit nachweisen. Ein mittelloser 20-jähriger Tourist gilt als verdächtig, in Wahrheit zur illegalen Arbeitsaufnahme einreisen zu wollen. Ebenso die alleinstehende, arbeitslose junge Dame, die ihren Verlobten besuchen will. Aber können wir wirklich alle jungen, unverheirateten Leute unter Generalverdacht stellen? Ich meine nein. Da helfen auch keine bürokratischen Vorschriften, man muss die Leute persönlich befragen, um sich ein Bild zu machen. Und gelegentlich muss der Chef ein Machtwort sprechen: Vor allem dann, wenn es um Vorzugskunden aus der Beletage geht. Persönlichkeiten aus Politik, Wirtschaft und Kultur, die wir offiziell nach Deutschland einladen, können wir nicht im Parterre hinter Panzerglas einer hochnotpeinlichen Befragung unterziehen.

Noch in den neunziger Jahren konnte der damalige Staatsminister Ludger Vollmer befehlen: Im Zweifel für den Antragsteller. Klingt sympathisch. Spätestens seit der Flüchtlingskrise 2015 ist das Geschichte. Aber wir dürfen das Kind nicht mit dem Bade ausschütten. Gegen illegale Migration müssen wir uns daheim und an den Botschaften schützen. Die Tür für unsere seriösen Partner in aller Welt muss jedoch offen bleiben. Sonst ist es bald vorbei mit der Exportweltmeisterei.

Trotz aller Visa-Probleme, der Tourismus boomte. Vor allem in der anderen Richtung: Deutsche meiner Generation kannten Vietnam vor allem aus der Kriegsberichterstattung; viele hatten sich persönlich engagiert. Sie hatten auf dem Ku-Damm »Ho-Ho Ho Chi Minh« skandiert, ohne die Heimat ihres Idols zu kennen.

Das wurde jetzt nachgeholt. Ich erinnere mich noch an Tom Königs: Der Sohn einer angesehenen Kölner Bankiersfamilie hatte 1973 sein Erbe dem Vietcong vermacht. Dreißig Jahre später kam er erstmals nach Hanoi. Sein alter Mitstreiter Joschka Fischer hatte den grünen Politiker zum Menschenrechtsbeauftragten ernannt. Er hatte sich verändert, ebenso wie das Land seiner Jugendträume. Anders als die meisten rebellischen Kinder war er bereit gewesen, für seine Überzeugungen die eigene bürgerliche Existenz zu opfern. Respekt!

Nostalgiker, Bildungsbürger, Hippies, Millionäre und Politiker, alle kamen. Die Botschaftsmitarbeiter waren rund um die Uhr beschäftigt. Urlauber in Not brauchten Hilfe, offizielle Besucher hochrangige Termine und Begleitung bis zum letzten Bier. Gelegentlich musste ich an Adenauers Lebensweisheit denken: »Nehmen Sie die Menschen, wie sie sind, andere gibt's nicht.«

Bereits im ersten Jahr kam Kanzler Schröder. Er mochte Land und Leute. Neben dem Pflichtprogramm des wenig spektakulären Asien-Europa-Gipfels hatten wir noch zwei publikumswirksame Auftritte vorbereitet. Die Einweihung des Goethe-Instituts und der neuen Fabrik des Hemdenherstellers van Laack. Der Medienkanzler badete in der Menge; er wurde gefeiert wie ein Popstar. Die Menschen merkten, dass sie nicht Kulisse, sondern Mittelpunkt der Veranstaltung waren.

Ob Näherin, Student oder Künstler, für alle fand er ein passendes Wort, alle bekamen ein Erinnerungsfoto.

Dabei gab es am Morgen des zweiten Tags einen Zwischenfall, über den ich bisher nie öffentlich gesprochen habe: Noch bevor der Wecker klingelte, rief mich der Chef unserer Sicherheit an. Vor meiner Residenz läge ein toter vietnamesischer Gendarm. Wie sich rausstellte, offenbar ein tragischer Vorfall: Der junge Wächter vor der malaysischen Botschaft nebenan hatte sich mit seiner AK 47 neben unserer Einfahrt erschossen. Offenbar wegen persönlicher Probleme; Spielschulden, Drogen, was auch immer. Innerhalb kürzester Zeit wurde das Wachhäuschen mitsamt der Leiche des Milizionärs abtransportiert.

Nach eingehender Beratung mit unserem Bundespolizisten habe ich entschieden, weder den Kanzler, noch sein Sicherheitsteam zu unterrichten. Es war klar, dass der Suizid nichts mit uns zu tun hatte. Die begleitende Presse hätte den Vorfall sicher dramatisiert. Ich wollte meinen alten Chef vor negativen Schlagzeilen schützen. Das war nicht ohne Risiko, aber die Geschichte kam bis heute nie an die Öffentlichkeit.

Schröder kam noch zwei Mal als Altkanzler mit dem Schweizer Verleger Michael Ringier zu Besuch. Ohne die Bürde des Amts, aber immer noch mit Chefterminen. Bei gutem Wein sprachen wir über alte und neue Zeiten. Zum Abschied prophezeite mir Gerhard Schröder auf der Hotelterrasse, dass ich in Vietnam mein privates Glück finden würde. Wie recht er hatte, konnte ich damals noch nicht wissen.

Später kamen der Bundespräsident, Ministerpräsidenten, Bundesminister, Parteivorsitzende und Abgeordnete aller Fraktionen. Interessant war es immer. Dabei zeigten sich die prominenten Spitzenpolitiker in privater Runde häufig anders, als man sie von den öffentlichen Auftritten her kannte: Nachdenklicher, differenzierter und einfach menschlicher; oft auch humorvoller. Überrascht war ich über den damals viel geschmähten Deutschbanker Josef Ackermann: anders als seine gegelten Kofferträger ein hochgebildeter und kultivierter Mann, dessen Interessen weit über sein Geschäft hinausreichten.

Gelegentlich gab es auch kleine Pannen und Ausrutscher. Einmal begleitete unsere junge Protokollreferentin eine Gruppe Volksvertreter in die alte Kaiserstadt Hué. Nach einer launigen Bootstour auf dem Parfüm-Fluss endete der Abend feucht-fröhlich an der Hotelbar im Garten. Ein Abgeordneter hatte schon lange ein Auge auf meine blonde Kollegin geworfen. Als er zugreifen wollte, verlor er das Gleichgewicht und landete rücklings im Gebüsch. Die Beamtin war kein Hascherl und lächelte die misslungene Attacke einfach souverän weg. Auch Volksvertreter können einmal daneben langen. Schwamm drüber.

Ein anderes Mal wurde ich selber Opfer eines gesellschaftlichen Kollateralschadens: Zu Ehren eines deutschen Politikers hatte ich 150 Gäste in die Residenz geladen. Am nächsten Morgen stellte ich fest, dass eine silberne Streichholzschachtel verschwunden war. Ein Erbstück meines Großvaters von Fabergé. Mit Hilfe lokaler Freunde klapperten wir die lokalen Diebesmärkte ab. Normalerweise wird Hehlerware dort umgehend versetzt. Keine Spur, trotz intensiver Nachforschungen. Ich bin mir sicher, das war kein Vietnamese. Silber steht hier nicht sehr hoch im Kurs. Den Wert dieser kleinen Preziose konnte nur ein Kenner ausmachen. Vermutlich einer meiner deutschen oder internationalen Gäste. Seither habe ich vor größeren Veranstaltungen alle gefährdeten Wertsachen in Sicherheit gebracht.

Botschafter in Hanoi, das war ein Job mit Vollpension: fast jeden Abend unterwegs fürs Vaterland. Und an den freien Tagen? In Räuberzivil mit Motorrad oder offenem Jeep Land und Leute erkunden.

Das ist doppelt spannend, privat wie professionell: Ohne undiplomatische Freunde hätte ich mich gelangweilt. Zudem, wie soll man ohne eigene Erlebnisse und außerdienstliche Kontakte eine fremde Kultur verstehen?

Gewiss nicht durch die Salonplaudereien auf Nationalfeiertagen. Selbst Sprachkenntnisse sind nur von begrenztem Wert: Als ein ausländischer Kollege, der fließend Vietnamesisch gelernt hatte, auf einer Einladung in einem privaten Haus seine Schuhe ausziehen sollte, kehrte er an der Türschwelle stante pede um. Dieser Stubengelehrte hatte offenbar noch nie ein lokales Heim betreten. Selbst jüngere Kollegen haben vielfach Angst, mit normalen Menschen zu verkehren. Sie glauben offensichtlich, dass ihnen eine Perle aus der Krone fällt, wenn sie in einer billigen Schänke zechen, wo der Nachbar an einer Hundekeule knabbert, mit Gecko-Schnaps auf Ex anstößt und über seine amourösen Abenteuer schwadroniert.

Auch in Berlin täte es manchem Regenten gut, einmal die Puderquaste abzulegen und sich unters Volk zu mischen, in dessen Auftrag er regiert. Ich empfehle den Besuch in einer beliebigen Tempelhofer Eckkneipe.

Vietnamesen öffnen sich, wenn überhaupt, erst im Bia Hoi, auf dem Golfplatz oder beim Karaoke-Singen. Ohne die Bereitschaft, sich auf lokale Bräuche einzulassen, geht es nicht. Es dauert, bis man als Fremder akzeptiert wird. Aber die Mühe lohnt: Noch heute pflege ich Freundschaften, die einst im »off« entstanden. Die Namen der meisten Amtsträger habe ich dagegen vergessen.

13 AUF DEM BALKON MEKKAS: TSUNAMI-EINSATZ IN BANDA ACEH/ INDONESIEN

Kurz nach Weihnachten 2004 kam plötzlich ein Anruf der Amtsleitung. Ich hatte mich gerade in Feiertagslaune vor dem häuslichen Kamin niedergelassen. Draußen war es ungemütlich, die Temperatur war auf unter 10 Grad abgesackt. Das Winterwetter in Hanoi ist extrem wechselhaft. Auf warme Sonnentage folgen innerhalb von Stunden einstellige Temperaturen mit Nieselregen und kaltem Nordwind.

»Ja Herr Kollege, ich weiß, Sie sind eigentlich im Urlaub. Aber Sie wissen doch, der Tsunami...«

Ja, ich wusste; selbstverständlich verfolgen Botschafter rund um die Uhr die Weltnachrichten. Ich hatte meine Hausaufgaben gemacht und konnte prompt antworten, dass in Vietnam keinerlei Schäden entstanden waren und ich mit der Regierung weiter in Kontakt stünde und mögliche Auswirkungen der Katastrophe auf mein Gastland in Echtzeit nach Berlin berichten würde.

Das Amt dankte, hatte aber ein anderes Anliegen: Die Bundesregierung hatte entschieden, eine gemeinsame humanitäre Hilfsaktion von Bundeswehr und AA in dem besonders schwer betroffenen Banda Aceh in Sumatra/Indonesien durchzuführen. Da es sich um einen zivilen Einsatz handele, läge die Federführung beim Außenamt. Dass sollte durch einen erfahrenen AA-Einsatzleiter vor Ort sichtbar gemacht werden. Der Botschafter in Jakarta hätte leider abgewinkt. Er müsse in der Hauptstadt bleiben. Auch andere regionale Residenten, darunter Parteigänger des grünen Ministers, hätten der Amtsleitung einen Korb gegeben.

Dann packte mich der Berliner Chef bei meiner Berufsehre: »Sie haben doch schon einige Kriseneinsätze erfolgreich gemeistert; zudem verfügen Sie über die notwendige Durchsetzungsfähigkeit, um unseren Führungsanspruch gegenüber den Offizieren der Bundeswehr öffentlichkeitswirksam zu behaupten.«

Stimmt, wie in den früheren Kapiteln erwähnt, hatte ich als jüngerer Kollege bereits einige Fronteinsätze absolviert. Aber jetzt, als gestandener Botschafter? In Vietnam war ich gut beschäftigt. Ich kam mir vor, wie ein ausgemusterter Agent, der noch einmal zu einem Spezialeinsatz abkommandiert wird. Aber lange Rede, kurzer Sinn: Trotz Bedenken der Familie packte ich leichtes Gepäck und machte mich auf den Weg ins Krisengebiet.

Das weitgehend zerstörte Banda Aceh wurde nicht mehr angeflogen. Also musste ich zunächst in Medan Station machen. In dem Privathaus unseres Honorarkonsuls richteten wir ein kleines Büro mit Bordmitteln ein. Wie in jeder Krise braucht man vor allem Bargeld und Kommunikation, einschließlich Satellitentelefone. Wir, das heißt ein kleines Team von jüngeren Kollegen sowie unser Militärattaché aus Jakarta. Nur eine kleine Posse am Rande: Die erste E-Mail auf meinem mühsam eingerichteten Krisen-Laptop war der Urlaubsantrag eines Kollegen aus Hanoi. Takt und Einfühlungsvermögen gehörten einmal zur DNA des Diplomaten; inzwischen ist auch bei uns die Ich-AG im Vormarsch.

Das Lazarettschiff »Berlin«, Schmuckstück der Marine, war inzwischen im Zielgebiet angekommen. Aber wir hingen noch in Medan fest. Hier zeigte sich der bis heute fortbestehende Mangel eigener Transportkapazitäten unseres Militärs: Die zivil aus der Ukraine gecharterten Frachtflieger hatten sich in Kuala Lumpur geweigert, die Reise fortzusetzen. Unsere Hilfsgüter wurden ausgeladen; die Piloten machten sich davon.

Bei dem Erdbeben und dem Tsunami in Aceh waren knapp

200 000 Menschen umgekommen. Aber anders als in Thailand oder Sri Lanka gab es in der entlegenen, streng muslimischen Provinz praktisch keine ausländischen Touristen und Kameras. In Medan war das Ausmaß der Katastrophe bekannt, aber das Leben ging normal weiter. In meinem Hotel wurden jeden Abend feucht-fröhliche Hochzeiten gefeiert. Fast hatte man den Eindruck, dass sich hier nur die internationalen Helfer um den Tsunami kümmerten. Lokale Fahrer und Hilfskräfte nutzten die Gunst der Stunde und boten ihre Dienstleistungen zu Wucherpreisen an. Aber wir hatten keine Wahl.

Unser landes- und sprachkundiger Oberst aus Jakarta hatte es geschafft, ein kleines Team vorab auf dem Landweg nach Banda Aceh zu bringen. Ich fand kurz darauf eine Mitflug-Gelegenheit im Cockpit einer australischen Militärmaschine. Unsere tüchtigen Kollegen hatten bereits ein Quartier in der völlig zerstörten Stadt gefunden. Sammelunterkunft mit lokaler Schöpfkellen-Dusche in einem der wenigen erhaltenen Privathäuser. Immerhin.

Bei der ersten abendlichen Lagebesprechung mit der Bundeswehr lernte ich die komplizierte Befehlsstruktur dieses Einsatzes kennen: militärischer Einsatzleiter war ein Sanitätsoffizier, da es sich um ein humanitäres Projekt handelte. Das bedeutete, dass der Kommodore und der Kapitän der stolzen Marine dem Sani unterstellt waren; die 2 Seaking Hubschrauber hatten wiederum einen eigenen Befehlshaber, der die Einsatzpläne der Marineflieger bestimmte. Und dann noch der schlappe Zivilist aus dem AA als verantwortlicher Leiter des Ganzen. Die erste Herrenrunde war lautstark, aber wir rauften uns zusammen. Das eigentliche Problem war, dass wir uns alle auf medizinische Nothilfe für Verletzte eingestellt hatten. Dabei mussten wir feststellen, dass es im Tsunami wenig Verletzte gibt: Diejenigen, die die Flutwelle erwischt hatte, waren in aller Regel umgekommen. Wer rechtzeitig flüchten konnte, hatte häufig alles Hab und Gut verloren. Zudem war die Infrastruktur völlig zusammengebrochen, kein sauberes Wasser, kein Strom. Aber Verletzte gab es kaum, auch wenn die meisten Bewohner dieser bettelarmen Provinz an diversen Mangelerscheinungen und Tropenkrankheiten litten. Unsere mühsam herbeigeschaffte medizinische Infrastruktur war daher nur bedingt tauglich. Während wir noch berieten, hatte sich das Technische Hilfswerk bereits an die Arbeit gemacht und unter schwierigsten Bedingungen Notversorgung mit Wasser und Strom aufgebaut.

Als wir endlich die erste Patientin auf das Lazarettschiff bringen wollten, gab es ein Problem mit der Religion: Die junge Frau durfte nur in Begleitung von Familienangehörigen auf das fremde Boot. Dann stellten wir fest, dass die Marine für ihren ursprünglich geplanten Einsatz in heimischen Gewässern deutsche Winterverpflegung gebunkert hatte. Schweinernes mit Blaukraut und Rosenkohl. Lecker, aber nicht für unsere islamischen Gäste.

Wir hatten uns inzwischen an das Leben im Krisenmodus und die einfache lokale Verpflegung gewöhnt. Nachdem unser Oberst allabendlich seine Stiefel gereinigt hatte, war Zapfenstreich.

Eines Morgens traf ein Paket der Botschaft Jakarta ein; alle waren gespannt. Weihnachtsgebäck für die Frontschweine? Ich öffnete die amtlich versiegelte Box und traute meinen Augen nicht: Statt Spekulatius und Schokoherzen hatten uns die fürsorglichen Hauptstadtkollegen Büroklammern, Aktendeckel und Stempel geschickt. Der Ernst der Lage war für einen Moment vergessen, selbst humorlose Amtsträger krümmten sich vor Lachen. Wir müssen ausgesehen haben wie die Peppa-Pig-Familie in der Lieblingsserie meines kleinen Sohnes.

Kaum hatten wir uns wieder gefasst, ertönte aus der Ferne ein stetes Brummen. Mit einiger Verspätung waren die Vereinten Nationen eingetroffen: Eine lange Kolonne nagelneuer Geländewagen brachte Mitarbeiter und Druckmaschinen. Ab sofort wurden täglich mehrere Koordinierungstreffen einberufen und unzählige Papiere verfasst. Wer glaubt, wir Deutschen seien die Erfinder der Bürokratie, dem empfehle ich ein Praktikum in einer UNO-Organisation.

Da ich mit den Abläufen solcher Treffen vertraut war, ließ ich mich gerne vertreten. Um den Bedarf für passgenaue Hilfs- und Wiederaufbaumaßnahmen zu erkunden, versuchten wir gemeinsam mit der Bundeswehr, das Ausmaß der Katastrophe aus der Luft und am Boden zu erkunden. Ich war nie auf einem Schlachtfeld, aber der Blick aus dem Hubschrauber mit offener Seitentür erinnerte mich an die Fernsehbilder aus dem Vietnamkrieg: traumhafte tropische Landschaften mit zerstörten Häusern und Leichen.

Dann meldeten sich meine ehemaligen Kollegen aus dem Kanzleramt in Berlin: Wir brauchen Projekte, sofort! Am besten mit Fotos für die Medien. Hier gehen Millionen von Spendengeldern ein und wir wissen nicht, wohin damit. Leichter gesagt als getan. Mit Toten konnte man keine Projekte verhandeln. Da fiel mir unsere Vermieterin ein. Sie war Leiterin der völlig zerstörten Bibliothek. Vielleicht nicht die erste Priorität, aber längerfristig war Bildung ebenso wichtig wie der materielle Wiederaufbau.

Unser Krisenteam war entsandt worden, um erste Hilfe zu leisten. In der Not sind alle Menschen gleich. Humanitäre Einsätze sind nicht an politische Bedingungen geknüpft. Wir kümmern uns um hungernde Nordkoreaner oder iranische Erdbebenopfer, trotz ihrer problematischen Regierungen.

Alles in allem war der Einsatz in Aceh sicher ein Erfolg. Zeit für einen Schichtwechsel. Wir kehrten schrittweise zu unseren alten Arbeitsplätzen zurück; unsere Nachfolger mussten jetzt den Übergang von der Sofort- zur langfristigen Entwicklungshilfe managen. Aber von der Notaufnahme bis zur erfolgreichen Reha ist es oft ein langer Weg mit ungewissem Ausgang.

So auch in Aceh: Die EU und die internationale Gemeinschaft haben sich den Wiederaufbau der zerstörten Provinz viel kosten lassen. Gebäude und Straßen sind besser als je zuvor. Darauf sind wir stolz. Nur um die »Software« haben wir uns zu wenig gekümmert: Die autonome Provinz, die seit jeher den Spitznahmen als »Balkon Mekkas« trägt, macht heute Schlagzeilen mit lokal praktizierter Scharia. Ehebrecherinnen,

Trunkenbolde und Schwule werden öffentlich mit Stockhieben traktiert.

Nochmal: Nothilfe ist selbstverständlich nicht an politisches Wohlverhalten oder Religion geknüpft. In der Entwicklungshilfe sehe ich das aber anders. Angesichts begrenzter Ressourcen müssen wir hier Prioritäten setzen. Neben der Bedürftigkeit sollten wir auch darauf achten, nicht die erklärten Feinde unserer westlichen Werte zu fördern.

14 IT'S MORE FUN IN THE PHILIPPINES: MANILA (2007 - 2011)*

»'ne Villa in Manila«
Georg Kreisler

»I came through and I shall return«
General Douglas MacArthur

Der Marschbefehl des Ministers nach Manila kam spät. Die Zeit reichte kaum zum Packen; die geplante vietnamesische Hochzeit mussten wir auf den nächsten Urlaub verschieben.

Am Rande der Berliner Botschafterkonferenz fragte mich ein prominenter Politiker: Manila, da warst Du doch schon einmal, da leben doch so viele Muslime? Weder noch, erwiderte ich kleinlaut, die Philippinen sind das einzig katholische Land der Region. Offenbar dachte der Staatsmann an mein früheres Gastland Malaysia. Im Jahr 2000 war eine Familie aus Göttingen von islamistischen Terroristen aus einer Hotelanlage im malaysischen Sipadan in den benachbarten südphilippinischen Dschungel entführt worden. Mit Hilfe des libyschen Gaddafi-Clans konnten die Geiseln nach einer Lösegeldzahlung befreit werden.

---

* Offizielle Werbung des Tourismusministeriums.

Traurig, aber wahr: Ferne Länder werden bei uns häufig nur durch einzelne Schreckensmeldungen auf der Weltkarte markiert und erinnert. Dabei gehören die Filipinos zu den glücklichsten Menschen der Welt; trotz Armut, Gewalt und Naturkatastrophen.

Ein Jahr später fragte mich ein anderer Kollege aus der Chefetage, was denn nun der wesentliche Unterschied zwischen Vietnam und den Philippinen sei. Meine knappe Antwort: auf den Philippinen bestimmen die Millionäre, wer Präsident wird; in Vietnam entscheidet die Regierung, wer Millionär wird und bleibt.

Gewiss, das ist eine grob vereinfachende Übertreibung. Dennoch ist es interessant, dass beide Tigerstaaten sich in einem so unterschiedlichen historischen, kulturellen, wirtschaftlichen und politischen Kontext erfolgreich entwickeln konnten. Was wieder einmal zeigt, dass es auch im digitalisierten 21. Jahrhundert kein globales politisches Patentrezept gibt. Zwischen Herkunft und Zukunft muss jedes Volk seinen eigenen Weg zu Wohlstand, Freiheit und Glück finden.

Geschichte und Geografie der über 7 000 philippinischen Inseln unterscheiden sich in vieler Hinsicht von den Staaten auf dem südostasiatischen Festland.

Als erster Europäer ankerte Ferdinand Magellan auf seiner legendären Weltumseglung 1521 in philippinischen Gewässern. Der Portugiese segelte im Auftrag der spanischen Krone; finanziert wurde das Abenteuer von Jakob Fugger aus Augsburg, einem der reichsten Händler und Bankiers der damaligen Zeit. Offenbar unterschätzte der große Magellan die Widerstandskraft und den Kampfeswillen der einheimischen Krieger: Beim Landgang in Mactan/Cebu wurde er vom Häuptling Lapu-Lapu erschlagen. Noch heute erinnert ein Denkmal an das ungleiche Paar. Nur 18 der ursprünglich 270 Mann überlebten die Expedition und erreichten mit der demolierten »Victoria« ihren Heimathafen in Sevilla. Darunter der deutsche Bordschütze Hans aus Aachen.

Die Spanier kamen wieder, tauften das Land auf den Namen des späteren Königs Philipp und blieben 300 Jahre. Sie eroberten und missionierten weite Teile des Landes bis auf die indigenen und muslimischen Gebiete im Süden. Die chinesische Minderheit sowie andere Ausländer unterlagen vielfältigen Diskriminierungen, arrangierten sich aber mit den neuen Herren.

Niemand hat diese Zeit besser beschrieben als der philippinische Nationalheld José Rizal. In seinem in Berlin vollendeten Hauptwerk »Noli me tangere« rechnet der Universalgelehrte mit der bigotten und korrupten Kolonialherrschaft ab. Dieser tiefgläubige, freiheitsliebende Patriot kämpfte zeitlebens für einen friedlichen Wandel. Er war ein erklärter Gegner jedweder Gewalt und Revolution. Dennoch wurde er wegen Anstiftung zur Rebellion zum Tode verurteilt. Am 30. Dezember 1896 wurde er von den Spaniern erschossen. Die Chance für gewaltfreie Reformen war vertan. Zwei Jahre später wurden die Spanier vertrieben.

In der Jägerstraße 71 in Berlin erinnert eine Gedenktafel an José Rizal. Der Plan der früheren Außenministerin und Botschafterin in Berlin, Delia Domingo Albert, das Haus in Mitte für ein philippinisches Kulturzentrum zu erwerben, ließ sich angesichts der komplizierten Eigentumsverhältnisse leider nicht verwirklichen.

Nach diversen Aufständen endete die Kolonialherrschaft 1898 mit dem Sieg der USA über die veraltete spanische Flotte vor Manila. Noch bevor die Amerikaner sich festsetzen konnten, tauchte ein deutsches Geschwader auf dem Rückweg von Tsingtau vor Manila auf. Von der Landnahme in China beflügelt, kabelte Kommodore Otto von Diederichs nach Berlin und bat um Genehmigung, die zahlenmäßig unterlegene amerikanische Flotte angreifen zu dürfen. Die Gelegenheit sei günstig, sich die Philippinen einzuverleiben. Berlin hatte andere Prioritäten in Europa und ließ den schneidigen Admiral abblitzen.

Trotz erheblichen philippinischen Widerstands wurde das Inselreich wie eine Kolonie von den USA besetzt und verwaltet. Fünf amerikanische Jahrzehnte haben Land und Leute nachhaltig geprägt. Die Elite spricht Englisch und orientiert sich bis heute weitgehend am amerikanischen Lebensstil. Ende der fünfziger Jahre gehörten die Philippinen zu den modernsten und entwickeltesten Staaten der Region. Selbst der biedere Daimler entdeckte den neuen Markt für seine Nobelkarossen: Neben Sydney und Hongkong war Mercedes in Asien/Pazifik damals nur in Manila mit einer eigenen Niederlassung vertreten.

Dennoch bekannte der spanischstämmige und im amerikanischen Exil gestorbene Präsident Manuel Quezon bereits Ende der dreißiger Jahre, lieber in der philippinischen Hölle als im amerikanischen Himmel leben zu wollen. Bis heute schwanken viele Filipinos zwischen Hollywood, chinesischem Geschäft und Patriotismus.

Mabuhay, willkommen auf den Philippinen!

Die Ankunft war ernüchternd: Ein aus der Zeit gefallener überfüllter Flughafen, Verkehrsstau und Nieselregen. Aus dem Hotelfenster blickte ich auf finstere Betonfassaden, in deren nächtlichen Schatten nur wenige Passanten vorbeihuschten. Nein, lieber kein Risiko eingehen, der Bankautomat konnte bis morgen warten. Dass mir diese Stadt nach kurzer Zeit ans Herz wachsen würde, hätte ich mir am ersten Abend nicht träumen lassen.

Anders als in Hanoi gibt es nur noch wenige Bauten, die an die wechselvolle Geschichte erinnern. Manila wurde im 2. Weltkrieg weitgehend zerstört: erst bombten sich die Japaner rein, dann wurden sie mit amerikanischer Luftwaffe und Häuserkampf wieder vertrieben. Zurück blieb ein Trümmerfeld.

Ähnlich wie in Hamburg, Köln oder Dresden erfolgte der Wiederaufbau im Geschmack und mit dem begrenzten Budget der Nachkriegszeit. Soziale Gegensätze prägen das Stadtbild: Bürotürme, eingezäunte Villenviertel und Slums liegen dicht beieinander. Ganze Stadtbezirke werden neu aus dem Boden gestampft. Manila lebt, wächst und wuchert organisch; weitgehend privatfinanziert, ohne staatliche Protzbauten. Metro

Manila ist ein Zusammenschluss urbaner Inseln. Jeder gewählte Bürgermeister, jeder Ortsvorsteher verteidigt seine Klientel und macht sein Ding. Im Guten wie im Schlechten.

Ein lokaler Freund berichtete mir über ein Gespräch vom gleichen Tag zwischen einem Vorstadt-Bürgermeister und seinem Assistenten: »Sir, wir haben Geld für eine Brücke bekommen.« »Ausgezeichnet!« »Aber Sir, wir haben doch gar keinen Fluss.« »Macht nichts, um den Fluss kümmern wir uns später!«

Das war Retro-Manila; sozusagen die Kehrseite dezentralisierter demokratischer Entscheidungsprozesse, die wir so lieben.

Aber die Zukunft sieht anders aus. Die neu erbauten ultramodernen Stadtviertel mit wirtschafts- und bürgerfreundlicher Verwaltung würden manch heimisches Stadtoberhaupt neidisch machen. Wo eben noch Jeepneys qualmten und röhrten, herrschen jetzt Fortschrittsglaube und Unternehmergeist. Sicherheitskräfte wachen über Rauchverbote in der Fußgängerzone und geleiten Kinder über saubere Straßen. Im Viertel klappt's. Aber es fehlt eine flächendeckende staatliche Infrastruktur. Täglich bricht der Verkehr zusammen; ein befreundeter Firmenchef verstarb, weil der Notarzt im Stau steckenblieb.

Unsere Botschaft befand sich im 25. Stockwerk eines Bankturms. Fast wie in New York blickte ich von meinem Schreibtisch auf Dächer mit Hubschrauberlandeplätzen. Ein durchaus erhabenes Gefühl; nur bei Taifunen und gelegentlichen Erdstößen sehnte sich manch ein Kollege nach mehr Bodenhaftung.

Anders ging es unserem Konsularteam: Trotz luftiger Unterbringung standen die Kollegen mit beiden Beinen fest auf der Erde. Etwa 12 000 Landsleute wollten betreut werden, von der Geburt bis zum Erbschein; Pässe, Heiratspapiere, Vaterschaftsanerkennungen, Express-Visa für Geschäftsleute und dergleichen mehr.

Hinzu kam noch ein besonderes Problem: Die Philippinen kannten keine Ehescheidung. Eine katholische Ehe konnte nur bei Unfruchtbarkeit oder Geisteskrankheit eines Partners mit Zustimmung aus Rom annulliert werden. Das war zeitraubend und teuer. Und wer möchte schon öffentlich Zweifel an seiner Manneskraft oder seinem Gemütszustand einräumen? Da war es einfacher und billiger, sich eine zweite Geburtsurkunde zu kaufen, um die neue Liebe heiraten zu können. Wenn der Schwindel an unserem Schalter aufflog, war der Jammer groß. Offen gestanden, mir taten die jungen Frauen leid: sie wurden mit ihren Kindern vom Ehemann ohne Unterhalt sitzengelassen. Damit war ihnen die Zukunft verbaut. Häufig lebenslänglich.

Noch schlimmer waren die ungeklärten Todesfälle: bereits 1963 wurde der berühmte Mime Gustaf Gründgens leblos in der Badewanne des Manila Hotels aufgefunden. Die genauen Umstände wurden nie aufgedeckt, man ließ die Sache auf sich beruhen. Mephisto war tot. So war das damals. Auch der außereheliche Liebestot eines berühmten deutschen Bankers in den achtziger Jahren wurde diskret abgewickelt. Bei der Vernehmung gab die Herzensdame lakonisch zu Protokoll: »I thought he was coming, but I didnt know he was going!«. Amen.

Heute muss ein Konsul häufig Kommissar spielen und die Behörden unterstützen, Mord, Totschlag, Körperverletzung und Betrug mit deutschen Tätern oder Opfern aufzuklären.

Noch kurz vor meiner Abreise wurde ein deutsch-italienischer Manager des Shangri-la-Hotels morgens auf dem Weg zur Arbeit erschossen. Offenbar handelte es sich um den Auftragsmord eines Nebenbuhlers. Die Spur führte ins Nobelviertel zum Spross einer alten Familie; die Sache wurde aber trotz mehrfacher Vorsprache beim obersten Polizeichef nie aufgeklärt. Zeugen und Beweismittel waren über Nacht beiseite geschafft worden. Ähnliches passierte in einem anderen Fall: Ein Münchner wurde beschuldigt, am Traumstrand der beliebten Ferieninsel Boracay eine lokale Begleiterin grausam ermordet zu haben. Die Beweislage war erdrückend, doch plötzlich war das blutverschmierte Hemd des Täters aus der Polizeiwache verschwunden.

Vor allem die Fahndung nach in der Heimat gesuchten Kinderschändern stellte uns vor große Herausforderungen: Die philippinische Polizei kooperierte professionell, aber die Auslieferung war stets ein bürokratischer Wettlauf mit der Zeit: Auslieferungshaft ist rechtlich begrenzt und bei Abschiebungen gab es Streit um die Kostenübernahme. Zudem fanden sich kaum Zeugen, die bereit waren, in Deutschland auszusagen. Ohne handfeste Beweise wurden Verdächtige, die wir mühsam festgesetzt hatten, von unserer Justiz wieder laufen gelassen. Ich verstehe inzwischen, wie sich ein Polizist fühlt, der einen entwischten Verbrecher frech und frei Unter den Linden spazieren gehen sieht.

Einmal wurde ich beauftragt, in Manila einen Verdächtigen in einem deutschen Mordprozess zu vernehmen. Die gesamte große Strafkammer war mit Staatsanwältin, Verteidigern und Dolmetscher für eine Woche aus Deutschland angereist. Auf Staatskosten. Ein Asylant sollte vor einer Unterkunft in der Nähe von Frankfurt einen Landsmann mit einer Gabel erstochen haben. Der Beschuldigte war in seine Heimat nach Bangladesch geflüchtet. Er weigerte sich, in Deutschland auszusagen, da er wohl zu Recht seine Festnahme befürchtete. Also wurde er unter Zusicherung freien Geleits und Kostenübernahme auf den Philippinen nach deutschem Recht vernommen. In einer Verhandlungspause klagte mir der erfahrende Vorsitzende Richter sein Leid: Inzwischen sehe er Mörder, die er lebenslänglich ins Gefängnis geschickt hatte, bereits zum zweiten Mal auf der Anklagebank. Langsam sei es an der Zeit, aufzuhören. Die im Ergebnis sinnlose Verhandlung in Manila hat wohl auch nicht zu seiner Motivation beigetragen: außer Spesen nichts gewesen. Der Verdächtige kehrte wohlbehalten in seine Heimat zurück.

Komplizierter und teurer war ein anderer Fall, der unsere Beziehungen zu den Philippinen ernsthaft belastete: Unter Präsident Ramos hatte 1997 ein von der Fraport AG geführtes Konsortium den Auftrag für den Neubau eines dritten Terminals für den Flughafen Manila erhalten. Die Finanzierung erfolgte über ein 25-jähriges Betreibermodell, so dass für die philippinische Regierung keine Kosten anfielen. Wenige Monate vor der Fertigstellung stoppte und enteignete die nachfolgende Arroyo-Regierung das Projekt entschädigungslos. Angeblich lag der Auslandsanteil über den verfassungsmäßig erlaubten 40 Prozent, was von den Investoren bestritten wurde. Die dringend benötigte Abfertigungshalle stand leer; die Anwälte auf allen Seiten verdienten sich eine goldene Nase. Bei dem Schiedsverfahren in New York stieg der Streitwert auf rund eine Milliarde Dollar. Wegen einer Bürgschaft gehörte auch die Bundesregierung zu den geschädigten Gläubigern. Anders als die börsennotierte Fraport AG kann der Bund nicht abschreiben und musste seine Ansprüche verfolgen.

Ich mühte mich zu retten, was zu retten war: vom Präsidentenpalast über Talkshows bis in die Hinterzimmer der Finanzwelt. Die Regierung blockte alle Versuche, zu einem Kompromiss zu gelangen und eröffnete auf eigene Faust den aus unserer Sicht widerrechtlich enteigneten Flughafen. Auch der neu gewählte Präsident Aquino ließ mich abblitzen: Er sähe das Problem, könne aber nur bezahlen, wenn er von einem Gericht dazu gezwungen würde. Dennoch, man sollte nie aufgeben. 2016, lange nachdem ich das Land verlassen hatte, zahlte die Regierung nach einem Supreme-Court-Urteil eine angemessene Entschädigung.

Warum schildere ich das so ausführlich?

Weil wir aus dem Fall einiges lernen können: Große Infrastrukturaufträge in Entwicklungs- und Schwellenländern bekommt man in aller Regel nur, wenn man eine passende Finanzierung anbieten kann. Da stecken jedoch Risiken drin, die selbst für kapitalkräftige private Unternehmen und Banken schwer kalkulierbar sind. Trotz Investitionsschutzabkommen und staatlicher Garantien.

Politik ist nicht versicherbar. Selbst wenn man trotz Immunität einen Rechtstitel gegen einen fremden Staat erworben hat, muss man den erst einmal vollstrecken. Botschaften und Kriegsschiffe sind tabu; Fluggesellschaften weitgehend privatisiert und staatlicher Grund- und Aktienbesitz im Ausland ist schwer nachzuweisen. Der Fall, dass ein tapferer Richter den Privatjet des damaligen thailändischen Kronprinzen auf dem Münchner Flughafen beschlagnahmte, um eine unbezahlte Rechnung aus einem öffentlichen Auftrag in Bangkok zu vollstrecken, dürfte die Ausnahme bleiben. Im internationalen Flughafengeschäft verdienen deutsche Unternehmen heute ihr Geld überwiegend als hochspezialisierte Berater und Betreiber, nicht mehr als Baumeister und Investoren.

Der Kostendruck zeigte sich auch beim Auftritt der deutschen Wirtschaft vor Ort: Siemens, Bayer, Bosch und Co wurden vor wenigen Jahren noch zum Teil bis ins mittlere Management deutsch geführt. Heute sind die lokalen Chefposten überwiegend international besetzt. Die Zeit der hanseatischen Kammerherrn und bayerischen Schafkopfer neigt sich in Asien dem Ende zu. Man spricht Englisch, weshalb wir an der deutschen Schule in Manila gegen anfänglichen Widerstand der Alteingesessenen einen internationalen Zweig eingeführt haben.

Das Profil der Kammer musste ebenfalls angepasst werden. Hier war es umgekehrt: Die von uns geförderte Europäische Kammer sprach Englisch, vertrat aber, da zur Wettbewerbsneutralität verpflichtet, kaum deutsche Interessen. Vor allem unser Mittelstand und kleinere Dienstleister brauchen mehr Mikro als Makro: praktische, maßgeschneiderte Beratung und handfeste Türöffner statt volkswirtschaftlicher Analysen. Die interessierten Unternehmen gründeten daher in Eigeninitiative mit unserer Hilfe eine deutsch-philippinische Handelskammer. Mit ehrenamtlichem Vorstand und privat finanzierten Mitarbeitern; ohne Verbandsfunktionäre aus der Heimat.

Berlin tat sich zunächst schwer mit diesem eigenwilligen Stiefkind. Ohne staatliche Fürsorge und Kontrolle entwickelte sich das Projekt jedoch prächtig. Als erste Ausländer veranstalteten wir eine deutsche Leistungsschau mitten in der Fußgängerzone. Mabuhay Germany. Mit Verkaufsständen,

Musik und deutschstämmiger Schönheitskönigin. Dennoch dauerte es Jahre bis zur Aufnahme in das weltweite Kammernetz des DIHK. Ende gut, alles gut. Bei aller Flexibilität: Standfestigkeit und Geduld bleiben Markenzeichen des erfolgreichen Kaufmanns und Diplomaten.

Erfahrene Kollegen hatten mich vor der Ausreise gewarnt: Manila sei ein Job mit Nachtschicht. Kein Problem, dachte ich, ich kenne unser Metier. In all den Jahren habe ich mich nie um gesellschaftliche Verpflichtungen gedrückt. Vom Staatsbankett bis zum Oktoberfest-Anstich, das gehörte einfach dazu. Aber, ehrlich gesagt, alles in allem war der Einsatz an der Buffet-Front oft mehr Pflicht als Neigung. Die Salonplaudereien erinnerten mich gelegentlich an die berühmte Parallelaktion in Robert Musils »Mann ohne Eigenschaften«: wortreich, aber tatenarm. Nur weniger geistreich als die Wiener Gesellschaft am Vorabend des Ersten Weltkriegs.

Damit Sie mich nicht falsch verstehen, ich bin kein Mann von vorgestern. Ich freue mich, in unserer aufgeklärten und modernen Welt mit all ihren Annehmlichkeiten zu leben.

Da waren wir in Manila gut aufgehoben. Aller Religiosität zum Trotz, hatten es die meisten Philippiner nicht eilig, ins Paradies zu kommen. Die oberen Zehntausend genossen das Leben in vollen Zügen, mit Hubschraubern und Polo-Pferden; aber auch die einfachen Leute liebten die irdischen Freuden.

Wie hatte Heine so schön im Wintermärchen gedichtet: »Wir wollen auf Erden glücklich sein, und wollen nicht mehr darben, … Ja, Zuckererbsen für jedermann, sobald die Schoten platzen, den Himmel überlassen wir den Engeln und den Spatzen.«

Die Gegensätze waren frappierend: Philippinische Politik konnte brutal sein; in jedem Wahlkampf gab es Tote. Abends wurde gefeiert.

Und es gab einen patriotischen Verhaltenskodex: Selbst kleine Veranstaltungen wurden mit stehend geschmetterter Nationalhymne und Fürbitte eingeleitet. Solche Rituale sind den meisten Nachkriegs-Deutschen fremd. Aber dann kommt der wohltuende Unterschied: Nach der Referenz an Gott und Vaterland folgen launige Ansprachen, keine freudlosen Bußpredigten. Ernste Botschaften werden mit Humor serviert. Philippiner können über ihren Schatten springen und sich selbst zum besten halten. Ex-Präsident Fidel Ramos hätte sein Geld auch als Kabarettist auf internationaler Bühne verdienen können. Selbst der sittenstrenge Kardinal Sin (!) pflegte seinen Feldzug gegen die Geburtenkontrolle mit einem Kalauer einzuleiten: Er sei als 14. von 16 Kindern geboren worden. Hätten seine Eltern verhütet, gäbe es ihn nicht. Da sähe man doch, wohin die Lockerung der Sitten führen würde. Mit galliger Trübsal kann man auf den Philippinen keinen Blumentopf gewinnen.

Das gilt auch für Diplomaten. Unterstützt von meiner Frau, habe ich die Herausforderung gerne angenommen. Wir waren praktisch jeden Abend unterwegs; langweilig war es nie. Vom Kleinkind bis zum 90-jährigen Wirtschaftspaten: alle konnten singen und tanzen. Gelegentlich musste ich mit Madame sogar auf den Laufsteg, um die neueste Barong-Kollektion vorzuführen. Was tut man nicht alles für einen guten Zweck. Meine Frau engagierte sich ehrenamtlich und veranstaltete mit anderen Damen diverse Wohltätigkeitsveranstaltungen mit Patenschaften für Waisenkinder. Auf eigene Kosten und mit einiger Mühsal. Dem Vernehmen nach war die Koordinierung von Kollegenfrauen komplizierter als die Abstimmung der Exzellenzen im Diplomatischen Corps. Kein Kommentar!

Mittelpunkt des deutschen Lebens in Manila war der vor über 100 Jahren gegründete Deutsche Klub. Er war vielen Landsleuten zur zweiten Heimat geworden: Fußball, Golf, Gottesdienste, Skat, Bremer Grünkohl, Hamburger Hering, Oktoberfest und Weihnachtsfeier. Zudem viele Veranstaltungen mit prominenten Gästen aus Politik, Wirtschaft und Kultur, die bleibende Verbindungen schufen.

Wie in allen Vereinen, gab es hitzige Debatten über die künftige Ausrichtung: klein aber fein, oder internationaler, jünger und weiblicher? Wir brauchten beides, einen festen Markenkern und gleichzeitig eine schrittweise Öffnung. Die meisten Philippiner, die zu uns kamen, wollten bei Currywurst, Hax'n und Bier auf Englisch mit deutschen und internationalen Freunden und Geschäftspartnern plaudern. Ein Großteil der deutschen Mitglieder war ohnehin philippinisch verheiratet. Schon deshalb gab es weder Deutschtümelei noch Nachwuchssorgen.

Nur einmal stimmte der Vorstand gegen einen Kandidaten: Michael Beck, der promiente Spross aus der Familie des Münchner Traditionslokals »Bratwurst Glöckl«, musste draußen bleiben. Beck, der als junger Mann 1994 zum deutschen Wirt des Jahres gekürt worden war, hatte seinen Bentley am Münchner Flughafen stehen lassen und sich unter Hinterlassung erheblicher Schulden mit philippinischer Frau und Kindern nach Manila abgesetzt. Der Ruhm war ihm offenbar zu Kopf gestiegen. Michael Graeter alias Baby Schimmerlos lässt grüßen. Liberalitas Bavariae: Ich hatte mich vergeblich für den sündigen Landsmann eingesetzt.

Gottes Harfe hat viele Saiten, das gilt nicht nur für die vergleichsweise kleine deutsche Gemeinde. Auf den Philippinen wird das Leben immer noch weitgehend durch die Geburt bestimmt. Etwa 20 führende Familien kontrollieren weite Teile von Politik und Wirtschaft. Sogar Imelda Marcos, die legendäre Witwe des früheren Diktators, zeigte sich gelegentlich noch wie Mozarts Königin der Nacht auf VIP-Empfängen. Sohn »Bongbong« war Abgeordneter, später Senator und gilt als möglicher Präsidentschaftskandidat. Trotz aller politischen Differenzen, in der besseren Gesellschaft kennt man sich wie im Kölner Klüngel. Fehltritte werden nach einiger Zeit verziehen; Politik beruht mehr auf persönlichen Bindungen und wechselnden Allianzen als auf Weltanschauungen.

Neben den vor allem in der Politik tonangebenden alteingesessenen spanischstämmigen Familien dominieren inzwischen chinesische Clans die Forbes-Liste der reichsten Philippiner. Die »Chinoys« sind bestens assimiliert. Mit dem

Aufstieg Chinas hat allerdings eine Rückbesinnung auf die alte Heimat eingesetzt. Die Nachfahren einstiger Wirtschaftsflüchtlinge möchten nicht zurück. Sie versuchen jedoch, ihre kulturellen und sprachlichen Bindungen für ihre Geschäfte zu nutzen.

Die soziale Durchlässigkeit bleibt begrenzt: Auf den Eliteuniversitäten studieren überwiegend die Kinder der Wohlhabenden und Gebildeten. Sie leben in schwer bewachten, exklusiven Ghettos; behütet und verwöhnt von Kindermädchen, Köchinnen, Fahrern und Leibwächtern, während die Elendsviertel von Drogen und gewaltbereiten Jugendbanden terrorisiert werden.

Gleichwohl überrascht, dass die sozialen Ungleichgewichte bislang nicht zu systemgefährdenden Massenprotesten geführt haben. Vielleicht hilft es, dass man in diesem Land seine Meinung frei äußern und veröffentlichen darf. Die zu emotionsgeladenen Übertreibungen neigenden Medien sind alles in allem mehr ein Ventil als ein Brandbeschleuniger.

Ein besonderes Problem ist der weit verbreitete Besitz von Handfeuerwaffen. Da kann schon ein Nachbarschaftsstreit leicht in eine tödliche Schießerei ausarten. Zum Valentinstag bewarb ein großes Waffengeschäft seine Pistolen mit fetten Rabatten. Bewaffnet zum Liebesmahl? Oder vielleicht eine kleine Glock in Pink oder Tiffany Blau für Madame, passend zur Gucci-Tasche?

Zwei Monate nach meiner Ankunft gab es einen operettenhaften Putschversuch: Der für solche Aktionen berüchtigte und verurteilte Senator (!) Antonio Trillanes IV marschierte mit einem Brigadegeneral und 25 Getreuen in das Peninsula Hotel im Herzen Makatis und forderte die Absetzung von Präsidentin Gloria Macapagal-Arroyo. Am Abend donnerte ein Transportpanzer der Armee in die Eingangshalle der Nobelherberge und bereitete dem Spuk ein Ende. Die müden Helden ergaben sich ohne Gegenwehr. Die Bevölkerung blieb gelassen.

Ernster war ein anderer Zwischenfall einen Monat zuvor: Meine Frau saß beim Mittagessen im vierten Stock des Glorietta Einkaufszentrums. Plötzlich ein dumpfer Knall. Madame blieb als einzige sitzen und beendete ihre Mahlzeit. Vietnamesen lassen sich nicht gerne beim Essen stören. Dann wurde sie von besorgten Sicherheitskräften als letzte Person aus der Mall evakuiert. Im Erdgeschoss war eine Bombe explodiert. Mehrere Angestellte und Besucher kamen ums Leben; das Gebäude erlitt Totalschaden. Die Hintergründe des Anschlags wurden nie völlig aufgeklärt.

Trang hatte offenbar einen Schutzengel, das hätte schief gehen können. Mein tschechischer Freund und Kollege Ivo Zdarek hatte weniger Glück: Kurz nach seiner Versetzung von Vietnam nach Pakistan fiel er dem islamistischen Bombenanschlag auf das Marriott Hotel in Islamabad zum Opfer. Nach der ersten Detonation konnte er zunächst ins Freie flüchten. Dann kehrte er zurück, um seine vietnamesische Partnerin zu retten. Beide kamen in dem Inferno um. Ivo war erst 47 Jahre alt; seine junge Freundin hatte mit der meinen zusammen im Goethe-Institut in Hanoi Deutsch gelernt.

Zum Teufel mit den Terroristen. Auch wenn man das im politischen Berlin nicht gerne hört: Ich habe mich über die Tötung von Osama bin Laden und Abu Bakr al-Bagdadi durch amerikanische Kommandos von ganzem Herzen gefreut! Wohl wissend, dass der Terror mit neuen Gesichtern weitergeht.

Terror ist im Kern kein soziales Problem. Nirgendwo. Deshalb ist ihm auch nicht einfach mit Geld und Erziehung beizukommen. Die Kerle wissen und wollen, was sie tun. Von den russischen Anarchisten des 19. Jahrhunderts bis zu den islamistischen Mordbanden der Gegenwart: Die gut ausgebildeten Anführer stammen oft aus wohlhabenden Familien. Unter Berufung auf eine religiöse oder politische Heilslehre genehmigen sie sich und ihren Gefolgsleuten eine unbegrenzte Lizenz zum Töten. Der Zweck heiligt die Mittel. Ohne die Gewissensbisse und Reue des Studenten Rodion Raskolnikow aus Dostojewskis »Schuld und Sühne«.

Eine wichtige Durchgangsstraße in meiner Nachbarschaft in Manila war nach dem amerikanischen Präsidenten McKinley benannt. Was wenige wissen, der Bürgerkriegsveteran und Wirtschaftsreformer wurde 1901 in den USA von einem Anarchisten erschossen.

Terror kennt keine Grenzen. Vor allem im Süden der Philippinen, auf Mindanao und den Inseln der romantischen Sulu-See morden und brandschatzen radikale Gruppierungen mit Anführern und Ablegern der internationalen islamistischen Terror-Netzwerke. Ausländer und Priester sind beliebte Ziele. Dabei geht es auch ums Geschäft: Die Buschkrieger brauchen Geld und Waffen. Ebenso wie die kommunistischen Rebellen der NPA, die in ihrem Einflussgebiet »revolutionäre Steuern« eintreiben. Die Grenzen zwischen Überzeugungstätern und Banditen sind fließend, wie in Lateinamerika. Che Guevara, der Poster Boy der Achtundsechziger, war ebenfalls kein engelsgleicher Heilsbringer, sondern ein gescheiterter Revolutionär mit Blut an den Händen.

Für die komplizierten Konflikte im Süden ist trotz Friedensprozesses keine schnelle oder einfache politische oder militärische Lösung in Sicht. Neben verschiedenen muslimischen Gruppierungen gibt es noch indigene, rivalisierende Familienclans und Reste der Kommunisten mit jeweils wechselnden Bündnissen und Fronten. Zudem: 70 % der Bevölkerung Mindanaos sind Christen, nur etwa 20 % Muslime. Für die ererbten Probleme gibt es kein Patentrezept, man kann sie bestenfalls managen. Durchwursteln hieß das in der alten Österreichisch-Ungarischen Doppel-Monarchie.

Nur der Bürgermeister von Davao glaubte, den Teufel mit dem Beelzebub austreiben zu können: er rühmte sich, seine Stadt mit Hilfe von Todesschwadronen von Ganoven aller Art gesäubert zu haben. Eine europäische Menschenrechtsdelegation war überrascht, dass die Bürger in Mindanaos größter Stadt ihren »Revolverhelden« Rodrigo Duterte für sein hartes Durchgreifen verehrten. 2016 wurde der Mann zum philippinischen Präsidenten gewählt. Trotz seines blutigen Feldzugs gegen Drogendealer und Drogensüchtige erfreut er sich bis heute höchster Zustimmungsraten.

Die Philippiner lieben ihre Heimat; dennoch suchen viele ihr Glück im Ausland. Balikbayan, der »Export« von Arbeitskräften ist der wichtigste Devisenbringer. Rund 12 Millionen Menschen arbeiten außerhalb der Landesgrenzen. Ob in privaten Haushalten, Hotels, auf Kreuzfahrtschiffen, in Krankenhäusern oder im mittleren Management, überall trifft man Landeskinder. Häufig überqualifiziert, aber besser bezahlt als in der Heimat. Mehrere deutsche Reedereien unterhielten Rekrutierungsbüros in Manila, um Seeleute auszubilden und anzuheuern; vom Leichtmatrosen bis zum Kapitän. Englisch als zweite Muttersprache und eine weltoffene Grundeinstellung erleichtern den Aufenthalt in fremder Umgebung. Nur bei Hausangestellten in arabischen Ländern kommt es immer wieder zu Problemen.

Von Bekannten und Botschaftskunden wurde ich wiederholt gefragt, ob es möglich sei, privat philippinische Pflegekräfte einzustellen. Die Leute waren bereit, die Reisekosten und etwa 1 000 Euro im Monat aus eigener Tasche zu bezahlen. Unsere Experten winkten ab: es sei praktisch unmöglich, von den zuständigen Behörden in Deutschland eine Arbeits- und Aufenthaltserlaubnis zu bekommen. Einige würden sich mit Au-pair-Verträgen behelfen; dafür gäbe es allerdings eine Altersgrenze von 25 Jahren sowie eine zeitliche Befristung.

Ich wollte das nicht so recht einsehen: unter meinen Altersgenossen kannte ich viele, die gerne eine private Pflegerin für ihre Eltern eingestellt hätten. Die Philippiner genießen auf diesem Gebiet einen ausgezeichneten Ruf.

Ich fasste Mut und sprach das Thema beim Treffen mit der Bundeskanzlerin auf der jährlichen Botschafterkonferenz an. Meinen Kurzvortrag schloss ich mit dem Hinweis auf die kulturelle Affinität der christlichen Philippiner zu unseren Werten und unserer Gesellschaftsordnung; anders als Migranten aus anderen Teilen der Welt, seien sie weder in der Kriminalstatistik noch als Terroristen aufgefallen. Das einzige Risiko bestände darin, dass die Krankenschwestern sich verlieben und deutsche Freunde, Kollegen oder Patienten heiraten könnten. Angesichts unserer negativen Bevölkerungsentwicklung sähe ich solche Partnerschaften aber eher positiv. Die Chefin schmunzelte, ließ mich aber vor versammelter Kollegenschar abblitzen: unter den Langzeitarbeitslosen müsse man zunächst an die alleinerziehenden Mütter und an die Alten denken. Beide Gruppen seien schwer vermittelbar. Im Übrigen hätten EU-Bürger Vorrang vor außereuropäischen Kandidaten. Huk, der Häuptling hat gesprochen.

Aus meiner früheren Tätigkeit im Kanzleramt wusste ich, wie schwer es ist, ein gewachsenes Regelwerk zu verändern. Dennoch, unmöglich ist es nicht. Und in der modernen Welt müssen wir gelegentlich auch über Berlin und Brüssel hinausdenken, um den heimischen Wohlstand zu sichern und zu mehren.

Jahre später wurde eine Vereinbarung mit den Philippinen unterzeichnet, die die Entsendung von Pflegekräften ermöglicht; allerdings mit zahlreichen bürokratischen Einschränkungen und zu gleichen Bedingungen wie deutsche Kräfte. Das Modell der privaten Auswahl und Beschäftigung einer 1 000-Euro-Kraft war damit erledigt. Das deutsche Bruttogehalt einer Pflegekraft übersteigt das Budget eines mittleren Einkommensempfängers bei weitem. Sicher, wir wollen kein Lohndumping durch billige Konkurrenz aus Übersee. Dennoch glaube ich, dass die private häusliche Pflege von Angehörigen nicht mit illegalen Arbeitern im Baugewerbe vergleichbar ist; nicht einmal mit schwarz beschäftigten Haushilfen.

Erlauben Sie mir noch einen Nachsatz zum Thema Gesundheit: einige Landsleute warben in Manila für das umgekehrte Geschäftsmodell, den Medizintourismus: Deutsche sollten zur Behandlung auf die Philippinen fliegen oder sich am besten gleich dort niederlassen. Offen gestanden, ich rate davon ab.

Auf den Philippinen muss man jeden Arztbesuch oder Krankenhausaufenthalt vorab bar oder mit Kreditkarte bezahlen. Selbst Schwerverletzte ohne Geld werden von Spitälern abgewiesen; ein deutscher Geschäftsmann, der einen Herzinfarkt erlitt, sollte 50 000 USD für die erforderliche Operation berappen. Das überstieg den Kreditrahmen auf seiner Karte. Im Klartext: auf den Philippinen wie in vielen Schwellenländern herrscht bei der medizinischen Versorgung ein Klassensystem. Wer es sich leisten kann und die richtigen Leute kennt, wird bestens versorgt; der Rest darbt. Zur Botschaft kamen etliche deutsche Aussteiger, die ohne Krankenversicherung verzweifelt um Hilfe baten. Auch Tauch- und Surflehrer altern und kränkeln.

Die Philippinen sind ein nahezu ideales Urlaubsparadies. Gleichwohl würde ich nicht empfehlen, sich ohne belastbare berufliche oder persönliche Bindung dort dauernd niederzulassen.

Junge Paare aus der Heimat schrieben uns häufig, dass sie auf einer philippinischen Insel heiraten möchten. Unter Wasser, versteht sich. Mein altväterlicher Rat: Die Ehe ist ein ernsthaftes und folgenreiches Rechtsgeschäft, das man am besten daheim auf dem Standesamt vornimmt. Feiern kann man dann überall; gerne auch mit Trauzeugen im Fallschirm oder tauchendem Pfarrer. Was ein deutscher Stempel wert ist, merkt man immer erst, wenn er fehlt.

Auch ich habe gelegentlich an den goldenen Streben meines Käfigs gerüttelt, mich dabei aber weitgehend an die alte Beamtenregel gehalten: Dienst ist Dienst, Schnaps ist Schnaps.

In Manila hatte ich den Enkel des Flugpioniers Claude Dornier kennengelernt. Iren hatte sich auf dem ehemaligen US-Luftwaffenstützpunkt Clark niedergelassen. Dort betrieb er eine regionale Fluggesellschaft; zudem entwickelte er ein zweisitziges Wasserflugzeug. 2004 hatte er mit einer historischen Do 24 die Welt umrundet. Iren Dornier war ein ziviles Fliegerass, Erfinder und leidenschaftlicher Sammler fliegender Oldtimer. Zu seiner Sammlung gehörte auch ein Alpha-Jet. Als ob er Gedanken lesen könnte, lud er mich zu einem Rundflug ein.

Meine Frau schalt mich einen dummen Jungen: »Denk an die Familie!« Recht hatte sie, aber ich war nicht mehr umzustimmen.

Kurze Zeit später begrüßte mich Iren jovial in seinem Büro am Flugplatz in Clark. Nach flüchtiger Musterung befand er mich für fit und verpasste mir einen XL Overall mit Helm. Der Rücksitz der Maschine war mit vollem Cockpit ausgestattet. Knappe Einweisung in Atemmaske und Schleudersitz, dann ging's los. Mit einer Spitzengeschwindigkeit von 1 000 km/h machte der kleine, unbewaffnete Kampfjet einen Höllenlärm. Im Tiefflug donnerten wir über den Strand und die Vulkanebene des Mount Pinatubo. Nicht nur das. Iren zeigte sein ganzes Können: Wir drehten Loopings und vollführten allerlei Kunststücke. Auch ich musste gelegentlich steuern und den Flieger um die eigene Achse drehen lassen. Die Fahrgeschäfte auf der Wies'n sind dagegen Kinderkram. Mir bleibt es bis heute ein Rätsel, wie echte Kampfpiloten bei diesem Tempo Krieg führen können.

Wir landeten sicher und mit etwas weichen Knien stand ich wieder auf der Erde. Stolz wie ein Schulbub nach bestandener Mutprobe.

Tragisch war nur, dass ein Jet der philippinischen Luftwaffe am selben Tag auf der gleichen Strecke abstürzte. Vermutlich ein Wartungsfehler.

Auf dem Rückweg musste ich an die wechselvolle Geschichte dieses Orts denken: Clark und der ehemalige Flottenstützpunkt Subic wurden Anfang der neunziger Jahre aufgelöst. Wo zur Zeit des Vietnamkriegs Bomber aufstiegen und Kriegsschiffe beladen wurden, befinden sich heute ein ziviler Flugplatz und Hafen, eine Sonderwirtschaftszone, Golfplätze und Hotels. Nur die verbliebenen GI-Bars und das Nachtleben im benachbarten Angeles erinnern noch an die fremden Krieger vergangener Tage. Heute zechen und flirten in der friedlich-frivolen Fields Avenue koreanische und chinesische Touristen.

Wie wird es weiter gehen?

Die Amerikaner sind immer noch der wichtigste militärische Verbündete der Philippinen. Inzwischen wurde sogar ein neues Abkommen unterzeichnet, das die vorübergehende Stationierung und Versorgung von US-Truppen erlaubt. Mit Blick auf den Streit um die Inselgruppen im südchinesischen Meer versuchen die Chinesen den amerikanischen Einfluss mit einer strategischen Wirtschaftsoffensive zu konterkarieren. Das nationale Stromnetz wird bereits von einem Staatsunternehmen aus dem Reich der Mitte kontrolliert. Im Ernstfall könnte Peking den Stecker ziehen. Nachdem sich Manila zu meiner Zeit noch mit Staaten wie Vietnam gegen die völkerrechtswidrigen Pekinger Gebietsansprüche im Südchinesischen Meer verbündet hatte, setzt die Duterte-Regierung zunehmend auf chinesische Investitionen. Das hält die Marine der kommunistischen Supermacht nicht davon ab, die von ihr illegal besetzten Inseln vor Palawan zu befestigen. Pax Sinica, frei nach dem französischen General Mac Mahon im Krimkrieg: »J'y suis, j'y reste«! Hier bin ich, hier bleibe ich.

Das kann noch spannend werden. Niemand möchte es sich mit den roten Mandarinen verderben. Dennoch, oder gerade deshalb, freut man sich in Manila über den regelmäßigen Besuch der 7. Flotte. Im Falle eines Falles könnten nur die Amis das Land vor dem übermächtigen Nachbarn beschützen. Die meisten Philippiner wollen einfach ihre Unabhängigkeit und Freiheit bewahren. Und sie wissen, dass das, trotz aller Streitereien, mit Washington einfacher ist als mit Peking.

Noch einmal der Vergleich zwischen Vietnam und den Philippinen. Wer macht das Rennen?

Schwer zu sagen, beide Aufsteiger haben das Zeug zu einem Spitzenplatz in der Region. In einer Welt, in der Wissen und Daten die wichtigsten Rohstoffe sind, braucht man beides: politische Stabilität und offene Köpfe.

Als Botschafter war ich in Manila als Gast zu einer von der Präsidentin geleiteten Entwicklungskonferenz geladen. In meinem kurzen Beitrag führte ich aus, dass die unterschiedliche Entwicklung in der Region weder der internationalen Entwicklungshilfe, noch den heimischen Rohstoffen oder dem Klima geschuldet sei. Entscheidend seien die politischen Rahmenbedingungen. Ich schloss mit einer Verballhornung des berühmten Clinton-Zitats: »It's politics, stupid!«

Zugegeben, das war frech und hat mir vermutlich Minuspunkte im Malacanang-Palast beschert. Aber es stimmt: Der Auf- und Abstieg einzelner Staaten ist bis heute vor allem politisch bedingt. Dabei ist vorausschauende Regierungskunst nicht unbedingt an ein bestimmtes Gesellschaftsmodell oder politisches System gekoppelt. Was zählt, ist der langfristige Erfolg, nicht die Quartalsbilanz oder die nächste Meinungsumfrage.

15 FERNE FREUNDE: PALAU, MIKRONESIEN UND DIE MARSHALLINSELN (2007 – 2011)

»Das Paradies liegt nicht in der Südsee,
sondern in der Phantasie.«
Stefan Rogal

Die deutsche Kolonialgeschichte im Pazifik ist fast vergessen. Das Kaiserreich erwarb 1899 von den Spaniern das heutige Palau und Mikronesien. Die Gebiete wurden ebenso wie die von deutschen Kaufleuten bewirtschafteten Marshallinseln als Teil Deutsch-Neuguineas verwaltet. Gleich zu Beginn des Ersten Weltkriegs ergab sich die kleine Schutztruppe kampflos den Japanern, die das weitläufige Inselreich bis zum Ende des Zweiten Weltkriegs besetzten und für ihren Angriffskrieg gegen die USA nutzten. Schiffs- und Flugzeugwracks mit zum Teil noch scharfer Munition zeugen von den grausamen Schlachten des pazifischen Inselkriegs.

Nach der Kapitulation der Japaner übernahmen die Amerikaner die Regie. Wirtschaftlich sind die Atolle ein Zuschussbetrieb. Nach dem Überfall auf Pearl Harbour ist den Amerikanern jedoch klar geworden, was es bedeutet, wenn eine feindliche Macht sich in ihrem Hinterhof festsetzt. Das Trauma wirkt bis heute nach. Darum sind die mittlerweile unabhängigen Staaten durch spezielle Verträge mit Washington verbunden. Die Inselbewohner erhalten dauerndes Aufenthalts- und Arbeitsrecht in den USA sowie Finanzhilfen; dafür bleiben die Gebiete im Einflussgebiet der USA und ihrer Streitkräfte.

Wer der Herr im Hause ist, merkt man schon beim Anflug. Fast alle Flüge gehen über das von den USA verwaltete Guam. Die Amerikaner kennen keinen Transit, also muss man um vier Uhr morgens zunächst einmal in die USA einreisen: »Sir, was wollen Sie in den Vereinigten Staaten, machen Sie Geschäfte, haben Sie Verwandte, wo wohnen Sie?« Mein französischer Kollege, ein gutmütiger Intellektueller, hätte dem Mann fast den Krieg erklärt. Nach dieser Prozedur stellt man sich wieder in eine Schlange, um auszureisen. Dann geht es weiter nach Palau oder im Island-Hopping bis auf die Marshallinseln.

Palau mit seinen knapp 20 000 Einwohnern verfügt ebenso wie der große Bruder über einen gewählten Präsidenten, einen Kongress mit Repräsentantenhaus und Senat sowie einen Supreme Court. Daneben gibt es einen Häuptlingsrat für die Vertretung der 16 Einzelstaaten. Unser famoser Honorarkonsul Thomas Schubert stellte mir die sehr deutschfreundlichen Würdenträger alle vor.

Ich kam nicht mit leeren Händen. Während der Hamburger Südseeexpedition zu Beginn des 20. Jahrhunderts hatte der Anthropologe Augustin Krämer eine umfassendes Studie über die heimischen Kulturen verfasst. Wir bereiteten mit lokalen Partnern eine Neuauflage in englischer Sprache vor. Noch heute dient das Werk als Grundlage zur Schlichtung von Stammes- und Grundstücksstreitigkeiten. Mangels eigener schriftlicher Aufzeichnungen sind die Krämer-Bände die wichtigste Quelle für die kulturelle Identität des Inselstaats.

In der kurzen deutschen Kolonialzeit gab es zum Glück keine kriegerischen Auseinandersetzungen mit der einheimischen Bevölkerung. Nur einer versuchte, aus unserer Vergangenheit Kapital zu schlagen:

Vor 1914 hatten die Deutschen auf der zu Palau gehörenden Insel Angaur Phosphat abgebaut und zu diesem Zweck sogar

Ferne Freunde: Palau, Mikronesien und die Marshallinseln

eine heimische Dampflokomotive rübergebracht. Ausgerechnet der palauische Botschafter in New York, dem ich mit einiger Mühe eine Doppelakkreditierung in Berlin verschafft hatte, forderte jetzt nach 100 Jahren Entschädigung für die Folgeschäden des damaligen Bergbaus. Seine Frau stammte aus der lokalen Herrscherfamilie. Die Gesellschaft in Palau ist weitgehend matrilinear geprägt. Bei aller Liebe, da war nichts mehr zu machen.

Palau ist ein Taucherparadies. Man muss nur den Kopf unter Wasser halten und schon sieht man die ganze Farbenpracht der pazifischen Unterwasserwelt. Allerdings ist der Spaß nicht billig. Auf den Inseln muss fast alles eingeführt werden. Vor allem Japaner und Taiwan-Chinesen kommen mit Direktflügen und zahlen die aufgerufenen Preise; in Dollar, versteht sich. Taipeh unterhält offizielle diplomatische Beziehungen und beteiligt sich, ebenso wie Tokyo, mit Entwicklungsgeldern am Aufbau des Landes. Unter den drei Kleinstaaten verfügt Palau über die bei weitem beste touristische Infrastruktur.

Das Inselmeer der Föderierten Staaten von Mikronesien erstreckt sich über ein riesiges Gebiet mit unterschiedlicher Sprache, Kultur und Geschichte. Aus Zeitgründen war ich nur auf der Hauptinsel Pohnpei. Eine alte Kirche mit Friedhof zeugt noch von der deutschen Zeit. Zum Bau von Straßen und öffentlichen Gebäuden verpflichtete die Kolonialverwaltung lokale Arbeitskräfte. 1910 kam es deshalb zu einem Aufstand des Sokeh-Stammes. Die kleine Schutztruppe benötigte vier Monate, um die Revolte niederzuschlagen. Einige Anführer wurden hingerichtet, andere Stammesangehörige auf entfernte Inseln verbannt. Es handelte sich um den einzigen Konflikt dieser Art in ganz Mikronesien. Heute ist Deutschland ein willkommener Kooperationspartner.

Pohnpei gehört zu den regenreichsten Gebieten der Welt. Es wirkte auf mich trotz seiner beeindruckenden Flora und den Ruinen von Nan Madol melancholisch.

In der Stadt Kolonia und am Hafen sieht man die chinesische Präsenz: eine vergleichsweise protzige Botschaft und fischverarbeitende Betriebe. Auch der Tourismus entwickelt sich. Chuuk ist ein beliebtes Ziel für Wracktaucher: in der Lagune liegen zahlreiche Kriegsschiffe auf Grund. Die Insel war ein wichtiger Marinestützpunkt der japanischen Pazifikflotte. Am ursprünglichsten hat sich die traditionelle Kultur mit Bastrock und altem Steingeld noch im Teilstaat Yap erhalten.

Bevor man endlich nach stundenlanger Fliegerei Majuro, die Hauptstadt der Marshallinseln erreicht, gibt es noch eine Zwischenlandung in Kwajalein. Aussteigen und fotografieren streng verboten. Es handelt sich um einen geheimen US-Militärstützpunkt. Offenbar werden hier Raketen und Abwehrsysteme getestet.

Immer wieder wird man an den Krieg erinnert: Das zu den Marshallinseln gehörende Bikini-Atoll wurde, anders als der Name vermuten lässt, von den Amerikanern bis in die fünfziger Jahre als Abwurfgelände für Atom- und Wasserstoffbomben genutzt.

In meiner Schulzeit kam der pazifische Krieg kaum vor. Allenfalls Pearl Harbour. Dabei begann der Weltkrieg in Asien bereits 1937 mit dem Überfall der Japaner auf China und endete erst im August 1945 mit den Bomben auf Hiroshima und Nagasaki.

Trotz Armut, Klimaschäden und der weiten Entfernung bin ich immer gerne nach Majuro gereist. Die politische Führung und die Bevölkerung waren hier besonders deutschfreundlich. Das mag auch an der Geschichte liegen: Die Landnahme erfolgte durch Kaufleute, nicht durch Soldaten. Im 19. Jahrhundert kamen Missionare und Kokospflanzer. 1885 wurde eine deutsche Handelsgesellschaft errichtet. Erst 1906 wurden die Inseln Teil von Deutsch-Neuguinea. Acht Jahre später übernahmen die Japaner.

Am Flughafen begrüßte mich ein älterer Landsmann, der mir als Chef-Ingenieur vorgestellt wurde. Bart und Kleidung erinnerten mich an Rübezahl, aber er schien sein Metier zu verstehen. Auf der Fahrt in die Stadt konnte man sehen, dass dieses knapp über dem Meeresspiegel liegende Eiland Gefahr lief, im Ozean zu versinken. Bis auf wenige moderne Bürobauten sahen die meisten Häuser und ihre Bewohner recht ärmlich aus. Südsee-Romantik wie bei Gauguin gab es allenfalls auf den äußeren Atollen. Auf den mir vorgeschlagenen Besuch einer nahegelegenen österreichischen Nudistenkolonie habe ich gerne verzichtet. Solche Aussteigerinseln gab es offenbar schon früher: Der Schweizer Schriftsteller Christian Kracht beschreibt in seinem satirischen Roman »Imperium« eine Kokosnuss-Nudistengemeinde in Deutsch-Neuguinea zu Beginn des 20. Jahrhunderts.

Dafür habe ich gerne die Einladung von Außenminister Tony de Brum zum Fischessen mit Kava in seinem Privathaus am Strand angenommen. Kava, der sogenannte Rauschpfeffer, ist eine Art Nationalgetränk auf den pazifischen Inseln. Der Gastgeber hatte überwiegend deutschstämmige Gäste eingeladen: unter anderem die Herren Braun und Biermann sowie die spätere Präsidentin Hilda Heine.

Die Leute kannten die Probleme ihres Landes ebenso genau wie das komplizierte Verhältnis zu den USA. Tony hatte im Alter von 9 Jahren selber den »Bravo Shot«, den größten Kernwaffentest aller Zeiten auf dem Bikini-Atoll erlebt. Die Bombe besaß die 1 000-fache Zerstörungskraft von »Little Boy« in Hiroshima. Jetzt standen wieder Verhandlungen über die Verlängerung des Stationierungsvertrags auf Kwajalein an, da wurde hart gefeilscht und gefinkelt.

Der Außenminister beklagte, dass ihm die Fische von Chinesen, Russen, Europäern und Japanern vor der Nase weggefangen würden. Die Beute würde noch an Bord verarbeitet, so dass die Marshallinseln nicht einmal Hafengebühren erhielten. Mangels Flotte könne man die eigene Wirtschaftszone nicht kontrollieren. Die Amerikaner würden das Gebiet zwar mit Satelliten überwachen, aber nur zu militärischen Zwecken. Die Navy weigere sich, die aufgeklärten Daten zur Bekämpfung der Fischräuber rauszurücken. Die Einnahmen aus dem Schiffsregister und dem Offshore Banking könnten den Verlust nicht wettmachen, zumal es kaum andere Wirtschaftszweige gäbe. Neben den USA sind Taiwan und Japan die wichtigsten Partner.

Wir unterstützten das Inselreich traditionell bei seinen Umweltanliegen in den Vereinten Nationen und mit Entwicklungsprojekten. In der Generalversammlung verfügen die Kleinstaaten genauso über eine Stimme wie China oder Indien. Marshall, Mikronesien und Palau unterstützten unsere laufende Sicherheitsratskandidatur. Man kennt sich, man hilft sich. Mit den Philippinen zusammen konnte ich meinem Kollegen in New York 4 Stimmen übergeben.

Die Tagesordnung der großen Politik wird weitgehend durch Krisen und Problemstaaten bestimmt. Im wohlverstandenen Eigeninteresse sollten wir gleichwohl nicht unsere fernen und »kleinen« Freunde vergessen.

16 RANGUN: MÖNCHE, SOLDATEN UND DIE LADY (2011 – 2017)

»This is Burma and it will be quite unlike any land you know about.«
Rudyard Kipling

»Eine Nadel beizeiten erspart Dir später die Axt.«
Birmanisches Sprichwort

»Regierungen, Systeme, Ideologien kommen und gehen, aber die Menschlichkeit bleibt.«
U Thant (Birmanischer UNO Generalsekretär 1961 – 71)

Meine erste Begegnung mit dem damaligen Birma fand im Kino statt: Wie die meisten Kinder meiner Generation hatte ich im Kino »Die Brücke am Kwai« gesehen, dieses packende Drama aus dem Pazifischen Krieg mit dem unvergesslichen Alec Guinness und dem schmissig gepfiffenen Colonel-Bogey-Marsch. Später habe ich mit Kollegen aus Bangkok die Gedenkstätte für die Opfer der japanischen Birma-Bahn im thailändischen Kanchanaburi besucht. Weiter bin ich nie gekommen. Klassiker wie George Orwells »Tage in Birma« und Amitav Ghoshs »Der Glaspalast« hatte ich gelesen; dennoch blieb Myanmar für mich Neuland.

In all meinen Asienjahren habe ich mich nie eingehend mit dem Land befassen müssen; nicht einmal im Kanzleramt.

Wenn überhaupt, tauchte das Thema nur am Rand von Abstimmungsrunden auf, in denen es mal wieder um Sanktionen ging, auf die man sich in Europa schnell verständigen konnte. Selbst der Vorsitzende im Auswärtigen Ausschuss des philippinischen Repräsentantenhauses warnte mich vor meiner Ausreise: »In ASEAN haben wir wirklich alles versucht, Myanmar zur Vernunft zu bringen. Da helfen wohl nur noch Bomben.« Es schien einen unausgesprochenen Konsens zu geben, dass man an Birma seinen Mut kühlen durfte. Dabei gab es aus meiner Sicht sehr viel gefährlichere Kandidaten.

Ich wurde neugierig, wollte aber nicht die Katze im Sack kaufen, da ich noch ein sehr verlockendes Jobangebot aus dem internationalen Finanzbereich auf dem Tisch hatte. Also flog ich mit meiner Frau nach Rangun. Wie die Chinesen sagen: Einmal sehen ist besser als hundertmal hören. Wir quartierten uns in der Govenor's Residence ein, dem damals ersten Haus am Platz. Selbstverständlich auf eigene Kosten. Wir freuten uns auf ein ruhiges Wochenende.

Zu unserer Überraschung war es nicht nur ruhig, es herrschte totale Funkstille: kein Internet, kein Mobiltelefon. Yahoo war vorübergehend gesperrt, eine SIM Karte hätte rund 2 000 USD gekostet, ohne Telefon und Guthaben. Statt in dem mondänen Hotel, hätten wir kommunikationstechnisch auch in einem Kloster absteigen und meditieren können. Dennoch, die Entschleunigung hat uns nicht geschadet.

Wir wussten noch nicht genau warum, aber Rangun war irgendwie anders, hatte etwas, was uns faszinierte, trotz fehlender Bankautomaten, erbärmlicher Infrastruktur mit regennassen Taxis und täglichen Stromausfällen. Die Entscheidung war gefallen.

Die geplante Posten-Vorbereitung in Berlin wurde gestrichen. Das Amt musste sparen. Also machte ich meine eigene Recherche, online und mit Hilfe langjähriger Kontakte in Wirtschaft, Medien, Politik und Wissenschaft. Überall stieß ich auf offene Türen, Myanmar war bereits in aller Munde: Sprecher der Zivilgesellschaft hofften auf Demokratie und Menschenrechte, Kaufleute auf einen neuen Markt. Ein Blick in die Geschichte zeigt, dass beides dauern wird.

In meinem alten Schulatlas war das Gebiet des heutigen Myanmar noch mit »Hinterindien« überschrieben. Als Kolonie war Birma Bestandteil von Britisch-Indien, was sich bis heute auf die Zusammensetzung der Bevölkerung auswirkt. Der englische Vizekönig in Kalkutta förderte die Zuwanderung von Muslimen und Chinesen.

Myanmar ist ein Vielvölkerstaat, der seit der Gründung mit seiner Identität ringt: Die meisten indigenen Volksgruppen sind dem neuen Staat nur beigetreten, weil man ihnen das Recht eingeräumt hatte, wieder auszutreten. Das Versprechen des Mehrheitsvolks der Bama, von denen sich der Name Burma/Myanmar ableitet, wurde nie eingelöst. Die Folge waren Aufstände mit wechselnden Fronten und Verbündeten. Wie in Weimar überlebte die erste Demokratie in Birma nur 14 Jahre. 1962 übernahm das Militär die Macht, um das Land zu »befrieden«. Das ist bis heute nicht gelungen: In den Bergen wird immer noch gekämpft. Im Januar 2020 wurde ein junger deutscher Tourist von einer Sprengfalle örtlicher Rebellen getötet.

Für das tragische Dilemma gibt es keine schnelle und einfache Lösung: Ohne das Militär droht das Land an den Rändern auseinanderzubrechen; umgekehrt gilt aber auch: solange das Militär mitregiert, gibt es keine lupenreine Demokratie.

Erlauben Sie noch eine Bemerkung zu der immer wieder zitierten strategischen Mittellage Myanmars zwischen Indien und China: Gewiss, beide sind Nachbarn, jedoch stehen sie mit dem Rücken zu Birma, getrennt durch unwegsame Stammesgebiete. Daher konnte sich in der Vergangenheit keine der beiden Großmächte dauerhaft im birmanischen Kernland festsetzen.

Im 13. Jahrhundert verweigerte König Narathihapate die Tributzahlungen an das von den Mongolen beherrschte China und ließ eine Gesandtschaft des Kublai Khan hinrichten. Die Vergeltung folgte auf dem Fuße: Chinesische Truppen zerstörten die Hochkultur von Bagan. Bau und Unterhalt tausender

Pagoden sowie der Prinzen und Mönche hatten die Ressourcen des ersten birmanischen Reichs weitgehend verbraucht. Die Verteidigung wurde vernachlässigt. Zum Glück hatten die Mongolen andere Prioritäten in China und zogen wieder ab. Der intensive Austausch mit Indien wurde erst durch den britischen Seehandel im 19. Jahrhundert erschlossen.

Bagans Pagoden können wir immer noch bewundern, der strenge Theravada-Buddhismus prägt das Land in allen Lebensbereichen. Die beiden tragenden Säulen der Gesellschaft sind zahlenmäßig etwa gleich stark: es gibt ungefähr 500 000 Mönche und die gleiche Anzahl Soldaten. Der Vortritt gebührt den Mönchen, der Oberkommandierende kniet vor dem »Ordensfürsten«.

Der pragmatische Konfuzius hat in Birma nie wirklich Fuß gefasst. Dazu passt folgende Anekdote: Als Singapurs Staatsgründer Lee Kwan Yew einst General Ne Win besuchte, soll er diesem angeboten haben: »Gib mir dein Land, in fünf Jahren schaut es aus wie Singapur.« Daraufhin entgegnete der birmanische Diktator trocken: »Überlasse mir Singapur, nach einem Jahr wird es wie Birma aussehen.« Se non è vero, è ben trovato.

Nach tränenreichem Abschied in Manila machten wir uns auf den Weg in ein neues Leben. Im Flugzeug warf mir meine Frau vor, dass mein letzter Auftritt zu sentimental gewesen sei. Ja, die Philippiner liebten das, aber ein Mann dürfe in der Öffentlichkeit keine Gefühle zeigen. Ich gelobte Besserung und verkniff mir den Einwand, dass in vietnamesischen Filmen ständig geheult würde, was ich reichlich nervig fände. Wie auch immer, offenbar hätte ich weder beim Vietcong noch an der Wallstreet Karriere gemacht. Damit muss ich leben.

Rangun war bei unserer Ankunft vom Monsun geflutet. Darauf hatten wir uns eingestellt. Überrascht war ich nur, als ich am ersten Tag vom Mittagessen ins Büro zurückkehrte: Bis auf meinen Vertreter war die ganze Mannschaft verschwunden. Das sei normal, wurde ich beschieden: Sommerarbeitszeit und Sanktionen. Aus Politik und Wirtschaft gäbe es nur wenig Geschäft. Nein, normal fand ich das nicht. Alle Experten sprachen von Aufbruch und hier wurde Dienst nach Vorschrift geschoben. Selbst meine Frau war verblüfft, als ihr meine Assistentin auf Nachfrage zum gesellschaftlichen Wochenprogramm Fehlanzeige meldete. Keine Termine, auch in der nächsten Woche nicht.

Hier lief etwas schief. Wir waren doch in Myanmar, um den Öffnungs- und Reformprozess zu unterstützen und um Chancen für unsere Unternehmen zu erkunden. Da brauchten wir alle Hände an Deck. Da wir an den Auslandsvertretungen deutschen Regeln unterliegen, konnten wir nicht einfach die Arbeitszeit verlängern. Aber verschieben konnten wir sie. Unsere Ansprechpartner in den Ministerien waren ohnehin erst ab 10 Uhr erreichbar; Berlin wachte wegen der Zeitverschiebung erst nach der Mittagspause auf. Gemeinsam mit dem Verwaltungschef verordneten wir einen späteren Dienstbeginn. Auf der internen Beliebtheitsskala verloren wir Punkte, aber es musste sein.

Jetzt begann die eigentliche Arbeit. In einem Punkt hatte die Kurzarbeiter-Fraktion Recht: Seit der Niederschlagung der demokratischen Studentenrevolte 1988 und der Inhaftierung ihrer Ikone Aung San Suu Kyi war unser Engagement in Myanmar weitgehend zum Erliegen gekommen: Keine hochrangigen politischen Besucher, kaum Wirtschaft, keine Entwicklungshilfe, wenig Touristen.

Dabei trafen die westlichen Sanktionen häufig die Falschen. Zu den ersten Opfern gehörten die Näherinnen in den internationalen Textilfabriken, einer Branche, die überhaupt nicht gelistet war. Dennoch flüchteten die meisten westlichen Unternehmen aus Angst vor einem Markenschaden beim Verbraucher. Internationale NGOs hatten bereits in Europa eine lautstarke Anti-Birma-Kampagne entfacht. Ein deutscher Mittelständler, der gegen den Trend im Land geblieben war, erzählte mir, dass viele der entlassenen jungen Frauen im schmutzigen Industrieviertel Hlaingtaya auf der Straße endeten und dort nach Sonnenuntergang ihren Unterhalt mit Prostitution verdienen mussten. Die im Dunkeln sieht man nicht, weder in den Vorstandsetagen, noch in den Hamburger Redaktionsräumen oder in der Boutique auf der Düsseldorfer Kö; Hauptsache, man fühlt sich gut.

Die Armen wurden ärmer, andere schafften den Sprung in die Millionärsliga. In gewisser Weise begünstigte das Sanktionsregime sogar die Lizenzwirtschaft der militärischen Machthaber und ihrer Günstlinge. Schmuggler und Schieber hatten Hochkonjunktur, da die asiatischen Nachbarn das westliche Embargo unterliefen. Schon Philipp von Makedonien, der Vater des Großen Alexander, wusste: Keine Mauer ist so hoch, dass sie nicht ein mit Gold beladener Esel übersteigen könnte. Internationale Einkünfte aus dem Öl- und Gasverkauf wurden durch einen manipulierten Währungskurs am Haushalt vorbei in private Kanäle geschleust. Ehrliche Kaufleute hatten dagegen wegen der Finanzsanktionen Probleme, Akkreditive oder Finanzierungen für ihre Geschäfte zu bekommen. So auch der oben zitierte mittelständische Hemdenfabrikant, der Maschinen, Stoff, Knöpfe und Faden mit Dollar einkaufen und importieren musste.

Der Fairness halber noch ein Wort zu den oft gescholtenen wirtschaftlichen Familienclans, den sogenannten »Cronies«. Zugegeben, über Jahrzehnte gab es in Myanmar eine Art militärischer »Spezlwirtschaft« mit etlichen schwarzen Schafen. Nach der ersten Million sollte man nie so genau fragen, nicht nur in Myanmar. Bereits Balzac behauptete, dass hinter jedem großen Vermögen ein Verbrechen stehe. Oft bilden Spekulationsgewinne bei Grundstücksgeschäften das Startkapital. »Unverdientes Einkommen«, wie Aung San Suu Kyi das nennt. Dennoch, die meisten erfolgreichen Geschäftsleute in Myanmar sind tüchtige Unternehmer, die ihre Chancen genutzt haben. Dabei mussten sie nach den Regeln des alten Regimes spielen. Das war nicht billig und nicht ungefährlich, anders ging es aber nicht. Alles in allem verhalten sich die häufig chinesisch-stämmigen Taipans in Rangun nicht anders als ihre Vettern in Hongkong, Bangkok oder Jakarta.

Ich maße mir nicht an, ein allgemeines Urteil über den Nutzen von Sanktionen zu fällen. In jedem Einzelfall muss man genau prüfen, ob und wie man den gewünschten Erfolg erreichen kann; dazu gehört eine Abwägung möglicher Kollateralschäden. In Myanmar war und bin ich mir sicher: es war höchste Zeit, die Maßnahmen zu beenden. Wir schadeten unseren eigenen Interessen, wenn wir diese wichtige Mittelmacht weiter politisch, wirtschaftlich und militärisch in die Arme der Chinesen und anderer autoritärer Partner trieben.

Die Bedingungen für einen Politikwechsel waren günstig: Der frühere Generalissimus Than Shwe hatte selber das Drehbuch für den behutsamen Wandel Richtung Demokratie und Öffnung entworfen: Als ich eintraf, regierten Generäle in Zivil, die umfangreiche Reformen auf den Weg brachten. Aung San Suu Kyi wurde aus dem langjährigen Hausarrest entlassen, Dissidenten konnten aus dem Exil zurückkehren, ausländerfeindliche Wirtschaftsgesetze wurden gelockert, im Parlament wurde offen debattiert, ein umweltschädliches chinesisches Staudammprojekt auf Eis gelegt und sogar der Zensor verlor seinen Job. Einigen Entscheidungsträgern im alten System ging das zu weit und zu schnell, sie fürchteten um Macht und Pfründe. Wie mir ein führender Minister und Ex-General anvertraute: »Ein Drittel ist dafür, ein Drittel dagegen und ein Drittel sitzt auf dem Zaun und wartet ab, wer gewinnt.«

Sanktionen zu beschließen ist leichter, als sie wieder aufzuheben. Jedenfalls in der EU, wo die außenpolitischen Beschlüsse in Brüssel einstimmig gefällt werden müssen.

Damals unterhielten nur Briten, Franzosen, Italiener und wir eine eigene Botschaft in Rangun. Andere Kollegen reisten aus benachbarten Hauptstädten an. Die Debatten über eine Sanktionsaufhebung verliefen hitzig. In London war ›Burma‹ Chefsache; einflussreiche Lobbyisten bedrängten Downing Street, das Regime in Myanmar weiter zu isolieren. Nicht ganz ohne Eigennutz: Etliche Nichtregierungsorganisationen bangten um die üppigen Fördermittel für ihre Flüchtlingsprojekte.

Nach langem Hin und Her billigte der Rat in Brüssel einen tragfähigen Kompromiss: im April 2012 wurden die Sanktionen zunächst für ein Jahr suspendiert, später aufgehoben. Nur Waffenverkäufe und andere sicherheitsrelevante Exporte blieben untersagt.

Jetzt konnte es losgehen, daheim breiteten sich Reisefieber und Goldgräberstimmung aus. Alle kamen: Als Türöffner Entwicklungsminister Dirk Niebel, dann folgten weitere Minister, Abgeordnete, Wirtschaftskapitäne, Journalisten, Künstler, Alice Schwarzer und am Ende sogar der Bundespräsident.

Naypyitaw, die künstliche Hauptstadt im Grünen mit ihren Monumentalbauten und Auffahrtsalleen, auf denen Außerirdische landen könnten, war plötzlich sexy. Die Grundfläche der Stadt mit ihren knapp 1 Mio. Einwohnern ist etwa 8-mal so groß wie Berlin; halb Größenwahn, halb Disneyland. Dabei muss man wissen, dass viele bedeutende birmanische Könige sich eine neue Hauptstadt gebaut haben. Der letzte von den Briten vertriebene Herrscher regierte in Mandalay. Rangun mit seinen Kolonialbauten und dem Flusshafen ist weitgehend eine britische Erfindung, eine Mischung aus Glasgow und Kalkutta. Nur die alles überragende Swedagon-Pagode und eine Handvoll historischer Sakralbauten erinnern an den Glanz früherer Epochen.

Die wenigsten Besucher aus der Heimat fanden Zeit für eine Stadtbesichtigung. Dabei bietet die dicht besiedelte Altstadt mit ihren halb verfallenen Kolonialbauten eine einmalige Kulisse. Was wenige wissen: noch 1960 gehörte Rangun zu den angesagtesten Metropolen der Region. Hier landeten die Flugzeuge aus Europa, hier studierte man, hier kaufte man ein; im legendären Strand Hotel zeigte und amüsierte man sich. Birma belegte einen Spitzenplatz in der Region, vor Singapur, Malaysia oder Korea.

Isolierung und leere Kassen haben die sonst in Asien so beliebte Abrisssanierung mit gesichtslosen Bürotürmen und Protzbauten verhindert. Deutsche Schnäppchenjäger sind allerdings schnell umgedreht, als sie die aufgerufenen Preise und Renovierungskosten der maroden Altbauten erfahren haben. Dennoch, private Investoren haben einige historische Gebäude im alten Glanz wiederaufgebaut, meist als Banken oder Hotels.

Für die Regierungstermine musste man nach Naypyitaw, was anfangs noch eine logistische Herausforderung war: Anreise auf der holprigen Autobahn oder mit alten Propellermaschinen ohne internationale Zulassung sowie begrenzte Hotelkapazitäten. Ein Direktflug mit der deutschen Regierungsflotte scheiterte an fehlenden Betankungsmöglichkeiten. Ein wenig Abenteuer erhöhte für einige den Reiz und bald waren die Kinderkrankheiten der neuen Hauptstadt weitgehend behoben. Internationale Hotelketten, die sich in Myanmar niederlassen wollten, mussten eine meist defizitäre Dependance in der Hauptstadt errichten. Als früher Kunde hänge ich noch immer in der Kempinski Bar unter Staatsgästen wie Obama.

Die »Stadt der Könige«, anfangs toter als der Zentralfriedhof, erwachte langsam zum Leben; bunte Werbetafeln lockten Fremde in neue Restaurants und Geschäfte. Nur die Beamten schienen den Neuerungen zu trotzen: mit Longyi, Flipflops, Amtsmiene und Zunftjargon. Für alle wichtigen Fragen musste man direkt zu den Ministern gehen. Im Vergleich zu ihren Untergebenen waren die zivilen Generäle häufig erfrischend direkt und entscheidungsfreudig, ohne zeitraubende Dampfplaudereien und Ausflüchte. Nur so konnten wir in kurzer Zeit die erforderlichen Abkommen für unseren entwicklungspolitischen, wirtschaftlichen und kulturellen Wiedereinstieg in Myanmar aushandeln: GIZ, KfW, Handelskammer, politische Stiftungen und die Deutsche Welle eröffneten Büros.

Unser Flaggschiff war das Goethe-Institut. Am Anfang standen vier einsame Überzeugungstäter: Der Präsident des Instituts Professor Klaus-Dieter Lehmann, sein lokaler Vertreter Xaver Augustin, die damalige Kultur-Staatsministerin im AA Conny Pieper sowie meine Wenigkeit. Die Idee war gut, aber wer sollte das bezahlen?

Wir profitierten vom Unglück anderer: Im Rahmen des Arabischen Frühlings sollte ein Institut in Tripolis errichtet werden. Der libysche Bürgerkrieg beendete das Projekt, bevor es begonnen hatte. Wir griffen mit politischer Unterstützung als erste zu und erkämpften uns gegen die beiderseits skeptische Bürokratie unser Institut in Rangun. München und Berlin fürchteten die Kosten, der Kultur-General in Naypyitaw die Gedankenfreiheit. Ende gut, alles gut: Wir bekamen von der Regierung ein historisches Gebäude in bester Lage und renovierten und erbauten im vorgegebenen Zeitrahmen und Budget eines der attraktivsten Institute in der Region. Bundespräsident Gauck, dem wir das noch unvollendete Werk zeigten, war begeistert. Gegen die Bedenken der Protokollbeamten ließ er sich zu einer spontanen Laudatio auf die Kultur hinreißen. Gerade in den noch unfertigen Demokratien bieten unsere Institute eine ideale Plattform für den Kultur- und Gedankenaustausch.

Was Sie vielleicht überrascht: Goethe ist günstig. Die Ausgaben belaufen sich auf einen Bruchteil der Entwicklungshilfe, selbst in Ländern wie Myanmar, in denen die laufenden Betriebskosten nicht durch die Einnahmen aus den Sprachkursen gedeckt werden können.

Und was sagte Aung San Suu Kyi, die gefühlte Mutter der Nation, zu alledem?

Sie empfing ihre Besucher damals noch in ihrem vergleichsweise bescheidenen Privathaus am Inya See in der University Avenue. In der gleichen Straße befand sich der Festungsbau der amerikanischen Botschaft sowie die Dienstvilla des deutschen Botschafters.

Ich erinnere mich noch gut an meinen Antrittsbesuch. Vorbei an einem Portrait ihres Vaters wurde ich in die gute Stube geführt. Ich musste an die sonntäglichen Besuche bei einer verarmten adeligen Tante in den sechziger Jahren denken. Die Einrichtung war schlicht, aber geschmackvoll. Kleine Preziosen und Familienfotos erinnerten dezent an die Herkunft.

Die Hausherrin kam und begrüßte mich in perfektem Oberschicht-Englisch. Im Hintergrund bellte ein Hund. Sie entschuldigte sich, das bissige Tier müsse sie vor Besuchern wegsperren; offenbar eine Folge des langen Hausarrests. Die Lady ist eine elegante, asketische Erscheinung: noch schlanker und zierlicher als auf den offiziellen Bildern; charmant, aber auf Abstand bedacht. Trotz lockerer Konversation war es so gemütlich wie bei einer Teestunde im Buckingham Palace. Es ging streng um die Dame her, der herzliche Humor meiner verblichenen Tante fehlte ihr.

Da ich bei der ersten Privataudienz gefallen wollte, vermied ich kontroverse Themen. Das Treffen endete im besten Einvernehmen. Aber ich ahnte, dass das nicht immer so bleiben würde. Madame hatte bereits angedeutet, dass ihr unsere enge Zusammenarbeit mit den Reform-Generälen nicht passte. Mit der Sanktionsaufhebung sollten wir uns Zeit lassen. Für sie war weniger wichtig, was einer macht, sondern wer es tut. Sie war überzeugt, nur sie könne das Land aus der Krise führen.

Das machte sie bei einem Mittagessen in unserer Residenz deutlich: Als bei Tisch wieder einmal der Strom ausfiel, fragte ich Aung San Suu Kyi, ob sie wisse, dass es mindestens zwei Jahre dauern würde, ein neues Kraftwerk zu bauen und ans Netz zu bringen. Daher sollten wir uns beeilen, deutsche Firmen hätten gute Angebote. Immerhin lebten zwei Drittel aller Menschen in dem Land ohne Strom. Die knappe Antwort: »Warten Sie, bis ich an der Regierung bin!«

Im April 2012 fanden Nachwahlen statt, an denen die Lady erstmals mit ihrer National League for Democracy (NLD) teilnehmen konnte. Sie gewann 43 von 44 Sitzen und zog in das nationale Parlament ein. Zusammen mit den EU Kollegen hatte ich die Wahlsiegerin eingeladen. Sie kam pünktlich, wir gratulierten. Dann schimpfte sie zu unser aller Überraschung, dass man ihrer Partei einen Wahlkreis »vorenthalten« habe. Da sei es nicht mit rechten Dingen zugegangen. Dem Thema widmete sie 20 Minuten. Jeder andere Politiker oder Fußballfan hätte über einen solchen Kantersieg gejubelt. Nicht so die Lady.

Aung San Suu Kyi betont stets, dass sie die politische Testamentsvollstreckerin ihres Vaters sei. Der spätere General

Aung San hatte sich bereits als nationalistischer Studentenführer in den dreißiger Jahren einen Namen gemacht. Später ließ er sich von den Japanern im Kriegshandwerk ausbilden und unterstützte deren Marionettenregierung und die Armee des Tenno im besetzten Birma gegen die Briten und ihre verbündeten Minderheiten. Als absehbar wurde, dass die Alliierten den Krieg gewinnen, wechselte Aung San die Seiten und handelte mit den Briten in London die Verträge zur Unabhängigkeit aus. Das Einholen des Union Jack am 4. Januar 1948 erlebte er jedoch nicht mehr: Am 19. Juli 1947 wurde der Vater der Nation während einer Kabinettssitzung zusammen mit anderen Mitgliedern der Übergangsregierung im Auftrag eines politischen Rivalen erschossen. Seine Tochter Suu Kyi war damals 2 Jahre alt. Aung San kämpfte sein Leben lang für ein unabhängiges Birma. Er war bereit, sich und andere für dieses Ziel zu opfern. Er wird bis heute in seiner Heimat als Nationalheld verehrt.

Seine Tochter ist aus ähnlichem Holz geschnitzt: Tief im Innern bleibt sie eine buddhistisch birmanische Nationalistin, auch wenn sie britisch erzogen wurde. Sie ist wie ihr Vater eine Überzeugungstäterin. Ihren englischen Ehemann hat sie im finalen Krebsstadium mit den Kindern allein in London zurückgelassen. Die Revolution in Rangun war ihr wichtiger. Haft und einem Mordversuch hat sie getrotzt. Das alles hat sie einsam und hart gemacht, gegen sich selber und gegen andere.

Über ihre persönliche Assistentin bat mich die Lady, ob wir einem jungen Parteigänger helfen könnten: Der Mann hatte während einer Wahlkundgebung die NLD-Fahne gehisst und war dabei an die Stromleitung geraten. Er verlor beide Unterarme. In einem aufwendigen Verfahren haben wir Spenden aufgetrieben und in Deutschland Spezialprothesen anpassen können. Ich bat für den Patienten und seine Verlobte um eine Audienz. Wir mussten sehr lange auf einen Termin warten. Stolz zeigte der junge Mann seine künstlichen Hände und warf sich vor der Lady auf den Boden. Meinem Begleiter und mir stockte der Atem. Die Lady würdigte ihren treuen Knappen kaum eines Blickes.

Aung San Suu Kyi wurde weltweit als Freiheitsheldin verehrt und mit Preisen überhäuft. Alle kamen und wollten ein Foto. Das führte gelegentlich zu peinlichen Szenen: Mitten im Gespräch tauschten deutsche Abgeordnete geräuschvoll ihre Plätze, um sich abwechselnd mit der Gastgeberin zu fotografieren. Ich wäre am liebsten im Boden versunken, so schämte ich mich. Die Lady war entsetzt und drohte mir, künftig keine deutschen Besuchergruppen mehr zu empfangen. Bei allem Respekt vor dem Hohen Haus: Takt gehört nicht zu den hervorstechenden Merkmalen unserer Volksvertreter.

Wie mir ASSK in einer stillen Stunde einmal anvertraute, ist es ihr extrem unangenehm, von Fremden bedrängt zu werden. Das kann ich gut nachvollziehen. Elias Canetti begann sein berühmtes Werk über Masse und Macht mit der lapidaren Feststellung: »Nichts fürchtet der Mensch mehr als die Berührung durch Unbekanntes.«

Aber die Lady ist kein Opfertyp. Sie lässt sich nicht gerne vereinnahmen und versteht es, allzu kritische Gesprächspartner in die Schranken zu weisen. Höflich, aber bestimmt. Selbst hochrangige Politiker bekamen das gelegentlich zu spüren. Als Außenminister Guido Westerwelle die Zukunft der deutsch-myanmarischen Wirtschaftsbeziehungen pries, fuhr Madame vor laufenden Kameras spitz dazwischen: »Not only German business!«. Das hatte er weder gesagt, noch gemeint.

Aber so war sie. Wenn ihr etwas nicht passte, war eine Audienz rasch beendet. Oder es gab einen überraschenden Themenwechsel: Als Entwicklungsminister Müller mit einem Sack voller Geld für neue Projekte zur Armutsbekämpfung anreiste, musste er sich zu seiner Überraschung zunächst einen Vortrag über die Vorzüge organischer Ernährung anhören. Die Entwicklungsmillionen wurden von der Regierung wie Tributzahlungen entgegengenommen, oft mit dem Zusatz, dass es gerne etwas mehr hätte sein dürfen. Als ich beim Besuch des Bundespräsidenten mit Herzklopfen im Auftrag der Bundesregierung einen Schuldenerlass über 500 Millionen Euro unterzeichnete, fragten die Myanmarer, warum wir nicht wie die Japaner alle Schulden in Höhe von einer Milliarde erlassen hätten.

Diese »Undankbarkeit« hat teilweise religiös-kulturelle Wurzeln: Wenn man dem Mönch eine Schüssel Reis oder dem Abt eine großzügige Spende für sein Kloster zukommen lässt, bedankt sich der Spender, nicht der Beschenkte. Gutes Karma zählt mehr als schnöder Mammon. Viele Politiker und Geschäftsleute haben sich die buddhistische Spendenkultur zu eigen gemacht, auch wenn es sich nicht um »gottgefällige« Werke handelt. Im Gegenteil: oft werden Bestechungsgelder als wohltätige Spenden getarnt. Das widerspricht nicht nur den irdischen Gesetzen, sondern auch dem strengen Moralkodex des Theravada-Buddhismus, nach dem die Absicht wichtiger ist als die Tat.

Westliche Besucher glauben oft, dass man die angeblich »unterdrückten« Menschen nur von ihren autoritären Regierungen befreien müsste, dann erfülle sich Schillers Traum aus der Ode an die Freude im Schlusschor von Beethovens neunter Symphonie: »Alle Menschen werden Brüder.«

Dabei übersehen unsere aufgeklärten Zeitgenossen häufig die Kraft und Bindungswirkung von Glauben und Tradition. In Myanmar wird das besonders deutlich: Arme Bauern opfern ihre geringe Habe lieber für Pagoden als für Traktoren. Moderne Investitionen stoßen oft auf lokalen Widerstand.

Aung San Suu Kyi fragte mich einmal nach dem wesentlichen Unterschied zwischen Vietnam und Myanmar. Meine ehrliche Antwort: In Vietnam komme der Druck zur Modernisierung aus der Gesellschaft. In Myanmar sei es umgekehrt, hier müsse die Regierung die Reformen auf den Weg bringen und die Bevölkerung mitnehmen. Madame war nicht begeistert. Ihre Priorität bestünde darin, den Menschen klarzumachen, dass sie selber die Macht hätten, die Dinge zu verändern. Das ist richtig, aber wenn sie nicht wollen?

Gewiss, in den Nobelbezirken Ranguns gibt es eine junge,

international ausgebildete Elite. In einigen wenigen Familienunternehmen sind schon 30-Jährige auf dem Chefsessel oder versuchen sich in der Start-up-Szene. Das bleibt aber immer noch die Ausnahme. Vor allem meidet der globalisierte Nachwuchs die Regierung mit ihren verkrusteten Strukturen und miserabler Bezahlung; es sei denn, man passt sich an und kassiert Schmiergelder.

Ich bleibe dabei und erzähle allen myanmarischen Entscheidungsträgern, dass sie den Wandel von oben anstoßen und umsetzen müssen. Das gilt auch für die Bildung. Die Regierung hat den Universitäten mehr Freiheit eingeräumt. Diese wird aber aus alter Gewohnheit von Rektoren und Bürokraten nicht wirklich genutzt. Innerlich steht die alte Führungsschicht noch stramm und wartet auf Befehle, während radikale Studenten sich in Fundamentalopposition üben. So wird das nichts. Dabei gibt es ein altes birmanisches Sprichwort: »Bildung ist ein goldener Topf, den man nicht stehlen kann.« Wohl wahr, aber diesen Pott muss man sich mühsam erarbeiten. Anders als einen Ferrari kann man den nicht kaufen.

In den Reformjahren ist das Land bunter und freier geworden. Auch, was die Kleiderordnung betrifft. Anfangs wurde meine westlich gekleidete Frau auf der Straße noch angestarrt. Ein dezentes Kleid war ebenso anstößig wie der Minirock in meiner Schulzeit. Das hat sich in kurzer Zeit verändert. Hot Pants, Tattoos, löchrige Jeans und schicke Bars prägen heute das Lebensgefühl der städtischen Jugend. Man folgt dem hedonistischen Weltgeist.

Beim traditionellen Wasserfest zum Jahreswechsel Mitte April explodiert die Lebensfreude bis zum Exzess. Alle Versuche der konservativen Stadtväter, das wilde Treiben einzudämmen, blieben weitgehend erfolglos. Zugegeben, mit der Freiheit steigt auch der Drogenkonsum und die Kriminalität. Hier sind Eltern und Polizei gefordert. Gleichwohl war es eine Schnapsidee des Bürgermeisters, ausgerechnet für das dionysische Neujahrsfest den Verkauf von Verhütungsmitteln in Rangun verbieten zu wollen. Das erinnerte mich an vergangene Zeiten, als der Stadtpfarrer ein Verhältnis mit einer verheirateten Frau hatte, auf der Fronleichnamsprozession aber nur züchtige ›Jungfrauen‹ unterwegs waren.

Nicht nur die Jugend nutzte die neue Freiheit. Selbst pensionierte Generäle sprachen jetzt freimütig über ihre Erlebnisse im Dschungelkrieg. Vor dem Aufstieg in die höheren Ränge musste man sich an der Font bewähren. Der Anti-Guerilla-Kampf war brutal, beiderseits. Der Offizier war einem doppelten Überlebenskampf ausgesetzt, auf dem Feld und in der Politik. Nach einem Golfspiel fragte ich einen abstinenten General, wann er mit dem Rauchen und dem Whisky aufgehört habe. Er nannte mir ein präzises Datum, Tag, Stunde, Jahr. Woher er das noch so genau wisse, wollte ich wissen. An dem Tag habe man ihn auf Grund einer politischen Intrige zu 99 Jahren Haft mit Zwangsarbeit verurteilt. Kürzlich sei er begnadigt worden. Seitdem verkehrt er wieder mit seinen alten Kameraden, als sei nichts gewesen.

Ähnliche Geschichten hörte ich von der anderen Seite, von berühmten Dissidenten. Nach der Verbüßung langer Haftstrafen kehrten viele in die Politik zurück, ohne erkennbare Rachegelüste. Dabei war in aller Regel die gesamte bürgerliche Existenz zerstört. Der sympathische Sprecher der 88'er Revolte Ko Ko Gyi wurde als Student eingesperrt und als 50-Jähriger ohne Berufsausbildung entlassen. Erst jetzt konnte er eine Familie gründen. Weil er sich für einen dritten Weg und Kompromisse mit dem Militär ausgesprochen hatte, strich Aung San Suu Kyi ihn von der NLD Kandidatenliste bei der Wahl zum Parlament. Er musste seinen Lebensunterhalt mit kleinen Vortragshonoraren verdienen. Bis heute tun sich die moderaten Kräfte schwer, einen Platz in der ersten Reihe zu finden. Nicht nur in Myanmar. Ohne die Jakobiner aller Couleur wäre die Welt ein besserer Platz. Leider haben das noch nicht alle kapiert, auch in Europa nicht.

Es gab auch heitere Stunden. Zum Oktoberfest in Rangun habe ich Prinz Luitpold von Bayern eingeladen. Er kam mit König Ludwig, seinem Edelbräu. Was für eine Gaudi: im von

Nikita Kruschtschow erbauten Inya Lake Hotel stieg die Party des Jahres. Ob alt oder jung, alle schunkelten mit und tanzten zu vorgerückter Stunde auf Bänken und Tischen. Lebensfreude pur. Wie im echten Wies'n-Zelt drehte sich das Liebeskarussell, gelegentlich wackelte der Watschnbaum.

Vor dem Eingang standen Exponate der Sponsoren, unter anderem Baumaschinen eines bekannten deutschen Herstellers. Ein betrunkener einheimischer Gast schoss mit seiner Pistole auf einen Bagger, der seiner schlingernden Limousine im Weg stand. Der Sachschaden wurde diskret beglichen. Die Firma wollte keinen Skandal, es könnte ja ein Kunde sein. Für die Ehrengäste gab es noch einen Nachtrunk in der Residenz. Da der Fahrer sich verdrückt hatte, fuhr meine Frau den Prinzen im Morgengrauen mit unserem Jeep in sein Hotel. Sie war als einzige nüchtern geblieben. Noch heute erzählt man sich Geschichten von dieser Feier.

2014 stand im Zeichen des 60. Geburtstags der deutsch-myanmarischen Beziehungen. Als Krönung des Ereignisses kam Bundespräsident Joachim Gauck. Selbst die sonst eher reservierte Lady schaute zu ihm auf. In dem ehemaligen DDR-Dissidenten und Freiheitskämpfer sah sie wohl einen Geistesverwandten.

Neben dem Pflichtprogramm sowie der Einweihung des Goethe-Instituts und der Handelskammer hatten wir Bürger-Begegnungen vorbereitet: Ein Dissidententreffen in der Residenz, eine Ansprache vor Studenten in der Universität sowie einen glanzvollen Abendempfang für deutsche und myanmarische Gäste aus allen Lebensbereichen. Trotz drückender Hitze und drangvoller Enge fand der 74-jährige Präsident für alle ein freundliches Wort und ließ sich selbst von alkoholisierten Landsleuten geduldig fotografieren. Respekt! Ein junger nüchterner Praktikant unserer Botschaft kollabierte noch vor Ende der Veranstaltung.

Chefbesuche bedürfen langwieriger Vorbereitung. Nichts wird dem Zufall überlassen, die Kollegen schuften rund um die Uhr. Da kommt es schon einmal vor, dass die Nerven blank liegen. Aber wie bei einer Premiere im Theater: Wenn der Vorhang fällt und der Applaus verstummt liegen sich alle in den Armen, vom Kulissenschieber bis zum Heldentenor.

Nach dem Spiel war vor dem Spiel. Vielleicht waren wir übermütig, als wir zum Schluss des Jubiläumsjahrs noch ein weiteres Projekt durchboxten. Über den privaten Kontakt einer Kollegin hatten wir die »Toten Hosen« zu einem Freiluftkonzert in Rangun eingeladen. Campino willigte sofort ein, die Band verzichtete auf die sonst übliche Gage. Wir mussten nur für Flüge und Unterkunft aufkommen. Selbst diese Kosten konnten wir nicht mit Bordmitteln bestreiten. Nach einigem Hin und Her gab das AA einen Zuschuss, zudem fanden wir Sponsoren. Aber die Arbeit vor Ort lag bei uns Laienspielern. Vom Amt wurden wir gerügt, weil wir das Veranstaltungsplakat eigenmächtig entworfen und gedruckt hatten. Sorry Kollegen, aber ein Rockkonzert der Hosen kann man nicht allein mit der Bildmarke des Bundes bewerben. Da musste die Kreativabteilung ran. Wir wollten die einheimische Jugend ansprechen, weniger die betagten Pflichtschulen meiner Generation.

Ende gut, alles gut: Rangun rockte. Der von den Behörden verfügte Sicherheitszaun vor der Bühne wurde abgerissen, Campino sprang singend in die begeisterte Menge. Selbst für abgebrühte Weltenbummler war das ein unvergessliches Erlebnis. Trotz des Rummels blieben die Stars immer bescheiden und probten in ihrer Freizeit mit lokalen Musikern. Sogar deutsche Medien berichteten über das Ereignis. Dazu eine kleine Geschichte am Rande: Ein Fernseh-Interview wurde aus den deutschen Abendnachrichten geworfen. In der gleichen Sendung lief schon ein Clip über einen regionalen Taifun. O-Ton des Programmdirektors: »Einmal Asien reicht.« Das holte uns wieder auf den Teppich. Als »Kellner« hatten wir uns weit vorgewagt. Auf Dauer konnten und wollten wir die heimische Intendanz nicht aushebeln. Aber es hat Spaß gemacht, einmal selber zu kochen.

Nur vier Tage nach dem Jubiläumskonzert kippte die Stimmung im Land: Der 32 Jahre junge neuseeländische Szenewirt Philip Blackwood wurde am 10. Dezember 2014 zusammen mit 2 birmanischen Geschäftspartnern verhaftet und drei Monate später wegen »Beleidigung der Religion« zu 2 ½ Jahren Gefängnis mit Zwangsarbeit verurteilt. Was war passiert? Die Leute hatten ihre neue Gastro-Lounge online mit einem Buddha Bildnis mit Kopfhörern beworben. Offenbar in Anlehnung an die berühmte Buddha Bar. Ich habe selber noch alte CDs mit dem inkriminierten Emblem. Abgesehen von einer möglichen Markenverletzung mag man diese Werbung für geschmacklos halten, vielleicht auch für blasphemisch. Der Römische Index verbotener Bücher, auf dem viele Klassiker der Weltliteratur standen, wurde auch erst im Zweiten Vatikanischen Konzil Mitte der sechziger Jahre eingestampft. Klug war die Aktion sicher nicht. Gleichwohl, Barkeeper sind keine Diplomaten. Die Facebook Seite und die Kneipe hätte man schließen können, fertig. Aber Arbeitslager für eine kleine Dummheit?

Beim Empfang des Präsidenten zum Unabhängigkeitstag am 4. Januar nahm ich einen einflussreichen Minister diskret beiseite. Der deutschfreundliche General hatte mir schon mehrfach bei der Lösung sensibler Probleme geholfen. Diesmal musste er passen. Immerhin war er so ehrlich, mir das offen zu sagen. Im Wahljahr müsse man Rücksicht auf die Stammwähler nehmen. Nationalistische Mönche würden bereits die Straße mobilisieren. Wie gefährlich es ist, radikalem Druck zu weichen, sollte sich später noch zeigen. Der Palastgarten in Naypyitaw war nicht der Ort, das weiter zu vertiefen. Der Minister kannte meine Ansichten zu dem Thema.

Später versuchte ich noch, den Fall mit der EU aufzunehmen. Ebenfalls Fehlanzeige: Auf die europäische Menschenrechtsliste kommen nur politische Fälle von prominenten Dissidenten und Vertretern der Zivilgesellschaft. Für einen kleinen Kneipier ist da kein Platz. Dabei hatte ich aus einheimischer Quelle erfahren, dass Mr. Blackwood nicht nur Neuseeländer, sondern auch noch ein Untertan Ihrer Majestät war, was mein britischer Kollege auf Vorhalt einräumen musste.

Lediglich zwei osteuropäische Botschafter unterstützten mich; sie wussten wohl aus eigener Erfahrung, dass die Willkür totalitärer Systeme sich oft im Kleinen offenbart.

Die Prophezeiung meines befreundeten Ministers erfüllte sich schneller als erwartet. Der Wind hatte sich bereits gedreht, der Reformprozess geriet ins Stocken. Radikal-nationalistische Mönche trieben die Regierung vor sich her. Noch vor den Wahlen wurde ein Gesetzespaket zum »Schutz von Rasse und Religion« verabschiedet. Ehebruch wurde unter Strafe gestellt. Religionswechsel für Buddhisten und inter-konfessionelle Eheschließungen wurden erschwert; unter bestimmten Umständen konnten Regeln zur Geburtenkontrolle eingeführt werden. Das war gemünzt auf die kinderreiche muslimische Minderheit in Rakhine.

Zugegeben, verglichen mit Scharia-Regeln, waren die Gesetze milde. Dennoch war es eine Rolle rückwärts. Ohne Not wurden neue Gräben in dem Vielvölkerstaat aufgerissen. Das Ganze widersprach zudem der Lebenswirklichkeit der buddhistischen Bevölkerungsmehrheit. Vor- und außereheliche Verhältnisse waren weit verbreitet. Eine Bekannte erzählte mir, dass sich ihr Mann mit einer neuen Partnerin ins Ausland abgesetzt habe. Scheiden lassen wollte er sich aber nicht. Wenn jetzt ihre Liebe mit einem deutschen Studenten auflöge, riskierte sie eine empfindliche Haftstrafe. Ob das wirklich im Sinne des Religionsstifters wäre? Nach der Überlieferung empfahl Siddhartha Gautama seinen Schülern einen Weg der Mitte und Mäßigung.

Im Wahlkampf wuchsen die Spannungen mit der muslimischen Minderheit. Der radikale Prediger U Wirathu mit seiner 969 Bewegung machte Stimmung gegen die »bengalischen Migranten«. Im armen Rakhine Staat war es bereits 2012 zu gewaltsamen Ausschreitungen gekommen. In den letzten Jahrzehnten war der muslimische Bevölkerungsanteil auf ein Drittel angewachsen. Die Menschen lebten überwiegend von Landwirtschaft und Fischfang. Am unteren Ende der Gesellschaft fand ein Verdrängungswettbewerb zwischen den alteingesessenen Buddhisten und den aus dem heutigen Bangladesch zugewanderten Muslimen statt. Zusammen mit anderen europäischen Kollegen habe ich nach den ersten Gewaltausbrüchen Brennpunkte und Flüchtlingslager besucht.

Mein Befund: Die Gewalt kam von unten, nicht von oben. Regierung oder Militär hatten kein Interesse, den Reform- und Öffnungsprozess durch neue Gewalt zu gefährden. Die soziale Dimension des Konflikts erschien mir lösbar, die emotional-religiöse Komponente auf absehbare Zeit nicht. Die Muslime wurden als »Kala« rassistisch diskriminiert, die Buddhisten wiederum fühlten sich in ihrer angestammten Heimat entfremdet und bedroht. Über Jahrhunderte besaßen sie mit Arakan ein eigenes Königreich. Dann wurden sie erst von den Birmanen, später von den Engländern gegen ihren Willen eingemeindet.

Heute leben sie in unmittelbarer Nachbarschaft von Bangladesch mit seinen 165 Millionen muslimischen Einwohnern. In Rakhine siedeln nur 3 Millionen Menschen, von denen 1 Million ursprünglich aus der bengalischen Nachbarprovinz Chittagong stammt. Die buddhistischen Rakhiner sehen sich als nationale Minderheit in einem Zweifrontenkrieg gegen die Zentralregierung und den »Feind« im Innern. Diese Angst vor der doppelten Überfremdung mag übertrieben sein, aber sie prägt die Denkweise der Mehrheit in dem westlichen Teilstaat. Man stelle sich vor, Meck-Pomm wäre zu einem Drittel von Muslimen bewohnt und würde an die Türkei grenzen. Das gäbe Zoff, selbst bei den bedächtigen Mecklenburgern, über die Bismarck gesagt haben soll: »Wenn die Welt untergeht, so ziehe ich nach Mecklenburg, denn dort geschieht alles 50 Jahre später.«

Im Grenzgebiet versuchten radikal-islamistische Terroristen bereits Anhänger zu rekrutieren. Die Menschen in den Flüchtlingslagern sprachen einen bengalischen Dialekt, kein Birmanisch. Integration fand hier nicht statt. Nur wenige erfüllten die strengen Kriterien für die myanmarische Staatsbürgerschaft. Mein Kollege aus Bangladesch gab offen zu:

Die sogenannten Rohingyas stammen aus unserem heutigen Staatsgebiet, aber das Boot ist voll: Wir haben kein freies Land mehr und die Slums in Dhaka platzen bereits aus allen Nähten. Wir wollen keine zusätzliche Armut mit Radikalisierungspotenzial importieren.

Der Konflikt, der nach meinem Fortgang in 2017 erneut eskalierte und zu massenhafter Flucht und Vertreibung geführt hat, bleibt aus meiner Sicht, wenn überhaupt, auf absehbare Zeit nur eingrenzbar. Die Fronten sind verhärtet. Versuche der islamischen Staaten und des Westens, dem Land einen internationalen Friedensplan aufzuzwingen, werden ins Leere laufen. Im Sicherheitsrat blockieren die Veto-Mächte China und Russland. Selbst ohne diese Hilfe würden sich die Birmanen fremdem Druck nicht beugen. Das haben wir in den Sanktionsjahren gesehen.

Myanmar ist und bleibt ein überwiegend buddhistisch geprägtes Land. Das muss die internationale Gemeinschaft akzeptieren. Selbst die Chinesen, die versuchen, sich mit Großprojekten politisches Wohlwollen einzuhandeln, beginnen das zu spüren. Trotz Milliarden-Investitionen in eine Öl- und Gaspipeline sowie einen Tiefseehafen, der dem Reich der Mitte den lang ersehnten Zugang zum indischen Ozean öffnet, wächst die Furcht vor einer allzu starken Abhängigkeit vom großen Nachbarn. Man nimmt, aber der Markenkern bleibt ebenso unverkäuflich wie der Dom in Köln.

Vor den Wahlen 2015 äußerte sich Aung San Suu Kyi im gleichen Sinn. Auf meine Frage nach Gerüchten über einen möglichen Stimmenkauf antwortete sie, dass ich mir keine Sorgen machen sollte: Die Birmanen seien korrupt, aber nicht käuflich. Wie bitte? Doch, ich hatte das richtig verstanden. Madame erklärte es mir: Wenn jemand ihren armen Anhängern auf dem Land Geld böte, für die alte Regierung zu stimmen, würden sie das Angebot annehmen und die grünen Hemden der Militärpartei überziehen. Trotzdem würden sie am Ende NLD wählen und dann wieder rot tragen.

Von asiatischen Unternehmern hörte ich später, dass es im

Geschäft ähnlich zugehe: Politiker, Beamte und windige »Türöffner« hielten die Hand auf, ohne dass man sich auf die zugesagte Gegenleistung verlassen könne. Ein mächtiger Kollege aus der Region besaß die Chuzpe, sich mit einer Liste »geprellter« Firmen seines Landes bei der Regierung zu beschweren. Mein Mitleid mit betrogenen Betrügern hält sich in Grenzen. Die bis in die höchsten Etagen weit verbreitete Korruption schreckt ehrliche Kaufleute bis heute ab, sich in Myanmar zu engagieren. Als Wirtschaftsberater kann ich das aus eigener Erfahrung bezeugen.

Bei den ersten freien Wahlen im November 2015 erzielte Aung San Suu Kyi mit ihrer NLD einen Erdrutschsieg. Selbst Nutznießer des Ancien Regime wechselten die Seiten. Die Lady wurde wie eine Heilsbringerin verehrt. Der alten Regierungspartei und dem tüchtigen Reformpräsidenten blieb nicht einmal ein Achtungserfolg. Nach 53 Jahren wollten die Menschen nicht mehr von Generälen regiert werden. Allerdings haben diese vorgesorgt: Eine militärische Sperrminorität im Parlament sowie eine auf die bisherige Oppositionsführerin gemünzte Verfassungsklausel verhinderten einen radikalen Systemwechsel. Schlüsselministerien wie Innen und Verteidigung bleiben den Streitkräften vorbehalten. Wegen der britischen Staatsangehörigkeit ihres verstorbenen Ehemanns und ihrer beiden Söhne bleibt der Lady der Zugang zum Präsidentenamt verwehrt. Sie musste aus der zweiten Reihe regieren; zunächst als Außenministerin, später mit dem neu geschaffenen Titel einer Staatsrätin. Gleichwohl bestand kein Zweifel, wer die Zügel in der Hand hatte.

Auf ihrem ersten Treffen mit ausländischen Diplomaten fragte ich die Wahlsiegerin nach ihrer Botschaft für die internationale Geschäftswelt. Die knappe Antwort: »Wir sind nicht gegen Wirtschaft.« Nächste Frage bitte. Das war's. Alle Welt buhlt um Finanz- und Direktinvestitionen; in Südostasien gibt es einen harten Schönheitswettbewerb bei der Standortwerbung. Die meisten Nachbarn waren der Dreigroschenoper gefolgt: »Erst kommt das Fressen, dann die Moral.«

Die neue Chefin hatte andere Prioritäten und stellte das berühmte Brecht Zitat auf den Kopf. Die »Moral« war ihr wichtiger als das »Fressen«. Das entsprach ihrem Naturell als asketischer Freiheitskämpferin. Die Not der kleinen Leute, Wachstum, Finanzen und der Platz Myanmars in der globalen Lieferkette waren ihr weniger wichtig. Einheimische Unternehmer und Banker verdächtigte sie der Komplizenschaft mit dem alten Regime, weshalb etliche Projekte zunächst einmal gestoppt wurden.

Aung San Suu Kyi setzte auf politische Reformen. Das war eine riskante Wette. Demokratie lässt sich nicht verordnen, sie muss gelebt werden. Die Gesellschaft war immer noch extrem traditionell und hierarchisch geprägt. Das galt auch für die Lady und ihre Anhänger, die jetzt auf den Chefsesseln Platz nahmen. Die Abgeordneten der NLD mussten im Parlament einheitliche, lachsfarbene Hemden tragen und durften nicht mit der Presse sprechen. Eine solche Gleichschaltung gab es nicht einmal unter der alten Regierung.

Der Spielraum für politische Reformen war durch die militärische Sonderstellung in Regierung und Parlament begrenzt. Die Generäle waren noch nicht bereit, sich vollständig aus der Politik zurückzuziehen. Aus Gründen der nationalen Sicherheit und zum eigenen Schutz vor Verfolgung beharrten sie auf einer Rückversicherung.

Auch der Friedensprozess mit den Minderheiten, die sich teilweise untereinander bekriegten, kam nicht voran. Es reichte nicht einmal für einen kompletten Waffenstillstand. Die Lage war kompliziert, da es vor allem im östlichen Grenzgebiet zu China und Thailand um erhebliche Ressourcen ging: Edelsteine, Tropenholz, Rauschgift, Waffen und Schmuggel aller Art. Weder die Rebellen, noch das Militär wollten auf ihre Pfründe verzichten. Die Chinesen spielten ein doppeltes Spiel: Einerseits boten sie sich der neuen Regierung und den Streitkräften als strategischer Partner und Friedensstifter an; andererseits unterstützten sie Milizen ›verwandter‹ Minderheiten und drückten ein Auge zu, wenn schwer beladene Lastwagen mit Baumstämmen und Jade unkontrolliert die Grenze passierten oder chemische Vorprodukte zur illegalen Drogenproduktion ins Goldene Dreieck verschoben wurden.

Die Streitkräfte bildeten immer noch einen Staat im Staate. Die Befehlskette vom Oberkommandierenden bis zum letzten Vorposten im Dschungel funktionierte. Dennoch: Aung San Suu Kyi führte de facto die Regierung und trug damit einen Teil der Verantwortung für die vielen ungelösten Probleme des Landes. Westliche Politiker und Investoren wurden ungeduldig.

Als sich die Lady in der Rohingya Krise vor ihre Soldaten stellte, kippte die Stimmung: Einige westliche Politiker, die ASSK eben noch als Freiheitsikone angehimmelt und um Audienz gebettelt hatten, waren bitter enttäuscht und überboten sich in Schmähkritik. Realpolitik wich moralischer Überheblichkeit. Statt zu helfen, trieb der Westen das Land in die Arme der Chinesen. Wir bemühten uns mit einigen anderen Europäern um Maß und Mitte, konnten den Zug aber nicht mehr aufhalten. Vor allem das Einfrieren der Militärkontakte halte ich für einen schwerwiegenden Fehler. Die oberste Führungsebene wollte die Abhängigkeit von ihren Lieferanten und Ausbildern aus Peking und Moskau lockern und sich Richtung Westen und Demokratie öffnen. Die Chance ist erst einmal vertan.

Bei den Wahlen im November 2020 wurde die Lady erwartungsgemäß wiedergewählt. Dabei half auch das Mehrheitswahlrecht, das die zersplitterte Opposition und die Minderheiten benachteiligt.

Fünf Jahre nach der ersten freien Wahl gibt es weniger Frieden und weniger Wirtschaft als zuvor. Auch die Korruption blüht weiter. Ich habe es selber erlebt, wie Minister und Partei-Granden eine lokale Geschäftsfrau deckten, die zwei Münchner Investoren um Millionen betrogen hat. Einem jungen Preisträger der Deutschen Welle, der darüber berichtete, wurde vom Informationsminister der Lady ein Strafverfahren angehängt. Derzeit sitzen mehr Journalisten im Gefängnis als unter der letzten Regierung. Gegenüber Kritik sind die neuen Herrscher ebenso humorlos wie ihre Vorgänger. Statt deren Maulkorb-Paragrafen abzuschaffen, haben sie rasch gelernt, die geerbten Instrumente zum eigenen Vorteil und Machterhalt zu nutzen.

Noch während meiner Amtszeit habe ich vergeblich dafür geworben, die immer noch stark kontrollierte Wirtschaft zu liberalisieren, um in- und ausländische Investoren anzulocken. Dafür müsste man nur ein paar alte Zöpfe abschneiden und die wirtschafts- und ausländerfeindlichen Gesetze aufheben. Einige Vorschriften stammen noch aus der Kolonialzeit, aber die Regulierungswut hält bis heute an.

Mehr Wohlstand könnte dazu beitragen, die nationalen Minderheiten zu versöhnen. Statt Gastarbeiter als billige Hilfskräfte nach Thailand zu schicken, sollte man lieber Arbeitsplätze in der heimischen Tourismusindustrie schaffen. In dem »Goldenen Land« gibt es unerschlossene Traumstrände und unberührte Natur in Hülle und Fülle. Von Tropeninseln im Süden bis zum schneebedeckten Sechstausender im Norden. Hier liegt ein enormes Potential. Auch in der Landwirtschaft. In unterschiedlichen Klimazonen wächst fast alles. Nur die Regelungsdichte verhindert den Export. Die einheimischen Unternehmer wissen selber am besten, wie man produziert und handelt. Man muss sie nur lassen, dann finden sich auch ausländische Partner und Investoren. Das gleiche gilt für Industrie und Dienstleistungen. Wirtschaft findet in der Wirtschaft statt und nicht in den stickigen Amtsstuben und Hinterzimmern der fernen Hauptstadt.

Leider versucht sich die neue Regierung im täglichen Mikromanagement. Das kann nicht gelingen. Selbst in den staatsgetriebenen Systemen Chinas oder Vietnams beschränkt sich die Regierung auf das Wesentliche, eine Art strategischer Steuerung. Das Tagesgeschäft verantworten die Unternehmen selber. Zudem verfügen beide Länder über eine international ausgebildete und vernetzte Führungselite sowie einen schlagkräftigen Beamtenapparat, der die Weisungen der Zentrale bis in die entlegensten Dörfer trägt.

Beim Verfassen dieser Zeilen musste ich an mein letztes Gespräch mit der ehemaligen philippinischen Präsidentin »Cory« Aquino denken. Schon von ihrem Krebsleiden gezeichnet, erzählte sie mir vor zehn Jahren, wie sie durch den Volksaufstand nach dem Sturz und der Flucht von Ferdinand und Imelda Marcos ins höchste Amt getragen worden sei. Im Gegensatz zu ihrem bei der Rückkehr aus dem US Exil in Manila ermordeten Ehemann wollte sie nie in die Politik. Sie kokettierte stets damit, nur eine Hausfrau zu sein. Dabei stammte sie aus einer sehr wohlhabenden und einflussreichen Familie. Vielleicht fiel ihr gerade deshalb die Untertreibung leicht. Wie sie selber sagte, wusste sie, dass sie vom Regierungsgeschäft keine Ahnung hatte. Darum umgab sie sich mit kundigen Beratern. Die erklärten ihr die komplexen Zusammenhänge der Weltwirtschaft. Gegen ihren ursprünglichen Instinkt ließ sie sich gleich zu Beginn ihrer Regentschaft davon überzeugen, die Altschulden aus der Marcos Ära zu bedienen. Sonst hätte das Land seine internationale Kreditwürdigkeit verloren.

Die beiden großen asiatischen Damen hätten unterschiedlicher nicht sein können. Jeder muss seinen eigenen Weg finden. Dennoch gibt es eine globale Faustregel: In der Politik kommt es vor allem darauf an, den richtigen Moment zu erwischen. Kairos nannten die Griechen das. Oder frei nach Gorbatschow: Wer zu spät kommt, den bestraft das Leben.

In der Tat: Ich glaube, dass in Myanmar eine Chance vertan wurde. Aber ist es wirklich zu spät für einen Neustart? Corona belastet Politik und Wirtschaft zusätzlich. Vielleicht bin ich ein Träumer, aber man könnte die Weltkrise doch nutzen, einen Kurswechsel zu wagen. Statt sich weiter in ewigen Machtkämpfen sowie im täglichen Klein-Klein aufzureiben, bräuchte das Land einen parteiübergreifenden Konsens zur Ankurbelung der Wirtschaft und zur nationalen Aussöhnung. Als Mutter der Nation kann Aung San Suu Kyi das schaffen. Scheitert sie, besteht die Gefahr, dass sich das Land wieder isoliert.

Noch Mitte März 2020 leugnete der Regierungssprecher die

Gefahren der neuen Pandemie. Wenn überhaupt, seien vor allem Ausländer in Myanmar gefährdet, da diese sich an Bankautomaten infizierten statt Bargeld zu nutzen. Bei aller Wertschätzung der mit Hilfe eines bayerischen Unternehmens gedruckten Banknoten, erinnerte mich das an die Geschichten des Barons von Münchhausen und den in Myanmar weit verbreiteten Reflex: Schuld sind immer die anderen, alle Probleme sind importiert. Damit mag man populistisch punkten. Doch Urgroßvaters Rezepte taugen nicht mehr für Frieden und Wohlstand im 21. Jahrhundert. Die Lady weiß das.

Ich liebe dieses wunderschöne Land, in dem ich viele Freunde fürs Leben gefunden habe: Pragmatische Patrioten und hemdsärmelige Macher aus den unterschiedlichsten Metiers, die sich und ihre Heimat voranbringen wollen. Das gibt Hoffnung und verdient Unterstützung. Ebenso wie die von mir hoch verehrte ungekrönte Königin Daw Aung San Suu Kyi.

17 NACHLESE UND AUSBLICK

πάντα ῥεῖ: »Alles fließt«
Heraklit

»Every generation imagines itself to be more intelligent than the one that went before it, and wiser than the one that comes after it.«
George Orwell

»One can't love humanity. One can only love people.«
Graham Greene

Nein, ich bereue nichts:

Die Erlebnisdichte im AA-Außendienst war sensationell, beruflich wie privat, in guten wie in schlechten Zeiten. Fad war es nie. Dennoch bin ich froh, dass die Botschafterei jetzt vorbei ist und ich mit meiner Familie noch einmal einen neuen, selbstbestimmten Lebensentwurf wagen kann. Auf kleiner Flamme berate ich ausgewählte Investoren bei ihren Geschäften in der Region. Das Schöne dabei: Ich kann, aber ich muss nicht; anders als im Staatsdienst kann ich mir meine Kunden aussuchen. Dafür musste ich lernen, Nein zu sagen und die Glacéhandschuhe abzulegen

Und nun die Gretchenfrage: Würdest Du es noch einmal tun oder anderen den Auswärtigen Dienst empfehlen?

Wie schon die Vorsokratiker wussten, kann man nicht zweimal im selben Fluss baden. Die knapp vierzig Jahre im diplomatischen Dienst haben mich vieles gelehrt; aber sie sind abgelebt. Als Vespa-Fahrer weiß ich, dass es gefährlich ist, sich umzudrehen. Volldampf voraus. Eine ehrliche Antwort kann nur mit Blick in die Zukunft erfolgen.

Ich wage die Wette: Diplomaten und Soldaten wird es auch in hundert Jahren noch geben. Kants ewiger Frieden bleibt ein Traum. Die Welt von 2020 ist in vielerlei Hinsicht konfliktreicher und komplizierter als ich mir das 1980 im beschaulichen Bonn vorstellen konnte.

Die Sicherung von Frieden und Wohlstand bleibt immer noch die diplomatische Königsdisziplin. Hinzu kommen alte Probleme im neuen Gewand und in neuer Dimension:

Fluten, Dürre, Eiszeiten, Seuchen, Glaubenskriege, Vertreibungen, Völkerwanderungen, Terror und Tyrannen plagen die Menschheit seit biblischer Zeit. Nach dem Mauerfall glaubten wir in den westlichen Metropolen, die Altlasten der Geschichte weitgehend überwunden zu haben. Das war ein Irrtum: Islamistischer Terror, Menschenrechte, Migration, Umwelt, Klima und Epidemien stehen heute wieder prominent auf der internationalen Tagesordnung.

Trotz UNO, EU und zahlloser internationaler Organisationen wird es in den nächsten Jahrzehnten weder eine Weltregierung noch die Vereinigten Staaten von Europa geben. Da bin ich mir sicher. Ich glaube nicht einmal, dass wir uns in absehbarer Zeit auf eine Vergemeinschaftung der europäischen Außen- und Sicherheitspolitik verständigen werden. Im Gegenteil: Derzeit wachsen die Gegensätze zwischen Norden und Süden sowie zwischen West- und Osteuropa. Nicht nur, wenn's ums Geld geht. Die Corona-Krise hat uns das wieder gezeigt. Zu Kernthemen wie China, Russland und Iran finden wir keine gemeinsamen Antworten, was die Machthaber dieser Staaten wissen und ausnutzen. Der EU-Außendienst bleibt trotz hochkarätiger Besetzung ein zahnloser Tiger. Immerhin, eine gestutzte Raubkatze. Um für die gemeinsame Verteidigung einen passenden Vergleich aus dem Tierreich zu finden, müssten wir uns im Streichelzoo umschauen.

Seien wir ehrlich, weder Deutschland noch Europa spielen auf der großen internationalen Bühne eine tragende Rolle. Macht ist nicht einfach die Summe aller wirtschaftlichen und militärischen Potenziale. Dann wäre die EU als einer der größten Wirtschaftsräume der Welt noch auf Augenhöhe mit den USA und den Chinesen. Ist sie aber nicht. Ich behaupte, uns Deutschen und den meisten anderen Europäern fehlt der Wille. Es fehlt an Anstrengungsbereitschaft und Mut zur Gestaltung und Veränderung. Die Eliten in Berlin, Brüssel und Davos wirken zunehmend erschöpft, pessimistisch und selbstbezogen, während Peking vor Kraft kaum laufen kann. Wilhelm der Letzte lässt grüßen.

Die meisten Asiaten glauben, dass es ihren Kindern einmal besser geht, und schuften. Das sollten wir uns zum Vorbild nehmen. In unserer Heimat dagegen kreist der öffentliche Diskurs um klimabedingten Weltuntergang und soziale Umverteilung. Das wird uns im internationalen Wettbewerb kaum voranbringen. Selbst Parteien, Kirchen und Nichtregierungsorganisationen leben nicht allein vom Glauben, sondern von Steuern und Zuwendungen, die hart erarbeitet werden müssen.

Der Schlüssel zum Erfolg liegt in der Wirtschaft. Nach der Pandemie werden wir uns ein Stück weit neu erfinden müssen. Dazu haben wir das Zeug, wenn wir wollen und unsere Anstrengungen verdoppeln.

Bereits um die Jahrhundertwende 1900 fühlten sich führende Intellektuelle häufig ausgebrannt. Die Modekrankheit, die man medizinisch nicht erklären konnte, nannte man damals Neurasthenie, eine Art Nervenschwäche. Das Krankheitsbild ähnelte dem heutigen Burnout, dem die jüngere Generation mit der sogenannten »Work-Life-Balance« vorzubeugen versucht. Aus meinem eigenen Freundeskreis kenne ich etliche Familienunternehmer und andere Leistungsträger, deren Kinder nicht in die Fußstapfen ihrer Eltern treten wollen: Die einen können nicht, die anderen wollen nicht. Jede Generation kann sich neu erfinden, das ist ihr gutes Recht. Nur, wenn alle auf der Yogamatte sitzen, werden wir nicht satt; auch die Veganer nicht.

Das ist kein Abgesang auf den Westen. Im Gegenteil: ich möchte mit dieser kleinen Schrift motivieren, über den Tellerrand in die Ferne zu schauen und sich in der Welt zu engagieren. Wie sagte schon Giuseppe Tomaso de Lampedusa im Gattopardo: Wenn wir wollen, dass alles so bleibt, wie es ist, dann ist es nötig, dass sich alles verändert. Friedlich, möchte ich im Sinne des melancholischen Prinzen Fabrizio hinzufügen: Ohne Wohlfahrtsausschuss und Guillotine.

Leichter gesagt als getan: Vom Zeitalter der Streitenden Reiche im alten China, über das Klassische Griechenland, Rom, Byzanz, Iwan den Schrecklichen, den Westfälischen Frieden, die Französische Revolution, Napoleon, Bismarck, den kollektiven Selbstmord Europas 1914 sowie die Katastrophen des 20. Jahrhunderts, waren die meisten großen historischen Umwälzungen und Neuerungen das Ergebnis von Krieg und Gewalt. Auch unser sozialer Rechtsstaat wurde auf den Trümmern eines verbrecherischen Krieges errichtet.

Es wird nicht leicht, den Übergang in ein neues Zeitalter gewaltfrei zu gestalten. Vielerorts werden schon die Messer gewetzt, während wir daheim über Tempolimit, Windräder und Fledermäuse streiten.

Mehr denn je brauchen wir kluge, engagierte und standfeste Diplomaten; offene Köpfe, keine engstirnigen Überzeugungstäter. Wen nur ein Thema umtreibt, der sollte sich einer NGO anschließen. Das Angebot ist vielfältig. Missionare gehören nicht in den Auswärtigen Dienst; ebenso wenig wie oberflächlich-opportunistische Schwätzer. Das Geschäft ist schneller und rauer geworden, darauf müssen wir uns einstellen. Höflichkeit und gute Manieren sollte man nicht mit Wischiwaschi oder Schwäche verwechseln. Gelegentlich muss der Diplomat auch Njet sagen, selbst in den Vereinten Nationen. Beispielsweise, wenn mal wieder über eine einseitige Anti-Israel-Resolution abgestimmt wird. Die Mehrheit hat nicht immer Recht, Kritik müssen wir aushalten. Wenn wir stets versuchen, jedermanns Liebling zu sein, sitzen wir am Ende des Tages zwischen allen Stühlen.

Wer sich diesen Herausforderungen gewachsen fühlt, sollte über eine AA-Bewerbung nachdenken.

Es ist Zeit für einen Generationswechsel. Typen wie ich passen nicht mehr in die heutige Betriebskultur. Allein der Zwang zur Gendersprache wäre für mich ein Scheidungsgrund.

Ich bleibe mit meiner Familie in Hanoi. Wir haben uns entschieden, unseren Sohn vietnamesisch aufwachsen zu lassen. Kinder brauchen Heimat, trotz Doppelpass. Auch hier ist nicht alles Gold, was glänzt: Bei den Luftwerten Hanois würden in München die Biergärten geschlossen, Dackel trügen Atemschutzmasken. Westliche Themen und Trends werden importiert, bis hin zu Partydrogen und Müßiggang. Die Mehrheit der Menschen jedoch, Durchschnittsalter 30 Jahre, lebt vorwärts und strebt nach Wohlstand mit Liebe, Familie, Haus, Auto, Urlaub und Spaß; ohne schlechtes Gewissen, wie im eingangs beschriebenen Deutschland meiner Jugend.

Hanoi, im Dezember 2020

ÜBER DEN AUTOR

Nach dem Studium der Rechtswissenschaften in München und Paris wurde Christian-Ludwig Weber-Lortsch 1980 in den Auswärtigen Dienst übernommen. Neben vielfältigen Verwendungen in der Bonner Zentrale war er in Athen, Peking, Kuala Lumpur und Algier eingesetzt. Später als Botschafter in Vietnam, auf den Philippinen und zuletzt in Myanmar. Von 2000 bis 2003 leitete er die Bereiche Asien, Afrika, Lateinamerika und Nah-/Mittelost im Berliner Kanzleramt. Seit 2017 lebt er mit seiner vietnamesischen Frau und Familie als freier Wirtschaftsberater in Hanoi.

Kontakt: weberlortsch@gmail.com